青海脱贫攻坚系列丛书

统筹谋划布局

——青海脱贫攻坚
政策文件汇编及大事记

中共青海省委宣传部 编
青海省扶贫开发局 编

第 4 册

青海人民出版社

图书在版编目（CIP）数据

统筹谋划布局：青海脱贫攻坚政策文件汇编及大事记/中共青海省委宣传部，青海省扶贫开发局编.－－西宁：青海人民出版社，2021.6
（青海脱贫攻坚系列丛书；2）
ISBN 978－7－225－06180－1

Ⅰ.①统… Ⅱ.①中… ②青… Ⅲ.①扶贫－经济政策－文件－汇编－青海②扶贫－工作概况－青海 Ⅳ.①F127.44

中国版本图书馆 CIP 数据核字（2021）第104776号

青海脱贫攻坚系列丛书

统筹谋划布局

——青海脱贫攻坚政策文件汇编及大事记

中共青海省委宣传部　青海省扶贫开发局　编

出 版 人　樊原成

出版发行　青海人民出版社有限责任公司
　　　　　西宁市五四西路71号　邮政编码：810023　电话：（0971）6143426（总编室）

发行热线　（0971)6143516/6137730

网　　址　http://www.qhrmcbs.com

印　　刷　青海新华民族印务有限公司

经　　销　新华书店

开　　本　710mm × 1020mm　1/16

印　　张　17.75

字　　数　280 千

版　　次　2021 年 10 月第 1 版　2021 年 10 月第 1 次印刷

书　　号　ISBN 978－7－225－06180－1

定　　价　268.00 元（全五册）

前　言

　　党的十八大以来，以习近平同志为核心的党中央把脱贫攻坚摆在治国理政突出位置，团结带领全党全国各族人民，采取了一系列具有原创性、独特性的重大举措，全面打响脱贫攻坚战。习近平总书记亲自指挥、亲自部署、亲自督战，作出一系列重要指示批示，为脱贫攻坚提供了根本遵循和科学指引。经过全党全国各族人民 8 年持续奋斗，我国脱贫攻坚战取得了全面胜利，现行标准下 9899 万农村贫困人口全部脱贫，832 个贫困县全部摘帽，12.8 万个贫困村全部出列，区域性整体贫困得到解决，完成了消除绝对贫困的艰巨任务，创造了又一个彪炳史册的人间奇迹！这是中国人民的伟大光荣，是中国共产党的伟大光荣，是中华民族的伟大光荣。脱贫攻坚取得举世瞩目的减贫成就，困扰中华民族几千年的绝对贫困问题得到历史性解决，书写了人类减贫史上的奇迹，为全面建成小康社会作出了重要贡献，为开启全面建设社会主义现代化国家新征程奠定了坚实基础。

　　青海作为祖国大家庭的一员，在以习近平同志为核心的党中央坚强领导下，以习近平新时代中国特色社会主义思想为指导，深入贯彻落实习近平总书记关于扶贫工作重要论述和"四个扎扎实实"重大要求，始终把脱贫攻坚作为首要政治任务和第一民生工程，按照"四年集中攻坚，一年巩固提升"总体思路，紧紧围绕"两不愁三保障"目标标准，以"1+8+10"政策体系为牵引，尽锐出战、攻坚克难，组织实施了青海历史上规模最大、力度最强、惠及人口最多的脱贫攻坚战。经过 8 年艰苦卓绝的奋战，现行标准下 42 个县全部摘帽，1622 个贫困村全部退出，53.9 万名贫困人口全部脱贫，书写了全面胜利浓墨重彩的青海篇章，具有里程碑意义。

　　把这场波澜壮阔的脱贫攻坚伟大实践伟大斗争中出台的一系列文件汇编起来，把一件件大事记录下来;把涌现出一批政治坚定、表现突出、贡献重大、精神感人的杰出典型，涌现出一批富有思想、凝聚智慧、汇集力量、迸发创新的典型做法，涌现出一批引领导向、围绕中心、鼓舞士气、凝心聚力的优秀新闻宣传稿件……把这场伟大斗争的每个细节的点点滴滴汇集起来，既是工作的需要，更是我们对党和人民，对历史的负责。这也是编辑出版这套《青海脱贫攻坚系列丛书》的初衷。编辑过程中，由于工作人员水平见识有限，难免挂一漏万，在此表示诚恳歉意。

目　录

政策文件汇编

中共青海省委、青海省人民政府关于打赢脱贫攻坚战提前实现整体脱贫的实施意见　/003

中共青海省委办公厅、青海省人民政府办公厅关于印发《青海省建档立卡贫困人口和贫困村退出及贫困县脱贫摘帽实施方案》《青海省贫困县脱贫攻坚绩效考核办法（试行）》的通知　/016

中共青海省委办公厅、青海省人民政府办公厅关于印发《青海省脱贫攻坚督查巡查工作办法》等四个文件的通知　/025

中共青海省委办公厅、青海省人民政府办公厅关于印发《青海省脱贫攻坚责任制实施细则》和《青海省脱贫攻坚第三方评估暂行办法》的通知　/035

中共青海省委办公厅、青海省人民政府办公厅印发《关于加强后续扶持巩固脱贫成果的意见》的通知　/044

中共青海省委办公厅、青海省人民政府办公厅印发《关于加强第一书记和驻村工作队选派管理工作的实施意见》的通知　/049

中共青海省委办公厅、青海省人民政府办公厅关于印发《青海省贫困县退出专项评估检查暂行办法》的通知　/056

中共青海省委、青海省人民政府关于贯彻落实习近平总书记脱贫攻坚"不获全胜、决不收兵"重大要求的实施意见　/063

中共青海省委办公厅、青海省人民政府办公厅关于印发《青海省脱贫攻坚绝
　　对贫困"清零"行动方案》的通知　/069

关于完善城乡义务教育经费保障机制和实行 15 年免费教育的实施意见　/077

关于印发青海省发展产业、易地搬迁等八个脱贫攻坚行动计划和交通、水利
　　等十个行业扶贫专项方案的通知　/082

青海省人民政府办公厅关于印发《青海省生态保护与服务脱贫攻坚行动计划》
　　和《青海省农牧民危旧房改造扶贫专项方案》的通知　/147

青海省人民政府办公厅转发省民政厅等部门关于做好农村最低生活保障制度
　　与扶贫开发政策有效衔接实施方案的通知　/154

青海省人民政府办公厅转发省发展改革委、省扶贫局关于《青海省易地扶贫
　　搬迁整改工作方案》的通知　/161

青海省人民政府办公厅关于进一步加强控辍保学提高义务教育巩固水平的
　　通知　/165

青海省人民政府办公厅印发《关于进一步深化省内东部地区对口支援青南地
　　区教育工作的实施方案》的通知　/172

青海省人民政府办公厅关于开展消费扶贫促进精准脱贫的实施意见　/177

青海省扶贫开发领导小组 2016 年脱贫攻坚工作督查方案　/184

青海省扶贫开发领导小组青海省贫困县脱贫攻坚绩效考核办法（试行）　/187

青海省扶贫开发工作领导小组关于印发《2016 年度市（州）党委政府脱贫攻
　　坚目标责任考核及贫困退出省级抽查验收方案》的通知　/190

青海省扶贫开发工作领导小组关于印发《青海省广泛引导和动员社会组织参
　　与脱贫攻坚的实施方案（2018—2020 年）》的通知　/195

青海省扶贫开发工作领导小组关于开展扶贫扶志行动的实施意见　/202

青海省扶贫开发工作领导小组关于印发《青海省脱贫攻坚常态化提醒约谈制
　　度（试行）》的通知　/209

青海省扶贫开发工作领导小组办公室关于印发《青海省脱贫攻坚奖评选表彰
　　管理办法》的通知　/212

青海省扶贫开发工作领导小组关于印发《关于做好全省光伏扶贫项目收益管
　　理使用工作的指导意见》的通知　/216

青海省扶贫开发工作领导小组办公室关于印发《专项整治贫困县脱贫摘帽后
　　"不摘责任、不摘政策、不摘帮扶、不摘监管"政策落实不力、工作松紧
　　懈怠问题的工作方案》的通知　/220
青海省扶贫开发工作领导小组关于建立防止返贫监测和帮扶机制的实施
　　意见　/225
青海省扶贫开发工作领导小组关于印发《青海省消费扶贫三年行动方案
　　（2020—2022 年）》的通知　/231

大事记

2015 年　/239
2016 年　/240
2017 年　/244
2018 年　/249
2019 年　/255
2020 年　/263

政策文件汇编

中共青海省委文件

中共青海省委、青海省人民政府
关于打赢脱贫攻坚战提前实现整体脱贫的
实施意见

青发〔2015〕19号

为全面贯彻落实习近平总书记扶贫开发战略思想和中央扶贫开发工作会议、省委十二届九次全会精神，扎实推进精准扶贫、精准脱贫，打赢提前实现整体脱贫攻坚战，确保我省与全国同步全面建成小康社会，根据中共中央国务院《关于打赢脱贫攻坚战的决定》，现提出如下实施意见。

一、切实增强提前实现整体脱贫的紧迫感和使命感

消除贫困，改善民生，逐步实现共同富裕，是社会主义的本质要求。多年来，省委、省政府高度重视扶贫开发工作，特别是党的十八大以来，认真贯彻落实党中央、国务院关于扶贫开发的决策部署，进一步把扶贫工作摆到更加突出的位置，加大资金投入，实施重点工程，创新体制机制，走出了一条具有青海特色的扶贫开发路子。

我省集西部地区、民族地区、贫困地区于一身，集中连片特殊困难地区全覆盖，贫困发生率高，区域性贫困问题突出，扶贫成本高，脱贫难度大，扶贫开发已进入啃硬骨头、攻坚拔寨的冲刺阶段。到2019年实现52万建档立卡贫困人口（含低保人口，以下统称贫困人口）提前实现整体脱贫的既定目标，时间紧、任务重，必须不断创新扶贫开发思路和办法，准确把握脱贫攻坚的目标、路径、举措和要求，在全面小康进程中，决不能落下一个贫困地区、一个贫困群众。

扶贫开发事关我省到 2020 年与全国同步全面建成小康社会，建设生态文明先行区、循环经济发展先行区、民族团结进步先进区，铸就青海精神高地；事关"四个全面"战略布局在青海的成功实践；事关把中国特色社会主义在青海坚持和拓展好。全省各级党委和政府要把思想统一到中央和省委的决策部署上来，充分认识脱贫攻坚的重要性、艰巨性和复杂性，切实增强政治责任感、使命感和紧迫感，以坚韧不拔、勇于担当的斗志，只争朝夕、奋力拼搏，积极作为、精准发力、苦干实干，坚决打赢脱贫攻坚战。

二、打赢脱贫攻坚战的总体要求

（一）指导思想

全面贯彻落实党的十八大和十八届二中、三中、四中、五中全会精神，以邓小平理论、"三个代表"重要思想、科学发展观为指导，深入贯彻习近平总书记系列重要讲话精神，围绕"四个全面"战略布局，牢固树立并切实贯彻创新、协调、绿色、开放、共享的发展理念，落实省委十二届九次全体会议部署，充分发挥政治优势和制度优势，把精准扶贫、精准脱贫作为基本方略，坚持扶贫开发与经济社会发展相互促进，坚持精准帮扶与集中连片特殊困难地区开发紧密结合，坚持扶贫开发与生态保护并重，坚持扶贫开发与社会保障有效衔接，实施发展生产、外出务工、生态补偿、资产收益、易地搬迁、教育培训、社会保障、大病救助扶贫攻坚工程，举全社会之力，确保提前一年实现整体脱贫，再抓一年巩固提高，为全面建成小康社会创造必备条件。

（二）目标任务

按照"四年集中攻坚，一年巩固提升"的总体部署，到 2019 年，贫困人口全部脱贫，贫困村全部退出，贫困县全部摘帽。贫困人口人均可支配收入达到 4000 元以上，实现不愁吃、不愁穿，义务教育、基本医疗和住房安全有保障的目标。贫困地区农村牧区居民人均可支配收入增长幅度高于全省平均水平，基本公共服务主要领域指标接近全国平均水平。到 2020 年，贫困地区生产生活条件明显改善，基本公共服务水平大幅度提高，农牧民自我发展能力显著增强，全面消除绝对贫困现象，与全国同步全面建成小康社会。

分年度脱贫攻坚目标任务：

2016 年，贫困人口人均可支配收入达到 3316 元以上（按 2010 年 2300 元扶贫标准测算，下同）；实现 6 个贫困县摘帽、400 个贫困村退出、11 万贫困人口脱贫。

2017年，贫困人口人均可支配收入达到3532元以上；实现11个贫困县摘帽、500个贫困村退出、14万贫困人口脱贫。

2018年，贫困人口人均可支配收入达到3762元以上；实现14个贫困县摘帽、500个贫困村退出、14万贫困人口脱贫。

2019年，贫困人口人均可支配收入达到4000元以上；实现11个贫困县摘帽、222个贫困村退出、13万贫困人口脱贫。

2020年，进一步做好脱贫攻坚巩固提升工作，为全面建成小康社会创造必备条件。

实现上述目标，必须坚持党政主导，分级负责；坚持问题导向，精准脱贫；坚持分类指导，创新机制；坚持保护生态，绿色发展；坚持群众主体，激发动力。

三、实施精准脱贫攻坚行动计划

（三）发展特色产业脱贫

因地制宜制定贫困地区特色产业发展规划，将贫困户纳入现代农牧业产业发展体系，实施"一户一法""一村一策"。提高户均产业扶贫投资标准，对有劳动能力和生产发展愿望的贫困人口，重点扶持特色种养业，充分尊重群众自主选择产业的权利，适宜发展什么就扶持什么，宜农则农，宜牧则牧，宜林则林，宜商则商，宜游则游。对有劳动能力，但自身没有经营能力的贫困人口，通过扶持农牧民专业合作社和龙头企业，发展特色种养、民族手工、乡村旅游、特色文化等优势产业，强化与贫困户的利益联结机制，通过扶持发展生产，实现就地脱贫。大力发展县域经济，支持发展农畜产品加工业，加快一二三产业融合发展，让贫困户更多分享农牧业全产业链和价值链增值收益。加大对贫困地区农畜产品品牌推介营销支持力度。有条件的县要积极建立扶贫产业园，扶持建设一批贫困人口参与度高的特色农林牧业生产基地，辐射带动贫困地区和贫困户延伸产业链条，提高附加值。积极探索跨地区兴办扶贫产业。

（四）实施转移就业脱贫

实施职业技能提升和转移就业培训工程。统筹整合各类培训资源，开展订单、订岗、定向培训，推进培训、鉴定、输转一体化，支持有条件的贫困县建立综合培训平台。大力开展针对贫困劳动力的"雨露计划"培训、新型农牧民培训和职业学历教育资助工程，确保有意愿的贫困劳动力都能掌握一门致富技能，实现靠技能脱贫致富。将贫困户纳入创业促进就业扶持政策和创业贷款担保基金支持范围，支持贫困地区农民工返乡创业，落实好降低创业门槛、定向减税、普遍性降费、财政支持、金融服务、提供创业园平台等方面的优惠政策。大力开展贫困村致富带头人培训，增强带领贫困农牧民脱贫致富的示范引领能力，以创业带动就业，推动大众创业、万众创新。大力发展劳务经济，提高"拉面经济""采摘枸杞""新疆摘棉"等传统劳务品牌的带动效应，鼓励劳务经纪人和能人带动贫困劳动力务工就业。支持家政服务、物流配送、养老服务等产业发展，拓展贫困劳动力就业务工渠道。加强驻外劳务服务站和基地建设，完善职业培训、就业服务、劳动维权"三位一体"的工作机制。对在城镇工作生活一年以上的农牧区贫困人口，输入地政府要承担相应的帮扶责任，并优先提供基本公共服务，促进有能力的在城镇稳定就业和生活的农牧区贫困人口有序实现市民化。

（五）实施易地搬迁脱贫

以县为单位编制易地搬迁扶贫规划。对"一方水土养活不起一方人"的贫困人口，坚持"政府主导、群众自愿、积极稳妥、分类实施"的原则，采取行政村内就近集中安置、建设移民新村集中安置、依托小城镇、工业园区和乡村旅游区安置、插花安置和投亲靠友等其他方式安置。根据不同类型，采取差别化政策，适当提高搬迁贫困户户均补助标准，加大扶贫贷款跟进支持力度，减轻贫困户自筹负担。运用货币化移民模式，对愿意自主进城定居的贫困家庭，适当提高标准，给予一次性货币补贴。与贫困户同步搬迁的其他农牧户所需建房资金，通过整合易地搬迁建房补助、农村危旧房改造项目、政策性优惠贷款和农牧户自筹等方式统筹予以解决。移民集中安置区要结合高原美丽乡村、美丽城镇建设，统筹规划，合理布局，突出特色，同步配套建设水、电、路、网等基础设施，做好搬迁群众的后续管理工作，解决好医疗、社保、子女就学等问题，方便群众生产生活。统筹考虑搬入地土地、草场及生态承载能力，注重就近搬迁，完善搬迁后续产业扶持政策，确保搬迁对象有业可就、稳定脱贫。建立三江源地区易地搬迁群众后续产业发展扶持基金，加大对生活困难易地搬迁群众的产业发展扶持力度。建立易地扶贫搬迁用地手续办理审批绿色通道。落实城乡建设用地增减挂钩政策，对易地扶贫搬迁地区，优先安排城乡建设用地增减挂钩项目，其周转指标在优先保障本县范围内贫困农牧民安置和生产发展用地的前提下，节余指标可在全省范围内有偿使用。探索农牧民进城落户和易地搬迁后自愿有偿退出的农村空置宅基地利用方式，以及有偿转让土地草场承包经营权机制。

（六）实施生态保护脱贫

坚持生态保护优先，建设生态文明先行区，积极探索生态保护脱贫的新路子。加快实施三江源生态保护和建设二期、环青海湖地区生态保护和环境综合治理、祁连山和柴达木水源涵养地、河湟地区生态环境治理等重大生态工程，在重大生态工程建设项目实施中，提高贫困人口的参与度和受益水平。确保在三江源、祁连山等重点生态功能区内具备条件的贫困农牧户，每户有 1 人从事生态公益性管护工作。对农区重点林区、牧业乡村草场面积较大地区的贫困户，适当增加生态管护岗位。力争有生态保护任务的地区每个贫困户有 1 名生态管护员，以保生态增就业，实现稳定脱贫。在稳定现有生态补偿政策的基础上，健全完善湿地、草原、公益林等生态补偿机制，加大重点生态功能区转移支付力度。新一轮退耕还林还草工程项目要向贫困村、贫困户倾斜。进一步完善草原生态保护补助奖励政策。

（七）探索资产收益脱贫

结合发展特色扶贫产业，在不改变用途的情况下，财政专项扶贫资金和其他涉农资金投入设施农牧业、特色养殖、乡村旅游、光伏建设等项目形成的资产，具备条件的可折股量化给贫困村和贫困户，尤其是发展产业选择难和无经营能力的贫困户。探索将扶贫资金通过量化折股的方式配置给贫困户，入股参加农林牧业龙头企业、农牧民专业合作社、家庭农牧场或互助资金组织等，创新带动贫困户增收的有效机制。运用政府购买扶贫社会服务方式，将财政专项扶贫资金委托给有社会责任、讲诚信、有实力的实体经济，开发把贫困户纳入旅游业、光伏业等业态的扶贫新模式，拓宽贫困群众增收渠道。结合城镇化和园区建设，通过产业扶贫项目，在市场需求旺盛的县域和中心镇异地建商铺旅社等，以房租等方式增加贫困户的资产性收益。建立完善对折股量化投入扶贫资金的监督管理机制，明确资产运营方对财政资金形成资产的保值增值责任，建立健全收益分配机制，确保资产收益及时回馈持股贫困村和贫困户。支持农牧民专业合作社和其他经营主体通过土地、草场等托管、牲畜托养和吸收农牧民土地、草场经营权入股等方式带动贫困户增收，建立长期受益的利益联接机制。贫困地区水电、矿产等资源开发，赋予土地、草场被占用的村集体股权，让贫困人口分享资源开发收益。

（八）实施发展教育脱贫

加快实施教育扶贫工程，让贫困家庭子女都能接受公平有质量的教育，阻断贫困代际传递。"十三五"期间全面普及15年免费教育，大力发展职业教育。扩大学前教育资源覆盖面，支持农牧区贫困家庭幼儿接受学前教育，积极发展民族地区学前"双语"教育，解决好未成年人入寺院不能接受义务教育问题；改善中小学基本办学条件，加快标准化建设，强化贫困地区"控辍保学"工作，提高九年义务教育巩固率；普及高中阶段教育，加强有专业特色并适应市场需求的中等职业学校建设，让未升入普通高中的初中毕业生都能接受中等职业教育；高校招生政策向贫困地区倾斜，实行精准到县的专项招生计划。加大投入，为贫困家庭子女在西宁市初、高中学校异地上学创造条件。努力办好贫困地区特殊教育和远程教育。实施乡村教师支持计划，加强贫困地区教师队伍建设。加大对贫困地区基础教育投入力度，建立城乡统一的义务教育经费保障机制。从2016年春季开学开始，对涉藏地区六州所有家庭和西宁、海东市贫困家庭的学生实施15年免费教育，包括对学前3年免除保教费；对义务教育9年免除学杂费和教科书费，对寄宿生给予生活补助；对高中阶段3年（普通高中、中职）免除学杂费和教科书费，继续提供助学金。对就读高等院校的贫困家庭大学生加大资助和助学贷款力度，让贫困学子安心就学，不让一户脱贫户因学返贫，不让一个学生因贫失学。继续实施农牧区义务教育阶段学生营养改善计划。实施省内东部城市优质学校结对帮扶行动计划。发挥对口援青省市的智力优势，加大对涉藏地区异地办学的支持力度，扩大异地办学规模。

（九）开展医疗保险和救助脱贫

推进贫困地区基本公共卫生服务均等化，构筑基本医疗保险、大病保险、医疗救助"三重医疗保障"，维护贫困人口健康权益，提高贫困人口健康素质，有效遏制和阻止因病致贫、因病返贫。实施健康扶贫工程，对贫困人口实行基本医疗和大病保险制度全覆盖。对贫困人口参加城乡居民基本医疗保险个人缴费部分，由各级财政按比例承担，给予全额资助。完善重大疾病救助制度，将贫困人口全部纳入重特大疾病救助范围，加大医疗救助、临时救助、慈善救助等帮扶力度，降低贫困人口医疗救助起付线，最大限度减轻贫困人口的医疗负担。加强贫困地区残疾人康复服务。建立贫困人口健康卡，对贫困人口实行特殊医疗保障和救助政策。

（十）实行农村低保制度兜底脱贫

加强农村最低生活保障制度与扶贫政策的有效衔接，加大最低生活保障资金投入力度，在2015年底实现全省农村最低生活保障标准与扶贫标准"两线合一"。建立民政与扶贫部门年度核查工作机制，对符合条件的贫困家庭及时纳入最低生活保障范围，做到应保尽保。对无劳动能力并且无法依靠产业扶持和就业帮助脱贫的特殊贫困人口（低保人口）和重度残疾人，由民政部门负责实行政策性保障兜底。对具备劳动能力能够通过发展产业等帮扶措施脱贫的贫困人口(低保人口)，由扶贫部门纳入脱贫攻坚政策扶持范围。对因灾、因病等原因造成的临时致贫或返贫群众，加大医疗救助、临时救助等专项救助力度，减少因灾、因病返贫现象发生。加快完善城乡居民基本养老保险制度，适时提高基础养老金标准，提高保障水平。健全完善贫困残疾人口生活和护理保障制度。

四、加快补齐贫困地区发展短板

（十一）着力改善贫困地区基础设施条件

优先解决道路、饮水、电力、通信等制约贫困地区发展的突出问题。实施贫困村路网通工程。加快推进贫困村通乡硬化路建设，三年内所有贫困村实现通畅。加强贫困地区抗旱水源建设、中小河流治理、山洪地质灾害防治及水土流失综合治理。实施饮水安全巩固提升工程，提高自来水普及率，适度提高集中供水率。加大农网建设力度，实现国家电网全覆盖。采取集中式与分布式相结合的方式，统筹解决项目建设用地和并网运行问题，加快推进光伏扶贫工程建设。运用有线、无线、卫星等协同覆盖方式，加快推进广播电视户户通和实现数字广播电视全覆盖。将有治理条件的贫困村优先纳入农村牧区环境整治和高原美丽乡村建设实施范围，集中开展村容村貌综合整治，加大贫困村改水改厕、垃圾处理、村庄美化绿化力度，建立长效保洁机制，全面提高农牧区净化美化水平。

（十二）着力提升贫困地区基本公共服务水平

加强医疗卫生保障。加快贫困村卫生室建设，改造升级贫困村卫生室。强化贫困村医生队伍建设，加大业务培训力度，支持贫困地区实施全科医生特设岗位计划，提高基层医疗卫生服务水平。建立省级医疗机构结对帮扶贫困地区县级医院及乡镇卫生院制度，重点加强对包虫病等地方病、传染病、慢性病防控救治工作。全面实施贫困地区重大公共卫生项目，力争让贫困地区群众享有全省同等的基本公共卫生和基本医疗服务。实施文化惠民工程。加强贫困地区公共文化设施建设，整合资源，重点实施贫困村村级综合文化服务中心（广播站）建设项目，深入推进贫困地区文明村镇和文明家庭创建工作。继续实施农村公益电影放映工程。加快贫困地区社会福利和养老设施建设，在自愿的前提下对农村牧区"三无"人员实行集中供养，重视解决贫困地区留守儿童、留守妇女、留守老人问题。

（十三）着力构建贫困地区科技服务体系

加快科技成果应用转化，大力推广增产增收新技术，健全完善农牧科技服务和技术推广体系。实施农牧业科技创新工程，开展贫困地区产业技术支撑、科技扶贫示范、科技人才支撑、科技信息支撑等行动，支持科技特派员开展创业式扶贫。实施"宽带乡村"工程。加大"互联网+"扶贫力度，推进贫困县电商扶贫，拓展特色农畜产品网上销售渠道。加快贫困地区物流配送体系和商品交易市场建设，支持商务、邮政、供销社等系统在贫困地区建立服务网点，推动贫困地区农畜产品进城，促进工业消费品和农业生产资料下乡。加强农村牧区电商人才培训，对贫困家庭开设网店给予网络资费补助、小额信贷等支持，扩大信息进村入户的覆盖面。

五、创新脱贫攻坚机制

（十四）健全精准脱贫机制

完善精准识别、建档立卡基础性工作，做到一户一本台账、一个脱贫计划、一套帮扶措施，倒排工期、不落一人。贫困户识别由户籍所在地政府负责。建立完善贫困人口动态管理机制，推行扶贫对象网络实名公示制度。建立贫困户脱贫认定机制，实行脱贫逐户销号，做到脱贫到人。对已经脱贫的农牧户，在一定时期内让其继续享受扶贫相关政策。建立脱贫退出机制，出台退出管理办法，明确贫困户脱贫、贫困村和贫困县退出标准及时有序。制定脱贫攻坚验收办法，建立由户到村到乡到县的脱贫成效评价制度。对提前摘帽的贫困县，在脱贫攻坚期内原有支持政策不变、扶持力度不减，并实行奖励。加强对扶贫开发工作绩效的社会监督，开展贫困地区群众扶贫满意度调查，建立对扶贫政策落实情况和扶贫成效的第三方评估机制，严禁弄虚作假搞"数字脱贫"。加快推进扶贫开发信息化建设，加强农村牧区贫困统计监测体系建设，建立扶贫信息系统数据与财政、民政、人社、卫计、残联、统计、调查总队、住建、金融等部门数据的有效对接和共享机制，运用大扶贫数据库信息，精准掌握扶贫项目实施、扶贫资金管理、脱贫实效考核等情况。

（十五）健全财政扶贫投入保障机制

积极调整省级财政支出结构，随财力增长不断加大扶贫资金的投入力度，从 2016 年起省级财政扶贫专项资金每年增长 20% 以上。健全完善资金整合机制和多元投入机制，扩大资金整合范围和规模，集中使用，增加对贫困地区基础设施建设和提高基本公共服务水平的投入。各行业部门管理的涉农资金，各项惠民政策、项目和工程，优先保证贫困村、贫困户需求。发达省市对口援青资金重点用于基础设施、公共服务等脱贫攻坚项目。以县为单位建立专项扶贫资金、相关涉农资金和社会帮扶资金捆绑集中使用机制。支持贫困村发展资金互助合作组织，每个贫困村注入 50 万元资本金滚动使用。建立扶贫资金年审制，对每年使用的扶贫项目资金，省财政安排的专项资金，委托第三方进行年审，保证扶贫资金使用效果。建立扶贫资金违规使用责任追究制度。健全完善省对下扶贫资金绩效考评办法和指标体系，强化县级政府对扶贫资金的监管，确保扶贫开发项目资金"接得住、管得好、有效益"。健全完善扶贫项目资金公示公告制度，强化社会监督，构建扶贫资金综合监管格局。

（十六）健全金融扶贫机制

建立省级扶贫开发投资公司，独立封闭运行，承接通过专项建设基金、地方政府债券注入的易地扶贫搬迁项目资本金，以及相关金融机构提供的长期低息贷款。鼓励市（州）、县政府出资组建融资担保平台，鼓励涉农融资担保机构向扶贫对象和扶贫项目提供融资支持和信贷担保。全面落实金融支持精准扶贫青海行动方案及主办银行制度，扩大扶贫贷款规模，各级财政按基准利率贴息补助，以支持产业园区、产业化龙头企业、专业合作组织、能人大户发展扶贫产业。重点为贫困户提供基准利率、免抵押、免担保的小额信贷支持，省级财政按基准利率全额贴息。争取和使用好扶贫再贷款。支持贫困地区产业化龙头企业在股权交易中心挂牌融资。省、市（州）、县政府可会同金融机构按照贫困地区贷款数量，以一定比例建立贷款风险补偿基金，并形成长效机制。按照贫困户信用评级办法，在全省贫困地区全面推进贫困户信用评级工作。积极开展农村牧区产权抵押融资试点。开展农牧民专业合作社信用合作试点。积极发展扶贫小额贷款保证保险业务，扩大贫困地区农牧业保险覆盖面，提高对贫困户保险保费的补贴标准。加大创业担保贷款、助学贷款、妇女小额贷款、康复扶贫贷款实施力度。加强贫困地区金融服务基础设施建设，扩大乡村服务网点，不断拓展服务品种和领域，提升金融服务水平。

（十七）健全考核激励机制

考核工作从 2016 年到 2020 年，每年开展一次，由省扶贫开发工作领导小组统一领导。主要考核减贫成效、精准识别、精准帮扶、扶贫资金等情况。将贫困县脱贫攻坚年度重点目标任务纳入市（州）、县（市、区）领导班子目标责任（绩效）考核指标体系，完善对贫困县扶贫绩效考核办法，提高扶贫成效在目标责任（绩效）考核指标中的分值权重。建立考评结果与脱贫绩效挂钩机制，把脱贫攻坚实绩作为选拔任用干部的重要依据。对脱贫攻坚成效显著的贫困县党政主要负责人，符合干部选拔任用条例的优先提拔使用；对脱贫攻坚工作重视不够、成效不明显，未按期完成脱贫任务的贫困县党政主要领导实行诫勉问责，采取组织调整措施给予降职免职。建立对各行业部门扶贫责任落实情况的考核评价制度，对行业部门承担的扶贫责任建立目标清单，对其中具有牵动性、可考核性的目标任务逐步纳入领导班子目标责任（绩效）考核指标体系。建立脱贫攻坚专项审计制度，确保精准脱贫效果。建立脱贫攻坚巡查和督查制度，省上聘用专职巡查员，每两个月组织巡查一次，并建立通报制度。

（十八）健全部门合力攻坚机制

各行业部门要制定行业扶贫规划和年度实施方案，确保行业部门专项规划与扶贫规划有效对接。全面落实行业部门在脱贫攻坚中承担的目标、任务和责任，对承担的脱贫攻坚任务进行倒排工期，加强年度工作计划的组织落实，做到扶贫项目优先安排，扶贫资金优先保障，扶贫工作优先对接，扶贫措施优先落实。省级行业部门要加大对市（州）、县两级行业部门指导，将责任、权利、资金、任务落实到县。充分发挥人大、政协的监督职能，调动社会各界关注扶贫开发。

（十九）健全社会力量参与机制

健全完善党政军机关定点帮扶贫困村、城乡党员干部结对帮扶贫困户工作机制。建立省级领导联系重点县、市（州）级领导联系重点乡镇、县级领导联系重点贫困村工作机制，发挥示范带动作用。发挥省垣各民主党派、工商联、群众团体、大专院校、科研院所、驻青解放军和武警部队等在整体脱贫攻坚中的重要作用，精准开展帮扶活动。动员和引导爱国宗教人士参与脱贫攻坚。鼓励各类企业通过投资兴业、开发资源、吸纳就业等形式，到贫困地区建立生产基地、物流基地，打通贫困农牧户生产经营与市场的对接渠道，提升扶贫产业辐射带动效益。通过购买服务等方式，鼓励各类社会组织开展到村到户精准扶贫。完善扶贫龙头企业认定制度，实行动态管理，建立与贫困户利益紧密联结机制，增强企业辐射带动贫困户增收的能力。吸纳贫困人口就业的企业，按规定享受税收优惠、职业培训补贴等就业支持政策。加强与社会公益基金组织的协调合作，吸纳社会公益基金参与脱贫攻坚，加大与国际基金组织的合作力度，积极争取国际援建项目。借助"10·17"全国扶贫日活动平台，创新完善人人皆愿为、可为和能为的社会扶贫参与机制。

六、强化脱贫攻坚的组织保障

（二十）从严落实组织领导责任

实行脱贫攻坚省负总责、市（州）县抓落实的工作机制，形成省市县乡村五级书记一起抓的工作格局。省委和省政府对全省扶贫工作负总责，抓好目标确定、工作规划、组织动员、资金投放、检查指导等工作。市（州）党委和政府要做好上下衔接、域内协调、督促检查工作，把精力集中在贫困县如期摘帽上。县级党委和政府承担主体责任，书记和县长是第一责任人，做好进度安排、项目落地、资金使用、人力调配、推进实施等工作。乡镇党委和政府承担具体责任，认真落实各项扶贫措施，确保扶贫政策、项目、资金落地见效。要逐级签订脱贫攻坚责任书，建立脱贫攻坚年度报告制度，传导压力、压实责任。各级行业部门要按照部门职责落实脱贫攻坚责任，每年向本级扶贫开发领导小组报告行业扶贫任务落实和脱贫攻坚工作进展情况。市

（州）、县两级成立由党政主要负责同志担任组长的扶贫开发工作领导小组，明确职能，发挥牵头抓总的作用，确保脱贫攻坚各项工作有序推进。市（州）、县两级要重视和加强扶贫部门领导班子建设，通过优化编制资源配置，充实扶贫部门工作力量，各乡镇要确定扶贫工作负责人员，畅通服务渠道。

（二十一）着力夯实基层基础

深入推进"三基"建设，开展后进村党组织集中整顿，加强以村党组织为核心的村级组织配套建设，切实提高贫困村党组织的创造力、凝聚力、战斗力。选好配强村级领导班子，突出抓好村党组织带头人队伍建设，增强基层党组织带领群众脱贫攻坚的能力和水平。继续做好选聘高校毕业生到贫困村服务工作，发挥好大学生村官在脱贫攻坚中的作用。

（二十二）强化驻村工作队的作用

强力推动"123"工作机制落地，从严从实管好用好第一书记和扶贫（驻村）工作队，确保第一书记和工作队下得去、待得住、干得好，全方位、多功能发挥作用。加大对驻村干部的考核检查力度，不稳定脱贫不撤队伍、不换干部，不合格的召回，并由组织部门记录在案。对在基层一线干出成绩、群众欢迎的驻村干部，要重点培养使用。

（二十三）调动贫困群众积极性

充分发挥贫困群众主动性和创造性，增强贫困群众"造血功能"和自我发展能力。要引导贫困群众通过自力更生努力改变贫困面貌，彻底摒弃等靠要思想观念，激发贫困群众主动脱贫的积极性。坚持从实际出发，正确引导群众预期，充分尊重群众意愿，认真落实"一事一议""村民自建""以工代赈""以奖代补"等政策，让贫困群众参与脱贫计划和实施方案的制定，参与扶贫项目建设、管理和监督全过程，充分尊重他们的民主权利，发挥他们的主体作用。

（二十四）严肃脱贫攻坚督查问责

建立脱贫攻坚工作责任清单，实行以目标倒逼任务、时间倒逼进度、责任倒逼落实工作机制。各级党委政府督查部门要将脱贫攻坚工作列入年度重点督查任务，对重点工作实行挂牌督办、办结销号和问责制，对督查发现的问题及时向有关地区、单位反馈，提出整改措施和时限要求，并跟踪问效。

（二十五）依法推进脱贫攻坚

认真贯彻落实《青海省农村牧区扶贫开发条例》，依法落实脱贫攻坚措施，管理扶贫项目和资金，开展监督检查。在规划编制、项目安排、资金使用、监督管理等方面，提高规范化、制度化、法治化水平。健全贫困地区公共法律服务制度，切实保障贫困人口合法权益。强化执法监督和责任追究，推动整体脱贫攻坚依法有序开展。

（二十六）营造脱贫攻坚良好舆论氛围

把握正确舆论导向，全面宣传党和政府扶贫开发的决策部署、政策举措，宣传我省扶贫开发取得的巨大成就，宣传各地区各部门精准扶贫、精准脱贫的好做法、好经验。各级新闻媒体要深入脱贫攻坚主战场，充分报道脱贫攻坚、脱贫致富的生动实践和先进典型，发挥好典型示范作用，形成精准扶贫、精准脱贫的良好氛围。适时表彰对脱贫攻坚做出突出贡献的组织和个人。

中共青海省委办公厅 2015 年 12 月 27 日印发

中共青海省委办公厅文件

中共青海省委办公厅、青海省人民政府办公厅关于印发《青海省建档立卡贫困人口和贫困村退出及贫困县脱贫摘帽实施方案》《青海省贫困县脱贫攻坚绩效考核办法（试行）》的通知

青办发〔2016〕29号

各市州委和人民政府，省委各部委，省直各机关单位，各人民团体：

《青海省建档立卡贫困人口和贫困村退出及贫困县脱贫摘帽实施方案》《青海省贫困县脱贫攻坚绩效考核办法（试行）》已经省委省政府领导同意，现印发给你们，请认真贯彻执行。

中共青海省委办公厅

青海省人民政府办公厅

2016年6月28日

（发至县）

青海省建档立卡贫困人口和贫困村退出及
贫困县脱贫摘帽实施方案

为深入贯彻落实省委十二届九次全会和省委扶贫开发工作会议精神，根据中共中央办公厅国务院办公厅印发的《关于建立贫困退出机制的意见》和中共青海省委青海省人民政府《关于打赢脱贫攻坚战提前实现整体脱贫的实施意见》（以下简称《实施意见》），制定本实施方案。

一、指导思想

全面贯彻落实党的十八大和十八届三中、四中、五中全会精神，以邓小平理论、"三个代表"重要思想、科学发展观为指导，深入贯彻习近平总书记关于扶贫开发系列重要讲话精神，以实施精准扶贫、精准脱贫基本方略为统领，以脱贫实效为依据，以群众认可为标准，按照"四年集中攻坚，一年巩固提升"的总体部署，明确全省贫困人口、贫困村、贫困县年度脱贫退出计划、标准和程序，以正面激励为导向，通过建立严格、规范、透明的贫困退出机制，确保到 2019 年全省现有建档立卡贫困人口和贫困村、集中连片特殊困难地区片区县和国家扶贫开发工作重点县（以下统称贫困县）全部实现规范有序退出，为到 2020 年，同步全面建成小康社会、打赢整体脱贫攻坚战奠定坚实基础。

二、工作目标

通过实施发展特色产业、转移就业、易地搬迁、生态保护、资产收益、发展教育、医疗保险和救助、农村低保制度兜底等"八个一批"脱贫攻坚行动计划以及交通、水利、电力、通信、医疗卫生、文化惠民、金融、科技、电子商务和市场体系建设、农牧民危旧房改造等扶贫专项方案，到 2019 年底，使全省 52 万"两线合一"建档立卡中有劳动能力和发展生产意愿的贫困人口（含低保人口）全部实现脱贫，1622 个建档立卡贫困村全部退出，42 个贫困县（市、区、行委）全部摘帽。

三、脱贫退出计划

根据省委省政府《实施意见》要求，从 2016 年开始至 2019 年底，贫困人口脱贫、贫困村退出和贫困县摘帽分年度计划安排如下：

（一）贫困人口脱贫计划

2016 年计划完成 11 万贫困人口脱贫；2017 年和 2018 年分别计划完成 14 万贫困人口脱贫；2019 年计划完成 13 万贫困人口脱贫。2020 年经过巩固提升，确保全部脱贫人口稳定实现"两不愁、三保障"目标。

（二）贫困村退出计划

2016 年计划完成 400 个贫困村退出；2017 年和 2018 年分别计划完成 500 个贫困村退出；2019 年计划完成 222 个贫困村退出。到 2020 年通过巩固提升，使退出贫困村基础设施更加完善，基本公共服务主要领域指标接近全省平均水平。

（三）贫困县摘帽计划

2016 年计划完成 6 个贫困县(行委)摘帽；2017 年计划完成 11 个贫困县(市、区)摘帽；2018 年计划完成 13 个贫困县摘帽；2019 年计划完成 12 个贫困县（区）摘帽。

四、脱贫退出标准

（一）贫困人口脱贫标准

贫困人口脱贫以户为单位，即贫困户同时实现以下 6 项指标的，经评议可脱贫：

1. 贫困户年人均可支配收入达到或超过《实施意见》确定的年度人均可支配收入标准；

2. 有安全住房；

3. 义务教育阶段学生无因贫辍学；

4. 参加城乡居民基本医疗保险；

5. 参加城乡居民基本养老保险；

6. 有意愿的劳动力（含两后生）参加职业教育或技能培训。

（二）贫困村退出标准

贫困村同时达到以下 6 项指标的，可申请退出：

1. 贫困发生率低于 3%；

2. 有村级集体经济或贫困村村级互助发展资金；

3. 农区有通行政村的沥青（水泥）路，牧区有通行政村的沥青（水泥）

或砂石路；

4. 有安全饮用水；

5. 有生产生活用电；

6. 有标准化村卫生室和村级综合办公服务中心。

（三）贫困县摘帽标准

贫困县同时实现以下6项指标的，可申请摘帽：

1. 县级农牧民年人均可支配收入达到当年全省农牧民人均可支配收入的70%以上；

2. 贫困发生率低于3%；

3. 九年义务教育巩固率达到93%以上；

4. 城乡居民基本医疗保险参保率达到98%以上；

5. 城乡居民基本养老保险参保率达到95%以上；

6. 贫困村退出率达到100%。

五、脱贫退出程序

（一）贫困户脱贫程序

在县级扶贫开发工作领导小组的统一领导下，贫困户脱贫严格按照"拟选对象、精准帮扶、民主评议、审核公告、开展评估"的程序办理，实行动态管理。

1. 拟选对象。县级人民政府和扶贫部门根据年度减贫目标任务，于每年11月底前，将下年度拟脱贫人口计划分别下达到各乡（镇）人民政府和行政村；乡（镇）人民政府和行政村根据脱贫计划明确拟脱贫的贫困人口，于12月底前将拟脱贫人口名单报县级扶贫部门，由县级扶贫部门在扶贫开发业务管理系统中标记为下年度预期脱贫对象。

2. 精准帮扶。在县级扶贫部门和乡（镇）人民政府的统一协调下，由村"两委"和驻村工作队或帮扶责任人负责，充分尊重贫困户的意愿，针对贫困户主要致贫原因和脱贫需求，按照"八个一批"脱贫攻坚行动计划、十个行业扶贫专项方案，因户因人施策，落实精准扶贫政策措施，帮助贫困户实现精准脱贫。同时，驻村工作队和村"两委"要对贫困户的生产生活改善状况、参与增收项目、外出务工、得到社会帮扶等情况建立动态监测台账，动态监测记录应作为贫困户脱贫的重要依据。

3.民主评议。通过切实有效的帮扶，符合贫困户脱贫标准的拟脱贫贫困户（上年度12月份标记的预期脱贫对象），由村"两委"及驻村工作队于当年11月底前，召开村民代表大会进行民主评议，形成拟脱贫贫困户初步名单，并按照贫困户脱贫标准开展入户调查、摸底核实，对核实情况在村内进行第一次公示（公示时间不少于5个工作日），经公示无异议后组织填写贫困户脱贫确认书，并由村"两委"将确认的脱贫贫困户名单报乡（镇）人民政府。

4.审核公告。乡（镇）人民政府对各村上报的初选名单进行审核，形成全乡（镇）贫困户脱贫名单，在各行政村进行第二次公示，经公示无异议后报县（市、区）扶贫开发工作领导小组。县（市、区）扶贫开发工作领导小组组织有关部门进一步抽查审核（抽查审核面不低于30%），形成全县（市、区）贫困户脱贫名单进行审批，审批结果在各行政村内进行公告，并上报市（州）和省扶贫开发工作领导小组办公室备案。公告结束后，由乡（镇）人民政府负责收回脱贫贫困户的《扶贫手册》和《农村牧区低保证》，统一分别上缴至县级扶贫、民政部门存档。上述各项工作应在当年12月底前完成。同时，市（州）和省扶贫开发工作领导小组办公室分别组织有关部门人员，对上报的脱贫贫困户进行抽查，市（州）级抽查面不低于20%、省级不低于10%。县级扶贫部门要根据扶贫对象动态管理的有关规定，于次年3月底前，在扶贫开发业务管理系统中将贫困户作脱贫标识。

5.开展评估。贫困户脱贫次年1月底前，县级扶贫开发工作领导小组负责协调同级相关科研单位和社会中介机构等，组成第三方评估小组，在市（州）扶贫部门的参与指导下，按照贫困户脱贫标准，对本县当年脱贫贫困户落实精准扶贫政策措施、整合各类资源开展精准脱贫、实现稳定脱贫的效果以及存在的主要问题、今后工作建议等方面做好评估工作，形成评估报告上报市（州）和省扶贫开发工作领导小组办公室。

乡（镇）人民政府和村"两委"对脱贫贫困户，在下一年度内继续给予跟踪关注，落实动态监测措施。对脱贫效果不明显且人均可支配收入未达到脱贫标准的贫困户，经村"两委"和驻村工作队核实并报乡（镇）人民政府研究同意，县级扶贫部门审核备案后，可以对其继续给予相应的政策扶持，避免出现边脱贫、边返贫和"被脱贫"现象。对二次享受扶持政策的审批备案脱贫贫困户，各乡（镇）人民政府要本着实事求是的原则，从严控制和掌握，并督促村"两委"明确具体工作措施，保证其在第二个扶持年度内实现稳定脱贫。因重大自然灾害和突发事件造成农牧民生产生活困难的，及时给予相应的临时性救助。确需纳入返贫的，依据当地县级以上民政、农牧、国土、气象等相关部门的认定，由县级扶贫部门提出申请，市（州）级扶贫部门审核，省级扶贫部门审定备案后，纳入下一年度脱贫计划。

（二）贫困村退出程序

贫困村退出在市（州）扶贫开发工作领导小组的统筹协调下，由县级扶贫开发工作领导小组负责，按照"初选对象、精准施策、审核公示、开展评估、审批公告"的程序办理，实行只出不进。

1. 初选贫困村。县级人民政府在每年12月底前，按照本地区脱贫攻坚规划和贫困村退出标准，对下年度拟退出贫困村的主要指标进行评估，研究确定拟退出贫困村名单，并征求有关乡（镇）意见后，通报到贫困村所在乡（镇）和贫困村。

2. 精准施策。根据贫困村退出计划和退出标准，县级人民政府通过整合各类扶贫资源，由乡（镇）人民政府统筹协调，按照贫困村脱贫发展计划，针对贫困村退出存在的发展"短板"，精准落实有关政策措施，解决影响贫困村退出的基础设施建设以及基本公共服务等方面的突出问题。县级调查统计部门在村"两委"和驻村工作队的协助下做好相关监测统计工作，监测统计资料作为贫困村退出的重要依据。

3. 审核公示。通过精准实施脱贫攻坚项目，达到退出标准的贫困村，由村"两委"向所在乡（镇）人民政府提出退出申请。乡（镇）人民政府对申请退出的贫困村精准扶持情况、监测统计结果进行初审后，于当年11月底前报县级扶贫开发工作领导小组。县级扶贫开发工作领导小组组织有关部门对申请退出贫困村开展入村调查核实，并对核实情况进行公示（公示时间不少于5个工作日）。对申请退出贫困村公示无异议后，形成审核工作报告和贫困村退出名单，以县级人民政府名义报市（州）扶贫开发工作领导小组。

4. 开展评估。贫困村退出次年1月底前，各市（州）扶贫开发工作领导小组负责协调各民主党派、科研院所、社会中介组织和机构等组成评估小组，按照贫困村退出标准和有关行业部门专项扶贫实施方案内容，对所辖各县当年退出贫困村情况开展第三方评估，及时形成评估意见反馈各县级人民政府。

同时，由各市（州）扶贫开发工作领导小组将汇总形成的评估意见报省扶贫开发工作领导小组办公室。

5.审批公告。县级人民政府根据达成一致的评估意见，于次年2月底前，对当年退出的贫困村进行审批，审批结果以县级人民政府的名义在一定范围内进行公告（公告时间不少于10个工作日），并将退出贫困村名单逐级汇总上报市（州）和省扶贫开发工作领导小组备案。同时，县级扶贫部门根据扶贫对象动态管理的有关规定，于次年3月底前，在扶贫开发业务管理系统中将贫困村作退出标识。贫困村退出后，原有贫困村规划未实施完成的项目继续予以安排实施，直至全面完成项目建设任务。

（三）贫困县摘帽程序

在省扶贫开发工作领导小组的统一领导下，贫困县摘帽退出按照"县级申请、市州初审、省级核查、评估审批"的程序办理，实行只出不进。

1.拟定计划。由市（州）扶贫开发工作领导小组依据所辖各贫困县经济社会发展实际、减贫进程和贫困县摘帽标准，统筹制定贫困县摘帽计划，并在一定范围内公开。

2.申请退出。贫困县扶贫开发工作领导小组应根据拟摘帽计划和贫困县摘帽标准，结合脱贫攻坚任务完成情况，在当年11月底前向市（州）扶贫开发工作领导小组提交书面摘帽申请，并附以下资料：

（1）以县扶贫开发工作领导小组名义向市（州）扶贫开发工作领导小组申请贫困县摘帽的请示文件；

（2）贫困县摘帽工作报告，内容包括：贫困县脱贫攻坚基本情况、主要做法、工作成效和开展自查情况，摘帽后巩固脱贫效果的工作方案和保障措施；

（3）以县扶贫开发工作领导小组或党委政府名义制定的有关实现贫困县摘帽的政策性文件。

3.市州初审。市（州）扶贫开发工作领导小组应在当年12月底前，组织有关部门对贫困县摘帽申报材料进行初审，并按照贫困县摘帽标准，对贫困县脱贫攻坚任务完成情况进行核实，及时向省扶贫开发工作领导小组办公室提交开展核实情况的报告和贫困县摘帽申请资料。

4.省级核查。省扶贫开发工作领导小组办公室组织发展改革、民政、财政、调查统计等相关部门，成立联合工作组，于次年2月底前，对申请摘帽的贫困县脱贫攻坚任务完成情况开展实地核查，形成核查情况报告、提出贫困县摘帽名单报省扶贫开发工作领导小组。

5.评估审批。省扶贫开发工作领导小组办公室负责邀请省垣民主党派、科研院所、社会组织和中介机构，组成第三方评估组，在开展省级核查工作的基础上，于次年3月底前，对申请摘帽的贫困县开展第三方评估，并及时反馈评估意见。根据省级核查报告和第三方评估意见，将摘帽贫困县名单报省扶贫开发工作领导小组同意后，在省级媒体上向社会公示。公示无异议的，由省扶贫开发工作领导小组审批后报国务院扶贫开发领导小组备案，并正式向社会公布。

六、工作要求

（一）加强领导，明确责任

各市（州）、县（市、区、行委）党委政府和有关部门，要充分认识建立贫困人口脱贫、贫困村退出和贫困县摘帽机制的重要性，高度重视脱贫退出工作，加强对脱贫退出工作的组织领导，结合本地区实际，制定好具体实施办法。各级扶贫部门要当好党委政府的参谋助手，协调有关方面组织调查核实、公示公告、备案管理和信息录入等工作。各级发展改革、民政、财政、调查统计等部门要积极配合，共同推进。各地年度贫困人口减贫计划要与调查统计部门做好衔接，确保数据的统一性。

（二）落实政策，有序推进

各市（州）、县（市、区、行委）党委政府要根据本地区脱贫攻坚规划，制定好年度脱贫退出计划，统筹人力、物力、财力，加大脱贫攻坚相关政策措施的落实力度，如期完成任务。在开展脱贫退出和第三方评估工作时，要全面准确把握好相关程序，有序推进脱贫退出工作，提高工作质量和效率，做到脱贫成效"贫困户认账、当地老百姓认账、第三方评估认账"。

（三）坚持标准，规范退出

按照"省负总责、市（州）县抓落实"的扶贫工作机制，坚持以县为主体、分级负责的原则，严格标准，规范流程，公平公正，脱贫真实。做好相关数据核查和资料归档工作。

（四）强化督查，做好宣传

各级党委政府要把脱贫退出工作作为重点督查内容，加大督促检查力度，提高工作的针对性和有效性,严肃处理落实督查发现的问题,防止贫困人口"被脱贫"、贫困村"被退出"、贫困县"被摘帽"。对工作中弄虚作假、违规操作的,要依规依纪严肃追责。要采取多种形式,广泛宣传脱贫退出的成功经验典型事例,准确解读相关工作程序和政策,努力做到家喻户晓,增强贫困群众战胜贫困的信心和决心。

各市(州)、县(市、区、工委)扶贫开发工作领导小组要按照脱贫攻坚年度报告制度要求,每年向省扶贫开发工作领导小组报告贫困人口脱贫、贫困村退出、贫困县摘帽的情况。

中共青海省委办公厅 2016 年 6 月 29 日印发

中共青海省委办公厅文件

中共青海省委办公厅、青海省人民政府办公厅关于印发《青海省脱贫攻坚督查巡查工作办法》等四个文件的通知

青办字〔2016〕74号

各市州委和人民政府，省委各部委，省直各机关单位，各人民团体：

《青海省脱贫攻坚督查巡查工作办法》《青海省党政军机关和企事业单位定点扶贫（驻村帮扶）工作考核暂行办法》《青海省市（州）党委和政府脱贫攻坚目标责任考核办法》和《青海省省直有关行业部门脱贫攻坚责任考核办法》已经省委省政府领导同意，现印发给你们，请结合实际认真贯彻执行。省委省政府扶贫开发领导小组 2012 年 4 月 13 日印发的《青海省扶贫开发工作考核办法（试行）》（青贫组〔2012〕7 号）同时废止。

中共青海省委办公厅

青海省人民政府办公厅

2016 年 11 月 9 日

（发至县）

青海省脱贫攻坚督查巡查工作办法

第一章 总 则

第一条 为确保圆满完成我省脱贫攻坚目标任务，根据中共中央办公厅、国务院办公厅印发的《脱贫攻坚督查巡查工作办法》和省委、省政府《关于打赢脱贫攻坚战提前实现整体脱贫的实施意见》，制定本办法。

第二条 本办法适用于对全省 8 个市（州）、39 个县（市、区）党委政府及其所属乡（镇）党委政府、贫困村"两委"和驻村扶贫工作队以及省直有关单位脱贫攻坚工作的督查巡查。

第三条 脱贫攻坚督查巡查工作应当认真贯彻精准扶贫、精准脱贫基本方略要求，坚持围绕目标、聚焦问题、实事求是、突出重点、群众参与、分级负责的原则，督促各有关地区和单位落实工作责任和政策措施，指导改进工作，查找解决问题，确保如期完成脱贫攻坚目标任务。

督查工作坚持目标导向，着力推动工作落实；巡查工作坚持问题导向，注重发现和解决实际问题。

第四条 脱贫攻坚督查巡查工作人员应当具备熟悉脱贫攻坚政策措施，作风严谨、勇于担当、敢于负责、善于研究解决实际问题的素质和能力。

第五条 脱贫攻坚督查巡查工作人员应当严格遵守政治纪律、组织纪律、廉政纪律和保密纪律，不准接受被督查地区和单位安排的超标准接待，不准接受土特产品等馈赠，不准借督查巡查之机谋取私利和托办私事，不准擅自就督查巡查工作发表带有个人倾向性的观点言论，切实维护督查巡查工作的严肃性。

第二章 督 查

第六条 省扶贫开发工作领导小组统筹负责全省脱贫攻坚督查工作的组

织领导，制定年度督查计划，批准督查事项，组建督查组，向省委、省政府报告督查情况。省扶贫开发工作领导小组办公室负责日常工作。

第七条　督查组负责督查工作的具体实施，实行组长负责制。组长由省扶贫开发工作领导小组成员轮流担任，工作人员从省委督查室、省政府督查室和省扶贫开发工作领导小组成员单位中抽调。

第八条　督查工作每半年开展一次，对全省8个市（州）、39个县（市、区）脱贫攻坚情况进行全面督查。

第九条　督查的重点内容有：脱贫攻坚责任、脱贫攻坚专项规划和重大政策措施、省委省政府领导批示和交办的重大事项的落实情况；减贫任务完成及特困群体脱贫情况，贫困人口精准识别、精准帮扶、精准脱贫情况，专项扶贫、行业扶贫、社会扶贫、东西部扶贫协作开展情况，重点项目实施及财政涉农资金整合情况；对上年度脱贫贫困人口、退出贫困村、摘帽贫困县进行"回头看"。

第十条　督查工作一般按照以下程序进行：

（一）制定方案

督查组根据具体任务，制定实施方案。

（二）实地督查

督查组在有关方面配合下开展工作。

（三）报告情况

各督查组以市（州）为单位，根据督查情况，认真撰写督查报告，客观公正、实事求是地反映督查情况及问题，提出有针对性的意见和建议。

第十一条　督查工作主要采取以下方式：

（一）召开座谈会，听取被督查地区和单位有关工作情况汇报。

（二）查阅、摘录、复制有关文件资料、档案、会计资料，向相关人员了解情况，听取意见建议，必要时要求被督查单位主要负责人作出说明。

（三）实地察看项目实施情况，调查核实项目的具体情况。

第十二条　各督查组完成督查报告后，由省扶贫开发工作领导小组办公室统一汇总，向省扶贫开发工作领导小组报告，并作为市（州）、县（市、区）党委政府和省直相关部门扶贫工作成效考核的重要参考。省扶贫开发工作领导小组办公室负责向被督查地区和单位反馈督查情况，提出整改意见。对督查结果较好的地区和部门予以通报表扬；对督查中发现的问题，提出处理意见。被督查地区和单位应当根据督查反馈意见，认真整改，并于 2 个月内向省扶贫开发工作领导小组办公室反馈情况。

第三章　巡　查

第十三条　省扶贫开发工作领导小组根据掌握的情况，报经省委、省政府批准，组建巡查组，开展巡查工作。省扶贫开发工作领导小组办公室负责日常工作。

第十四条　巡查组实行组长负责制，组长由省扶贫开发工作领导小组成员轮流担任，工作人员从省委督查室、省政府督查室和省扶贫开发工作领导小组成员单位抽调，同时邀请省人大代表、省政协委员、有关专家参与巡查。

第十五条　巡查工作每季度组织开展一次，对全省 8 个市（州）、39 个县（市、区）和省直部门脱贫攻坚情况进行巡查。

第十六条　巡查的重点内容有：脱贫攻坚中群众反映强烈，基层落实困难，需要上级协调解决的问题；主体责任落实不力，年度脱贫攻坚项目不按进度启动实施，扶贫项目拖延审批、不按进度施工等问题；扶贫资金管理使用中存在的问题，违规安排扶贫项目的问题；贫困退出严重失实，弄虚作假搞"数字脱贫"的问题；第三方评估中发现、反映的突出问题；对上次巡查发现问题的整改情况进行"回头看"。

第十七条　巡查工作一般按照以下程序进行：

（一）制定方案

根据任务需要，制定工作方案。

（二）实地巡查

巡查组进驻被巡查地区，走村入户，开展工作。发现问题的，应及时向被巡查地区党委政府和有关单位提出处理意见。

（三）报告情况

各巡查组以市（州）为单位，根据巡查情况，认真撰写巡查报告，客观公正、实事求是地反映巡查情况及问题，提出有针对性的意见和建议。

第十八条　巡查方式。巡查工作以走村串户、实地察看为主要方式，采取召开座谈会、听取汇报、查阅资料、问卷调查、走访贫困户、电话访谈、暗查暗访、受理群众举报等形式进行，同时适当运用第三方评估成果。

第十九条　各巡查组完成巡查报告后，由省扶贫开发工作领导小组办公室统一汇总，向省扶贫开发工作领导小组报告，并作为市（州）、县（市、区）党委政府和省直相关部门扶贫工作成效考核的重要参考。省扶贫开发工作领导小组办公室负责向被巡查地区和相关部门反馈问题，提出整改意见。被巡查地区和相关部门应当根据巡查反馈意见，认真整改，并于 2 个月内向省扶贫开发工作领导小组办公室反馈情况。

第四章　附　则

第二十条　本办法由省扶贫开发工作领导小组办公室负责解释。

第二十一条　本办法自印发之日起施行。

青海省党政军机关和企事业单位
定点扶贫（驻村帮扶）工作考核暂行办法

第一条　为进一步加强省直党政军机关和企事业单位定点扶贫工作，根据省委、省政府《关于打赢脱贫攻坚战提前实现整体脱贫的实施意见》，制定本暂行办法。

第二条　本暂行办法适用于对承担结对帮扶贫困村及选派干部到贫困村开展驻村帮扶工作任务的省直党政军机关和企事业单位（以下简称定点扶贫单位）的考核。

第三条　定点扶贫工作考核应坚持统一领导、分级负责，统一标准、程序规范，实事求是、客观公正，定性与定量相结合的原则。

第四条　对开展定点扶贫工作的各定点扶贫单位的考核工作，在省扶贫开发工作领导小组的统一领导下，由各市（州）扶贫开发工作领导小组具体组织实施。

考核工作实行组长负责制,组长由市(州)副厅级以上领导担任,工作人员从市(州)扶贫开发工作领导小组成员单位抽调。

第五条 从 2016 年到 2020 年,每年年底至次年年初组织开展 1 次定点扶贫考核工作。经省级认定备案当年已退出的结对帮扶贫困村,次年继续由原定点扶贫单位负责巩固脱贫退出成果,第三年起不再对其定点扶贫工作进行考核。

第六条 考核的重点内容有:

(一)工作机制建立

主要考核定点扶贫单位关于定点扶贫工作的组织领导、工作安排及体制机制情况。

(二)开展帮扶工作

主要考核驻村帮扶工作队实地开展工作情况。

(三)定点扶贫成效

主要考核通过开展定点扶贫工作,结对贫困村当年取得的主要成效等。

(四)帮扶村评议

考核结对帮扶贫困村群众对定点扶贫单位当年开展帮扶工作成效的满意度。

第七条 考核按照以下步骤进行:

(一)开展自查

各定点扶贫单位对照考核重点内容,对本单位开展年度定点扶贫工作情况进行自查,形成自查报告送有关市(州)扶贫开发工作领导小组。

(二)实地核查

考核组在各定点扶贫单位自查的基础上,通过查阅各定点扶贫单位有关文件资料,结合深入帮扶村实地考察核实帮扶情况,听取当地县(市、区)、乡(镇)党委和政府,村"两委"及贫困村群众意见,如实填报考核评分表。

(三)综合评价

考核组结合定点扶贫单位自查、实地核查、满意度测评等工作,对被考核单位当年开展定点扶贫工作情况进行综合评价,综合评价材料报省扶贫开发工作领导小组办公室审定。

第八条 考核按百分制计分,按四个等次评定。考核 90 分以上为 A 等次,

80—89 分为 B 等次，70—79 分为 C 等次，70 分以下为不合格。

第九条 对考评结果为 A 等次的定点扶贫单位，以省扶贫开发工作领导小组名义通报表扬，考核不合格的予以通报批评。

第十条 各市（州）、县（市、区）应当参考本暂行办法，制定对市（州）和县级有关单位定点扶贫工作考核方案，及时将本地区定点扶贫工作考核情况，以书面形式报省扶贫开发工作领导小组办公室。

第十一条 本暂行办法由省扶贫开发工作领导小组办公室会同有关部门负责解释。

第十二条 本暂行办法自颁布之日起施行。

青海省市（州）党委和政府脱贫攻坚
目标责任考核办法

第一条 为强化市（州）党委和政府履行脱贫攻坚目标责任意识，根据中共中央办公厅、国务院办公厅印发的《省级党委和政府扶贫开发工作成效考核办法》和省委、省政府《关于打赢脱贫攻坚战提前实现整体脱贫的实施意见》，制定本办法。

第二条 本办法适用于对全省 8 个市（州）党委和政府脱贫攻坚目标责任完成情况的考核。

第三条 考核工作应当坚持突出重点，注重考核工作成效；坚持客观公正，规范考核方法和程序；坚持结果导向，实行正向激励的原则。

第四条 考核工作从 2016 年开始，每年开展一次，到 2019 年结束。考核由省扶贫开发工作领导小组办公室牵头，会同省扶贫开发工作领导小组成员单位组织实施。

第五条 考核内容包括：

（一）责任落实

主要考核对年度脱贫攻坚工作的重视程度、工作计划安排、本级财政扶贫资金投入、扶贫干部队伍建设等情况。

（二）工作管理

主要考核对年度脱贫攻坚工作的监督检查、扶贫资金使用管理、动员社会力量参与、开展宣传报道、完成上级部门交办的各项日常工作等情况。

（三）减贫成效

主要考核年度贫困人口脱贫、贫困村退出、贫困县摘帽计划完成以及贫困人口收入增长等情况。

第六条 考核工作于每年年底开始至次年年初完成，按以下步骤进行：

（一）市（州）自查

各市（州）党委和政府每年12月15日前，对照年度脱贫任务，对本地区脱贫工作目标任务完成情况进行自查，形成自查报告，报省考核办和省扶贫开发工作领导小组办公室。

（二）实地考评

省扶贫开发工作领导小组办公室会同省扶贫开发工作领导小组成员单位组成考核组，对8个市（州）脱贫攻坚目标责任完成情况进行专项考核。通过听取汇报、查阅资料、实地核查等方式，对各市（州）完成年度脱贫攻坚目标责任考核指标情况进行评分。

（三）综合评价

考核组对各市（州）自查报告、考核指标评分结果和相关汇总数据进行综合分析，形成考核报告，经省扶贫开发工作领导小组办公室综合评议，报省扶贫开发工作领导小组审定。

（四）结果反馈

省扶贫开发工作领导小组向各市（州）党委政府专题反馈考核评价结果，并提出改进工作意见建议。

第七条 年度脱贫攻坚目标责任考核指标评价按百分制计分，得分90分以上为优秀，80—89分为良好，70—79分为一般，70分以下为较差。

第八条 考核指标评价结果由全省党政领导班子和领导干部年度目标责任考核办公室按一定比例折算后，计入市（州）党政领导班子和领导干部年度目标责任（绩效）考核总分。

第九条 考核结果为优秀的市（州），以省扶贫开发工作领导小组名义通报表扬，并作为下一年度省财政专项扶贫资金分配的重要参考因素，给予奖励和倾斜。同时，作为市（州）扶贫部门评选年度先进单位的重要依据。考核结果为较差的市（州）给予通报批评，并由省扶贫开发工作领导小组建议有关部门对市（州）党政主要负责同志实行问责。

第十条　各市（州）党委和政府应当主动配合做好脱贫攻坚目标责任考核工作，及时、准确提供相关数据、资料，确保考核工作顺利进行。参与考核工作的人员应当严守考核工作纪律，确保考核工作的公正性和公信力。

第十一条　本办法由省扶贫开发工作领导小组办公室会同有关部门负责解释。

第十二条　本办法自印发之日起施行。

青海省省直有关行业部门脱贫攻坚责任考核办法

第一条　为确保全面落实脱贫攻坚各项政策措施，根据省委、省政府《关于打赢脱贫攻坚战提前实现整体脱贫的实施意见》，制定本办法。

第二条　本办法适用于对承担"八个一批"脱贫攻坚行动计划和十个行业扶贫专项方案脱贫攻坚任务的省直有关行业部门的考核。

第三条　省直有关行业部门脱贫攻坚责任考核工作应当坚持统一组织、突出重点、实事求是、客观公正的原则。

第四条　省扶贫开发工作领导小组统一组织实施省直有关行业部门脱贫攻坚责任考核工作，省扶贫开发工作领导小组办公室具体实施。考核实行组长负责制，组长由各市（州）厅级领导担任，工作人员从各市（州）和省委督查室、省政府督查室、省扶贫开发工作领导小组成员单位抽调。

第五条　省直有关行业部门脱贫攻坚责任考核期间为 2016 年到 2019 年，每年组织开展 1 次。

第六条　省直有关行业部门脱贫攻坚责任考核内容，分为共性指标和个性指标两大类。年度考核内容由省扶贫开发工作领导小组办公室印发。

（一）共性指标

主要考核对脱贫攻坚目标任务的项目计划安排、资金下达和开展监督检查等情况，占考核权重的 40%。

（二）个性指标

主要考核省扶贫开发工作领导小组审定的年度脱贫攻坚目标具体指标完成情况，占考核权重的 60%。根据省直有关行业部门承担的"八个一批"脱贫攻坚行动计划和十个行业专项扶贫方案目标任务，结合全省年度脱贫退出计划安排确定。

第七条 考核按以下程序进行：

（一）自查

省直有关行业部门每年 11 月底对完成脱贫攻坚责任情况进行自查，并将自查报告报省扶贫开发工作领导小组办公室。

（二）考核

考核组通过听取工作汇报、查阅资料、实地核查实施项目、了解项目实施地区贫困群众意见等方式，对省直有关行业部门脱贫攻坚责任落实情况进行初步评价，形成考核工作报告报省扶贫开发工作领导小组办公室。

（三）汇总

省扶贫开发工作领导小组办公室结合年度脱贫攻坚督查巡查工作情况和初评报告，对省直有关行业部门脱贫攻坚责任落实情况进行综合评价，形成最终考核结果报省扶贫开发工作领导小组和省考核办。

第八条 考核按照百分制计分。得分 90 分以上为优秀，80—89 分为良好，70—79 分为一般，70 分以下为较差。考核结果由省扶贫开发工作领导小组在全省进行通报，并按一定比例折算后计入年度全省领导班子和领导干部年度目标责任（绩效）考核总分。

第九条 考核结果为优秀的省直有关行业部门，由省扶贫开发工作领导小组给予表彰奖励；对考核结果为较差的省直有关行业部门主要负责同志，实行问责追究。

第十条 本办法由省扶贫开发工作领导小组办公室会同有关部门负责解释。

第十一条 本办法自印发之日起施行。

中共青海省委办公厅 2016 年 11 月 9 日印发

中共青海省委办公厅文件

中共青海省委办公厅、青海省人民政府办公厅 关于印发《青海省脱贫攻坚责任制实施 细则》和《青海省脱贫攻坚第三方 评估暂行办法》的通知

青办字〔2016〕96号

各市州委和人民政府，省委各部委，省直各机关单位，各人民团体：

《青海省脱贫攻坚责任制实施细则》和《青海省脱贫攻坚第三方评估暂行办法》已经省委省政府领导同意，现印发给你们，请结合实际认真贯彻执行。

中共青海省委办公厅

青海省人民政府办公厅

2016 年 12 月 22 日

（发至县）

青海省脱贫攻坚责任制实施细则

第一章 总 则

第一条 为全面落实脱贫攻坚责任制，根据中共中央办公厅、国务院办公厅颁布的《脱贫攻坚责任制实施办法》，省委、省政府《关于打赢脱贫攻坚战提前实现整体脱贫的实施意见》和有关规定，制定本细则。

第二条 本细则适用于全省有脱贫攻坚任务的8个市（州）、39个县（市、区）党委政府，及省直有关行业部门和省直机关定点扶贫单位脱贫攻坚责任的落实。

第三条 坚持精准扶贫精准脱贫基本方略，全面贯彻落实党中央、国务院和省委、省政府关于脱贫攻坚的大政方针和决策部署，按照省负总责、市州统筹、县抓落实的工作机制，构建责任明晰、各负其责、合力攻坚的责任体系。

第二章 责任主体

第四条 省委、省政府对全省脱贫攻坚工作负总责，并确保责任制层层落实，负责编制总体规划，提出目标任务，出台政策举措，完善体制机制，开展社会动员，组织考核验收和评估，规划重大工程项目，协调全局性重大问题。

第五条 市（州）党委和政府在脱贫攻坚中要把主要精力集中在本地区贫困县如期摘帽上，负责上下衔接、资源统筹、域内外协调、督促检查、考核验收、数据统计等工作。

第六条 县级党委和政府承担脱贫攻坚主体责任，负责贫困对象识别、规划编制、进度安排、项目落地、资源整合、资金管理、人力调配、自查自验工作。县（市、区）委书记、县（市、区）长是第一责任人。

第七条　贫困县（市、区）党委和政府是脱贫攻坚项目的实施主体，负责整合扶贫资源，实施脱贫项目，并对落实"六个精准"，实施"八个一批"脱贫攻坚行动计划和十个行业扶贫专项方案负直接责任。

第八条　省、市（州）、县（市、区）党委和政府负责年度脱贫目标任务规划和实施方案的编制，负责本级脱贫攻坚滚动规划和年度计划的组织实施。

第九条　乡（镇）党委和政府承担脱贫攻坚具体责任，负责贫困对象识别、政策宣讲、思想引导、项目申报、推进实施、项目监管工作。建立扶贫工作站，乡（镇）长担任站长，配备专（兼）职扶贫干事。

第十条　省市县行业部门承担脱贫攻坚行业责任，负责脱贫攻坚行业规划编制、政策落实、项目实施工作；把扶贫资源要素向贫困县（市、区）、贫困村倾斜。行业部门主要负责人为第一责任人。

第十一条　各定点扶贫单位承担贫困村帮扶责任，负责组织本单位党组织结对共建帮村、党员干部结对认亲帮户活动。

第十二条　各级纪检监察机关、检察机关、审计和督查部门对脱贫攻坚负有监督、防控、审计和督查责任。

第三章　履职尽责

第十三条　各级扶贫开发工作领导小组要按照工作职责和分工要求，履行脱贫攻坚组织领导、政策研究、检查督查、考核评估等责任。

第十四条　省以下扶贫开发工作领导小组每半年向上一级扶贫开发工作领导小组报告脱贫攻坚进展情况。行业部门和定点扶贫单位每半年向本级扶贫开发工作领导小组报告精准扶贫情况。

第十五条　建立省、市、县、乡、贫困村"五级书记"抓扶贫工作的机制，形成齐抓共管的工作格局。

第十六条　省以下党委和政府主要负责人向上一级党委签署脱贫攻坚责任书。各级行业部门主要负责人向本级政府签署年度脱贫攻坚责任书。

第十七条　建立省级领导联系贫困县（点）制度，每名省级领导联系一个贫困县（市、区），省委、省政府主要领导和相关领导包片督战市（州）脱贫攻坚。市（州）、县（市、区）级领导干部要确定扶贫联系点［县（市、区）、乡（镇）、村〕。扶贫联点领导干部每年向同级扶贫开发工作领导小组报告工作。

第十八条 各级脱贫攻坚滚动规划和年度计划的调整须逐级请示，由省扶贫开发工作领导小组最终决定。

第十九条 各级行业部门要制定行业扶贫规划和年度实施方案，确保行业专项规划与脱贫攻坚总体规划的有机衔接。省级行业部门要加大对市县两级行业部门的工作指导，确保将责任、资金、任务落实到县。

第二十条 各定点扶贫单位要全面落实"一联双帮三治"工作机制，将定点扶贫作为主责主业，选派优秀干部任第一书记驻村帮扶。第一书记和驻村干部要带领村"两委"成员，围绕建强基层组织、推动精准脱贫、为民办事服务、提升治理水平的目标要求开展有关工作。

第二十一条 各级财政切实加大扶贫资金投入力度，省级财政扶贫专项资金每年增长20%以上，各市（州）、县（市、区）要建立财政配套资金稳定增长机制。以扶贫规划为引领，整合扶贫协作和对口支援资金，聚焦脱贫攻坚，形成脱贫合力。

第二十二条 县级政府要加大财政涉农资金统筹整合使用力度，集中力量解决贫困乡村存在的困难。定期向省级行业部门汇报各行业涉农资金整合使用情况。行业部门要支持涉农资金统筹整合使用工作，不得设置任何限制条件。

第二十三条 县级党委和政府对贫困村、贫困人口建档立卡和退出工作负责，指导乡（镇）、村开展工作。建档立卡要实行动态管理，对符合贫困村和贫困人口退出条件的及时销号，对计划退出的贫困村和贫困人口进行标识，返贫人口要及时纳入。

第二十四条 省扶贫开发工作领导小组办公室建立与省财政、民政、人力资源社会保障、卫生计生、残联、统计、住房城乡建设、金融等部门数据对接共享的综合信息平台。贫困县要建立县级脱贫攻坚信息平台，乡（镇）要规范档案管理，贫困村统一规范挂图，贫困户要持有《扶贫手册》和《建档立卡贫困户精准管理手册》。

第二十五条 县级政府要建立脱贫攻坚项目库，项目设计应符合要求，突出精准，科学规范，对各类脱贫攻坚项目要及早组织论证、批复和实施。

第二十六条 县级政府对扶贫资金管理监督负首要责任，项目资金专款专用，及时拨付，严禁挤占、滞留、挪用。每月向省、市（州）扶贫开发工作领导小组办公室报告项目资金拨付进度和项目执行情况。

第二十七条　贫困县（市、区）、乡（镇）政府和贫困村要建立健全扶贫资金项目信息公开制度，项目和资金应通过适当渠道向社会公示和公告。

第二十八条　省、市（州）政府对扶贫项目资金负监督责任，定期开展监督检查、跟踪审计，及时通报情况，提出整改要求，督促抓好整改，及时纠正和处理扶贫项目资金管理使用中存在的问题。

第二十九条　加强脱贫攻坚监督和审计工作。各级纪检监察机关对脱贫攻坚进行监督执纪问责，各级检察机关对扶贫领域职务犯罪进行集中整治和预防，各级审计部门对脱贫攻坚政策落实和资金重点项目进行审计。省、市（州）扶贫开发工作领导小组办公室开通"12317"脱贫攻坚监督举报电话。

第三十条　各级党委和政府应加强脱贫攻坚督查巡查工作。省扶贫开发工作领导小组每半年开展一次督查，针对突出问题随机开展巡查。市（州）、县（市、区）扶贫开发工作领导小组不定期开展督查，督查情况上报省扶贫开发工作领导小组。

第三十一条　各级党委和政府应抓好党建促脱贫攻坚，配优配强领导班子，突出用人鲜明导向，推动人才资源向脱贫一线整合。实行贫困村第一书记任期制度，原则上要任满两年，脱贫后应继续留任一年。

第三十二条　省、市（州）党委和政府要加强对贫困县（市、区）的管理，组织落实贫困县考核机制、约束机制、退出机制，保持贫困县党政正职稳定，原则上不脱贫不调整、不摘帽不调离。

第四章　合力攻坚

第三十三条　东西扶贫协作和对口援青要聚焦脱贫攻坚，建立党政一把手负责制，深化与援青省市在产业带动、劳务协作、人才交流等方面的合作。各市（州）、县（市、区）要加强工作对接，科学编制规划，落实各项制度，整合用好资源。

第三十四条　各定点扶贫单位要紧盯建档立卡贫困人口，细化实化帮扶措施，督促政策落实和工作到位，确保扶真贫、真扶贫，不脱贫不脱钩。每年向同级扶贫开发工作领导小组报告工作。

第三十五条　驻青军警部队积极参与地方脱贫攻坚，联建帮扶贫困村，结对帮扶贫困户。广泛开展助学兴教活动，以援建"八一爱民学校"为重点，抓好学校（幼儿园）共建工作，开展"手拉手、一帮一"结对助学活动，结对帮扶贫困地区乡（镇）卫生院（所）和村卫生室。

第三十六条　省垣各民主党派要充分发挥在人才、智力等方面的优势和作用，做好脱贫攻坚民主监督工作。

第三十七条　各级工商联积极开展"百企帮百村、百企联百户"精准扶贫行动，引导民营企业（异地商会）结对帮扶贫困村，实现互惠双赢。

第三十八条　各级扶贫部门要充分利用"扶贫日"活动载体，大力引导社会组织、公民个人积极支持和参与脱贫攻坚。

第五章　考核奖惩

第三十九条　省扶贫开发工作领导小组每年对贫困县脱贫攻坚绩效、市（州）党委和政府脱贫攻坚目标责任、省直有关行业部门脱贫攻坚责任、省直党政军机关和企事业单位定点扶贫工作进行考核，考核结果作为扶贫资金分配、领导班子建设和领导干部选拔任用、管理监督、激励约束及干部管理问责的重要依据。市（州）、县（市、区）扶贫开发工作领导小组每年组织开展各项考核工作。

第四十条　按照脱贫退出标准逐级开展年度工作检查验收。市（州）、县（市、区）扶贫开发工作领导小组逐村逐户开展自验。省扶贫开发工作领导小组在各市（州）、县（市、区）自查自验的基础上，进行验收，对贫困县摘帽、贫困村退出、贫困人口脱贫组织开展第三方评估。

第四十一条　各级党委和政府、扶贫开发工作领导小组按照有关规定对落实脱贫攻坚责任到位、工作成效显著的部门和个人，以适当方式予以表彰。在脱贫攻坚期内，省扶贫开发工作领导小组每年评选表彰脱贫攻坚先进集体、先进个人。

第四十二条　各级党委和政府、扶贫开发工作领导小组以及有关省直机关对在脱贫攻坚中做出突出贡献的社会帮扶主体，予以大力宣传，并按照有关规定进行表彰。

第四十三条　对脱贫攻坚成效显著的贫困县（市、区）、乡（镇）党政主要负责人，符合干部选拔任用条例的优先提拔使用。对脱贫攻坚重视不够、成效不明显，未按期完成脱贫任务的贫困县党政主要负责人实行问责，并视情况进行组织调整或组织处理。对未完成行业任务的行业部门，取消当年领导班子目标责任（绩效）考核评优资格。

第四十四条　各级宣传部门及新闻媒体要深入脱贫攻坚主战场，大力宣传报道脱贫攻坚、脱贫致富的生动实践和先进典型，形成精准扶贫、精准脱贫的良好氛围。

第六章　附　则

第四十五条　本细则由省委办公厅、省政府办公厅解释，具体解释工作由省扶贫开发工作领导小组办公室负责。

第四十六条　本细则自印发之日起施行。

青海省脱贫攻坚第三方评估暂行办法

第一条　为积极引入第三方评估，对全省脱贫攻坚成效实行跟踪评估，根据省委、省政府《关于打赢脱贫攻坚战提前实现整体脱贫的实施意见》，制定本办法。

第二条　本办法适用于对 8 个市（州）、39 个县（市、区）党委政府和省直有关单位脱贫攻坚的第三方评估工作。

第三条　第三方评估应坚持服务决策，推动脱贫攻坚政策有效落实；坚持客观公正，规范评估方式和程序，发挥社会监督作用；坚持结果导向，实现脱真贫、真脱贫。

第四条　第三方评估在省扶贫开发工作领导小组统一领导下，由省扶贫开发工作领导小组办公室具体组织实施。

第五条　第三方评估主要包括以下内容：

（一）"八个一批"脱贫攻坚行动计划和十个行业扶贫专项方案等脱贫攻坚政策措施落实成效；

（二）定点扶贫、东西扶贫协作等社会扶贫帮扶工作成效；

（三）贫困户脱贫、贫困村退出的精准度和群众满意度，以及贫困县摘帽的真实性和社会认可度。

第六条　2016 年至 2020 年每年开展一次第三方评估，评估内容和范围由省扶贫开发工作领导小组办公室依据年度脱贫攻坚任务、工作重点确定。

第七条　第三方评估机构选定应以科研院所、大专院校和专业机构为重点，采用竞争性磋商和评选的方式，择优选择有资质的机构或组织，并对其实行合同化管理。

第八条　第三方评估机构应符合下列基本条件：

（一）有健全的组织和管理机构，能够独立承担民事责任；

（二）有稳定的专家队伍和技术力量，较强的数据采集分析、决策咨询和政策评估能力；

（三）遵守国家法律法规和行业相关规定，社会信誉良好。

第九条　第三方评估机构应严格遵守有关保密规定，对评估结果和评估报告的真实性、客观性、公正性负责。

第十条　第三方评估按以下程序进行：

（一）制定方案

省扶贫开发工作领导小组办公室明确评估的范围和内容，提出调查样本量、评估指标和标准、时间限制等要求，第三方评估机构据此制定评估方案。

（二）组织实施

第三方评估机构采取问卷调查、实地调研、座谈交流、电话访谈和网络调查等方式，广泛采集数据信息，收集意见建议，全面分析评估。

（三）提交报告

第三方评估机构向省扶贫开发工作领导小组办公室提交评估报告，评估报告主要包括基本情况、评估内容、评估结论和意见建议等内容。

第十一条　省扶贫开发工作领导小组办公室初核第三方评估机构提交的评估报告，报省扶贫开发工作领导小组审定。评估结果作为进一步调整完善政策措施和评选表彰先进的重要依据，作为对省级有关单位、市县两级党委政府扶贫开发工作成效考核以及贫困县党政领导班子和领导干部年度目标责任考核的参考依据。

对评估结果反映的突出问题，省扶贫开发工作领导小组办公室应列为脱贫攻坚巡查的重点内容。

第十二条　第三方评估经费列入财政预算。

第十三条　被评估的地区和单位应积极配合第三方评估机构，及时提供评估所需的资料信息，不得干涉阻挠评估工作。

第十四条　本办法由省委办公厅、省政府办公厅解释，具体解释工作由省扶贫开发工作领导小组办公室负责。

第十五条　本办法自印发之日起施行。

中共青海省委办公厅 2016 年 12 月 23 日印发

中共青海省委办公厅文件

中共青海省委办公厅、青海省人民政府办公厅印发《关于加强后续扶持巩固脱贫成果的意见》的通知

青办发〔2017〕56 号

各市州委和人民政府，省委各部委，省直各机关单位，各人民团体：

《关于加强后续扶持巩固脱贫成果的意见》已经省委省政府同意，现印发给你们，请结合实际认真贯彻执行。

中共青海省委办公厅

青海省人民政府办公厅

2017 年 12 月 8 日

（发至县）

关于加强后续扶持巩固脱贫成果的意见

为确保到 2020 年稳定实现贫困县摘帽、贫困村退出、贫困户脱贫的目标，与全国同步全面建成小康社会，根据省委省政府《关于打赢脱贫攻坚战提前实现整体脱贫的实施意见》，现就脱贫攻坚期内脱贫退出对象的后续扶持政策提出如下意见。

一、指导思想

以习近平新时代中国特色社会主义思想为指引，深入贯彻落实党中央、国务院关于脱贫攻坚的决策部署，全面把握"四个扎扎实实"重大要求，着力推进"四个转变"，坚持精准扶贫、精准脱贫基本方略，以实现稳定可持续脱贫、经得起实践和历史检验为工作目标，以部门参与、协同发力为主要抓手，强化政策支持，完善措施办法，多措并举巩固脱贫成果、提升脱贫质量，为全面建成小康社会奠定坚实基础。

二、基本原则

坚持政策不变、力度不减。在脱贫攻坚期内对提前摘帽的贫困县，原有支持政策不变、扶持力度不减，并实行奖励。对已经脱贫的农牧户，在一定时期内让其继续享受扶贫相关政策，避免出现边脱贫、边返贫现象，切实做到应进则进、应扶则扶，实现贫困群众稳定脱贫。

坚持精准扶贫、精准脱贫。全面落实"六个精准"要求，真正瞄准已摘帽贫困县、退出贫困村和脱贫人口，精准靶向，标本兼治，切实提高扶持政策针对性和扶贫成果可持续性，让贫困人口有更多的获得感。

坚持突出重点、分类指导。以解决脱贫群众最关心的安居、乐业、有保障和制约贫困地区经济社会发展突出问题为重点，根据不同地区经济社会发展水平、脱贫对象现状，因地制宜制定巩固提高政策，实行有差异的扶持政策。

坚持群众主体、激发动力。坚持群众主体地位，保障脱贫群众平等参与、平等发展权利，充分调动贫困地区群众的积极性、主动性、创造性，发扬自强自立精神，依靠自身努力改变贫穷落后面貌。注重扶贫先扶智，进一步提高脱贫人口自我发展能力。

三、后续政策

（一）支持摘帽县全面巩固提升

贫困县摘帽后，在脱贫攻坚期内原有的扶持政策不变，对照《八个一批脱贫攻坚行动计划》和《十个行业扶贫专项方案》，进一步补齐短板、巩固提升。根据摘帽县原贫困人口规模、贫困程度、脱贫成效、县域经济发展水平等因素，结合县级党委政府领导小组成效考核、年度财政扶贫资金绩效考评、涉农资金统筹整合成效等考评考核结果，采取以奖代补方式给予资金支持。奖励资金由各县按照脱贫攻坚巩固提升需求，因地因村因户制宜，统筹安排使用，重点用于发展壮大村集体经济、产业发展、住房安全、基础设施、公共服务、社会保障、生态保护等扶贫项目。

（二）支持退出村提升发展水平

统筹整合财政涉农资金和其他相关行业部门资金，结合美丽乡村建设等，加大对退出村水、电、路、网等基础设施和教育、文化、医疗、卫生等公共服务的投入力度，实施巩固提升工程，持续改善发展条件。持续加强村"两委"班子建设、致富带头人培训等工作，提升带动能力。脱贫攻坚期内，联村帮扶双方继续保留结对关系，贫困村退出后第一书记和驻村工作队不得撤离，帮扶力度不能削弱。

（三）扶持脱贫户持续稳定脱贫

在脱贫攻坚期内，对脱贫户继续跟进落实有关脱贫攻坚惠民政策，实现有质量、可持续的脱贫。

资产收益。对以各类扶贫资金项目实施采取资产收益扶贫模式形成的资产，实行动态管理，折股量化的受益权同步落实分配给退出村和脱贫户，优先分配给无劳动能力的低保兜底户、有重大疾病患者家庭、残疾人家庭等特殊困难户。资产收益扶贫项目继续吸纳本地脱贫户劳动力就业，帮助有劳动能力的脱贫户通过就业稳定增收。

就业培训。脱贫攻坚期内，脱贫户继续享受"雨露计划"短期技能培训等相关政策，根据个人意愿和需求，同步进行技能培训，提升就业能力。

教育扶贫。脱贫攻坚期内，脱贫户子女继续享受15年免费教育。对脱贫户家庭在校就读的大中专、中高职学生和新考入的大学生、中高职学生按现有政策给予补助，直至完成学业。

生态脱贫。脱贫攻坚期内，继续保留对脱贫户安排的生态公益管护岗位，享受与贫困人口同等工资待遇。

健康扶贫。对脱贫户继续执行相关医疗扶贫政策。对脱贫户医疗救助，可根据实际情况分别纳入重点、低收入或支出性贫困医疗救助范围。

低保兜底。按照民政部、国务院扶贫办印发的《关于进一步加强农村最低生活保障制度与扶贫开发政策有效衔接的通知》要求，对于收入水平已超过扶贫标准但仍低于低保标准的，宣布脱贫后继续享受低保政策，做到"脱贫不脱保"。对实现就业的低保对象，可通过"救助渐退"等措施，增强其就业稳定性。对实现脱贫的残疾贫困人口，可根据各地区实际情况，继续享受1年的低保救助。对因遭急难事导致短期生活困难的脱贫户，及时给予临时救助和医疗救助，对救助后仍不能解决的长期性困难，按程序重新审核审批纳入低保制度范围。

金融扶贫。脱贫攻坚期内，对脱贫户继续执行"530"扶贫小额信贷政策，给予"5万元以下、3年以内、基准利率贴息，免抵押、免担保"金融扶贫政策支持。按照每带动1户脱贫户给予10万元贷款的标准，给予辐射带动脱贫户发展产业能力强、已形成一定产业规模的各类经济组织累计贴息政策支持，按银行基准利率全额贴息。

结对帮扶。脱贫攻坚期内，党员干部继续保持联户帮扶关系，着力巩固脱贫成效。

四、保障措施

（一）加强组织领导

省委省政府对脱贫退出巩固提高工作负总责，与全省脱贫攻坚工作同要求、同部署、同检查。市（州）党委政府要做好上下衔接、域内协调、督促检查等工作，将脱贫攻坚与巩固提升一起抓。县级党委政府要认真履行主体责任，做好项目安排、资金使用管理、推进实施、后期管护、跟踪服务、监督监测等工作。各级行业主管部门要按照部门职责，落实好巩固提高责任，每年向本级扶贫开发工作领导小组报告行业扶贫任务落实和巩固提升工作进展情况。

（二）夯实基层基础

深入推进"三基"建设，抓好以村党组织为核心的村级组织配套建设，不断增强基层党组织带领群众巩固脱贫成效的能力和水平，进一步提高贫困村党组织的创造力、凝聚力、战斗力。

（三）发动群众参与

引导脱贫群众摒弃等靠要思想观念，激发巩固脱贫成果的积极性和主动性，不断提升脱贫群众的自我发展能力。尊重群众意愿，引导群众参与项目建设、管理和监督过程，充分发挥他们的主体作用。

（四）严肃督查问责

各级党委政府督查部门要将巩固提升工作列入年度重点督查任务，加大督查督办力度，对督查发现的问题及时向有关地区、单位反馈，提出整改措施和时限要求，做好跟踪问效。

（五）营造舆论氛围

把握正确舆论导向，全面宣传党和政府扶贫开发的决策部署、政策举措，宣传我省扶贫开发取得的巨大成就和各地区各部门精准扶贫、精准脱贫的好做法、好经验。各级新闻媒体要深入基层一线，充分报道脱贫攻坚、巩固提升的生动实践和先进典型，发挥好典型示范作用，形成良好舆论氛围。

中共青海省委办公厅 2017 年 12 月 8 日印发

中共青海省委办公厅文件

中共青海省委办公厅、青海省人民政府办公厅印发《关于加强第一书记和驻村工作队选派管理工作的实施意见》的通知

青办字〔2018〕23 号

各市州委和人民政府，省委各部委，省直各机关单位，各人民团体：

《关于加强第一书记和驻村工作队选派管理工作的实施意见》已经省委省政府领导同意，现印发给你们，请认真贯彻执行。

中共青海省委办公厅

青海省人民政府办公厅

2018 年 3 月 7 日

（发至县，此件可公开发布）

关于加强第一书记和驻村工作队选派
管理工作的实施意见

为深入实施脱贫攻坚决策部署，进一步发挥第一书记和驻村工作队作用，根据中共中央办公厅、国务院办公厅印发的《关于加强贫困村驻村工作队选派管理工作的指导意见》，现结合省情实际，提出如下实施意见。

一、深刻认识加强选派管理工作的重要性

向贫困村选派第一书记和驻村工作队，是推动脱贫攻坚的重要举措。2015 年 10 月，根据中央要求和省委省政府统一部署，全省各级党政机关、企事业单位共选派 7865 名第一书记和驻村工作队员，组建 1824 支驻村工作队，进驻建档立卡贫困村、党组织软弱涣散村和维稳重点村，建立"一联双帮三治"工作机制，强化帮扶单位与结对村的经常性联系，实现党组织结对共建帮村、党员干部结对认亲帮户全覆盖，扎实开展精准扶贫、整顿转化和综合整治工作，充分发挥了脱贫攻坚生力军的作用，为全面打赢脱贫攻坚战作出了积极贡献。各级党委（党组）要深刻认识加强选派管理工作的重要性，进一步把思想认识统一到习近平总书记关于脱贫攻坚重要讲话精神上来，统一到党中央、国务院关于脱贫攻坚的决策部署上来，全面贯彻落实党的十九大和省第十三次党代会精神，牢固树立"四个意识"，着力解决选人不优、管理不严、作风不实、保障不力等问题，确保第一书记和驻村工作队选派精准、帮扶扎实、成效明显、群众满意。

二、从严落实选派管理的规定要求

坚持把选优派强与严管厚爱结合起来，把严和实的要求贯穿于第一书记和驻村工作队精准选派、培养锻炼、管理监督、激励关爱的全过程。

（一）严格人选标准，做到精准选派

每支驻村工作队由 3 人组成，由结对帮扶单位选派 1 名第一书记兼任驻村工作队队长、1 名干部为工作队员，乡镇选派 1 名干部为工作队员。第一书记和驻村工作队员的党组织关系转到所驻村党支部，不承担原单位工作任务，行政关系、工资关系保留在原单位,确保全身心专职驻村帮扶。脱贫攻坚期内,贫困村退出后,结对关系继续保留,第一书记和驻村工作队不得撤离,帮扶力度不能削弱。

第一书记和驻村工作队员,必须是政治素质好、工作作风扎实、综合能力强、善做群众工作、能在选派村健康履职,一般不超过45周岁的优秀干部。其中,第一书记人选必须是中共正式党员、是省(州)直机关选派的处级(后备)干部、或县直机关选派的科级(后备)干部、或企事业单位选派的优秀中层干部;工作队员人选必须是优秀年轻干部和重点培养对象。到民族地区工作的,优先选派懂"双语"的干部。

坚持派需结合、因村组队、精准选派。选派熟悉党群工作的干部到基层组织软弱涣散、战斗力不强的贫困村,选派熟悉经济工作的干部到产业基础和集体经济薄弱的贫困村,选派熟悉社会工作的干部到矛盾纠纷突出、社会发育滞后的贫困村,充分发挥派出单位和驻村工作队自身优势,帮助贫困村解决脱贫攻坚面临的突出困难和问题。

(二)明确职责任务,确保履职尽责

驻村工作队要履职尽责,担当有为,扎实做好以下工作。一是宣传党的政策。深入宣传贯彻党的十九大精神、习近平新时代中国特色社会主义思想,宣传贯彻党的农业农村工作政策和乡村振兴战略,宣传贯彻党中央、国务院和省委、省政府关于脱贫攻坚各项方针政策、决策部署、工作措施。注重扶贫同扶志、扶智相结合,做好贫困群众思想发动、宣传教育和情感沟通工作,激发摆脱贫困的内生动力。二是推动精准扶贫。指导开展贫困人口精准识别、精准帮扶、精准退出工作;按照"八个一批"的要求,帮助制定贫困村扶贫攻坚方案和贫困户脱贫计划;参与实施特色产业扶贫、劳务输出扶贫、易地扶贫搬迁、贫困户危房改造、教育扶贫、科技扶贫、健康扶贫、生态保护扶贫等精准扶贫工作;推动金融、交通、水利、电力、通信、文化、社会保障等行业和专项扶贫政策措施落实到村到户;协助贫困村做好项目的协调和实施、监管工作,推动落实公示公告制度,做到公开、公平、公正。三是建强基层组织。扎实推进抓党建促乡村振兴,突出政治功能,提升组织力,着力引导农牧民党员发挥先锋模范作用;推动"三基"建设,实现村党组织建设科学化,基础工作精细化,基本能力现代化,推动落实"三会一课"制度,严肃组织生活，培养贫困村创业致富带头人，吸引各类人才到村创新创业；对整治群众身边的腐败问题提出建议，推动落实管党治党政治责任。四是为民办事服务。协助本单位党组织开展党员干部与贫困户的认亲帮扶活动，做到全覆盖、常走动、认"真亲"；开展为民服务全程代理，落实村干部坐班制和巡回服务，关心关爱五保户、残疾人、孤儿、空巢老人和留守儿童，帮助解决生产生活中的实际困难。五是发展集体经济。把发展壮大村集体经济作为帮扶工作的重要内容，积极推进农牧业供给侧结构性改革、农村集体产权制度改革，推动资源变资产、资金变股金、农民变股东，积极探索"合作经济""乡村旅游""集体股本"等多元化发展模式。帮助贫困村选准发展路子，协助村"两委"实施好村集体经济"破零"工程，增强农村基层党组织的组织力。六是提升治理水平。加强法治教育，推动移风易俗，指导制定和谐文明的村规民约，培育健康向上的乡村文化；帮助村干部提高依法办事能力，促进村级事务公开透明，群众满意；积极参与扫黑除恶专项斗争，旗帜鲜明同邪教迷信、"黄赌毒"、"村霸"等黑恶势力不法行为作斗争；做好各类矛盾纠纷排查化解工作，遏制民转刑案件、群体性事件和安全事故等的发生，促进和谐稳定；积极推广普及普通话，帮助提高国家通用语言文字应用能力。

（三）加强培养锻炼，加大选拔力度

坚持把选派干部驻村与本地区本单位干部队伍建设紧密结合起来，作为培养锻炼干部的一条重要途径，加强跟踪培养，通过树立鲜明的选人用人导向，引导干部到脱贫攻坚一线建功立业、锻炼成长。坚持分级负责，按照省级抓示范、市州抓重点、县区抓覆盖的要求，全面落实第一书记和驻村工作队员任前培训和集中轮训制度，保证驻村期间每年参加不少于 4 天的业务培训。要通过专题轮训、现场观摩、经验交流等方式，加大对脱贫攻坚方针政策、科技知识、市场信息等方面培训力度，帮助驻村干部掌握工作方法，熟悉业务知识，提高工作能力。

2015 年 10 月选派驻村期满统一轮换的第一书记和驻村工作队员，选派地区、单位要根据考核情况，对表现优秀、实绩突出、群众公认并且符合任职资格条件的干部及时予以选拔任用或进一步使用，优先评聘职称或晋级涨薪。各级组织部门适时对同级选派干部选拔使用等情况进行一次专项督查。省直和市（州）选派驻村期满后自愿留在县乡两级工作的，经选派单位党委（党组）

与市（州）委组织部沟通一致，符合条件的可办理调转任手续；驻村期满后本人自愿继续驻村的，可纳入新一轮选派范围。

新一轮选派的第一书记和驻村工作队员，选派单位应综合考虑干部成熟度，优先选派近期可提拔使用的干部。驻村期间，选派单位要会同派驻地县（市、区）委组织部定期了解掌握情况，加强跟踪培养，对表现优秀的干部分批次适时选拔任用或进一步使用，实现脱贫攻坚和干部培养双推进。县（市、区）委组织部要发挥近距离了解干部的优势，积极向上级组织部门和干部选派单位推荐优秀人选，提出使用建议。省、市、县三级组织部门要对同级选派干部逐人建立档案，加强对培养选拔使用工作的宏观指导。

（四）加强日常管理，强化考核监督

县级党委和政府承担驻村工作队日常管理职责，建立驻村工作领导小组，负责统筹协调、督查考核，领导小组办公室设在县（区）委组织部。乡镇党委和政府指导驻村工作队开展精准识别、精准退出工作，支持驻村工作队落实精准帮扶政策措施，帮助驻村工作队解决实际困难，负责日常考勤工作。选派单位要指定1名负责同志专门负责，加强对驻村工作队的跟踪管理，定期听取汇报，经常到村指导。

以县为单位完善日常管理制度。建立工作例会制度，驻村工作领导小组每季度至少组织第一书记召开1次工作会议，了解工作进展，交流工作经验，协调解决问题。完善考勤管理制度，驻村工作队每年驻村工作时间不少于200天。明确驻村干部请销假报批程序，及时掌握和统计驻村干部在岗情况。规范年承诺、季报告制度，年初每个驻村工作队向乡镇党委作出帮扶工作承诺，每季度报告承诺兑现进展情况和思想、工作、学习情况。健全纪律约束制度，促进驻村干部遵规守纪、廉政勤政。各地区各单位不得自行调整轮换第一书记和驻村工作队员，对因身体原因或其他特殊情况确需调整的，经本人申请，由干部选派单位党委（党组）提出意见，省直和中央驻青单位选派的报省委组织部审批，市（州）、县（市、区）选派的报市（州）委组织部审批，并报省委组织部备案。

驻村工作队年度和期满考核由县（市、区）委负责，坚持考勤和考绩相结合，日常考核、年度考核与期满考核相结合，工作总结与村民测评、村干部评议相结合，提高考核工作的客观性和公信力。第一书记和驻村工作队员个人年度考核由乡镇党委提出意见，报县（市、区）委组织部复评确定等次，所确定的考核等次直接作为派出单位的考核结果，纳入派出单位年度考核。期满考核由县（市、区）委组织部会同派出单位，采取工作述职、查阅资料、实地察看、走访群众、民主测评等形式进行。考核结果通过一定形式向本村群众公示，作为干部评优评先、选拔任用的重要依据。

各级组织部门要定期或不定期采取实地走访、固定电话查询等方式，加强对驻村干部在岗履职情况的检查。对庸懒散拖、不敢担当、履行职责不力的，给予批评教育和召回，并取消当年评先评优资格，是后备干部的取消后备干部资格，严格实行召回干部与约谈派出单位负责人同步双向问责；对弄虚作假、失职渎职，或者有其他情形、造成恶劣影响的，按照干部管理权限，报经上级组织部门备案审核后，进行严肃问责或调离岗位、改任非领导职务，情节严重的给予党纪政纪处分。依据有关规定对派出单位和管理单位有关负责人、责任人予以问责。

（五）倾心关心关爱，营造良好氛围

县乡两级党委政府、派出单位党委（党组）要关心支持驻村工作队，为其提供必要的工作和生活条件。驻村期间原有人事关系、各项待遇不变，享受艰苦边远地区工资水平补差和乡镇工作岗位补助，所需经费由派出单位同级财政部门核拨，中央驻青单位、企业和省属国有企业参照执行。县（市、区）党委政府按每支工作队每年不低于1万元的标准足额落实工作经费，驻村期间产生的交通费用，可在工作经费中据实核报。派出单位利用公用经费，参照差旅费中伙食补助费标准给予生活补助，每年按规定为驻村干部办理人身意外伤害保险，做好定期体检工作，协调解决驻村干部家庭存在的实际困难，解除后顾之忧。对因公负伤的做好救治康复工作，对因公牺牲的做好亲属优抚工作。

各级党委政府及组织部门负责同志要每年定期看望慰问驻村干部，经常与驻村干部谈心谈话，了解思想动态，激发工作热情。充分运用报刊、电视、广播、网络等新闻媒体，结合推进"两学一做"学习教育常态化制度化，大力宣传驻村帮扶先进事迹、有效做法和成功经验，树立鲜明导向，让广大党员干部学有榜样、做有标杆，凝聚脱贫攻坚正能量。

三、切实加强组织领导

各地区各单位要从政治和全局的高度，充分认识第一书记和驻村工作队选派管理工作的重要意义，切实加强领导、统筹协调，周密部署、精心组织。市（州）党委政府要加大对驻村工作队的指导和支持力度。县（市、区）党委政府要充分发挥驻村工作领导小组作用，统筹配置驻村力量，组织开展具体驻村帮扶工作。各级财政要统筹安排，落实驻村期间的艰苦边远地区工资水平补差、乡镇工作岗位补助和工作经费。各派出单位要当好坚强后盾，积极配合组织部门做好动员选派工作，舍得把优秀干部选派下去。各级扶贫、农牧等有关职能部门要加强协调配合，积极支持驻村工作队开展工作。

各地区各有关部门要按照本《实施意见》要求，修订完善第一书记和驻村工作队选派管理办法，并认真抓好落实。

中共青海省委办公厅 2018 年 3 月 7 日印发

中共青海省委办公厅文件

中共青海省委办公厅、青海省人民政府办公厅关于印发《青海省贫困县退出专项评估检查暂行办法》的通知

青办字〔2019〕1号

各市州委和人民政府，省委各部委，省直各机关单位，各人民团体：

《青海省贫困县退出专项评估检查暂行办法》已经省委、省政府同意，现印发给你们，请结合实际认真贯彻执行。

中共青海省委办公厅

青海省人民政府办公厅

2019年1月3日

（发至县）

青海省贫困县退出专项评估检查暂行办法

第一章　总　则

第一条　为规范贫困县退出专项评估检查工作，进一步提高脱贫质量，确保如期打赢脱贫攻坚战，根据国务院扶贫办印发的《贫困县退出专项评估检查实施办法（试行）》和省委办公厅、省政府办公厅印发的《青海省建档立卡贫困人口和贫困村退出及贫困县脱贫摘帽实施方案》，结合我省实际，制定本办法。

第二条　本办法适用于2018—2020年度申请退出贫困县的专项评估检查。贫困县退出专项评估检查自2019年起，根据上一年度计划退出贫困县的申请每年组织开展一次，直至贫困县全部退出。当年贫困县退出专项评估检查工作于4月底前实施完成。

第三条　贫困县退出专项评估检查工作应当坚持省负总责，统筹安排组织实施；坚持严格标准，规范评估检查方法；坚持突出重点，注重评估检查实效；坚持结果导向，促进贫困县有序退出等原则。

第四条　贫困县退出专项评估检查工作在省扶贫开发工作领导小组的统一领导下，由省扶贫开发工作领导小组办公室具体负责组织实施。

第五条　专项评估检查按照审核申请报告、开展实地评估检查、进行综合评议和提出评估检查意见建议等步骤进行。

第二章　审核申请报告

第六条　在县级申请、市（州）核查初审的基础上，由市（州）扶贫开发工作领导小组于当年12月底前，向省扶贫开发工作领导小组办公室提出申请开展贫困县退出专项评估检查的报告。主要包括以下内容：

（一）申请退出贫困县的基本情况和开展脱贫攻坚总体情况；

（二）申请退出贫困县贫困人口脱贫、贫困村退出和县级提出退出申请程序履行情况，市（州）级对贫困县退出核查初审程序履行情况等；

（三）市（州）级对申请退出贫困县的审查意见及其他需要说明的问题；

（四）贫困县向所在市（州）扶贫开发工作领导小组提出的退出申请等附件材料。

第七条　省扶贫开发工作领导小组办公室于次年1月底前，完成各市（州）申请开展贫困县退出专项评估检查报告的审核。主要包括：

（一）审查报告材料

是否按本办法第六条的规定内容提交了较为完备的申请材料。

（二）审查退出程序

是否严格按规定完整履行了贫困人口脱贫、贫困村退出、贫困县退出申请、市（州）核查和初审等程序。

（三）核查脱贫情况

是否实现了贫困人口脱贫、贫困村退出、贫困县摘帽各项脱贫退出标准；通过扶贫开发信息系统核查申请退出贫困县的脱贫标注情况和贫困发生率。

第八条　对申请报告材料不完备或存在缺项及问题的，由相关市（州）在10个工作日内补充完善；对未达到贫困退出标准、贫困退出程序不完整、不规范以及贫困发生率高于3%的申请县，提出是否安排当年开展实地评估检查的意见建议。

第九条　依据申请报告审核结果，由省扶贫开发工作领导小组办公室制定年度申请退出贫困县专项评估检查工作方案，经省扶贫开发工作领导小组同意后组织实施。

第三章　实地评估检查

第十条　采取政府购买服务的方式，由省扶贫开发工作领导小组办公室负责，通过政府采购，择优选择第三方评估机构承担实地评估检查工作，并对参与实地评估检查人员进行政策培训，对第三方评估机构予以工作指导。

第十一条　第三方评估机构必须具备下列基本条件：

（一）组织管理机构健全，能够独立承担民事责任；

（二）具有贫困县退出专项评估检查经验，有稳定的专业技术队伍，具备较强的数据采集分析、政策咨询和评估能力；

（三）遵守国家法律法规和行业相关规定，有良好的社会信誉度。

第十二条 第三方评估机构按照以下程序开展实地评估检查工作：

（一）制定实施方案

根据年度省级专项评估检查工作方案，制定实地评估检查实施方案，明确具体评估检查的对象范围、调查样本量、评检内容量化指标、相关调查问卷设计、完成工作时限、保障措施及工作要求等，经省扶贫开发工作领导小组办公室同意后实施。

（二）实地评估检查

组织调查评估人员赴申请退出贫困县，按照实施方案确定的内容和要求开展实地评估检查。

（三）问题沟通核实

对评估检查中发现的重大问题，应及时向被评估检查的贫困县反馈，对存在异议的由县级政府有关部门或乡镇政府做出解释说明，第三方评估机构进行核实确认。

（四）提交评估检查报告

根据实地评估检查情况，撰写并提交分县实地评估检查报告，包括基本情况、评估检查内容、存在问题、评估结论和意见建议等。评估检查报告于实地评估检查结束后 20 个工作日内提交。

第十三条 实地评估检查的主要内容：

（一）检查申请退出贫困县的贫困人口脱贫、贫困村退出、贫困县摘帽等各项脱贫退出指标实际完成情况；检查易地扶贫搬迁后续产业安排、村级集体经济发展和带贫益贫机制建立、调动促进贫困人口内生动力所采取措施等情况。

（二）评估贫困户对脱贫攻坚政策的知晓率、认可度和精准识别、精准退出、因村因户帮扶工作群众满意度。重点评估综合贫困发生率、贫困人口漏评率、脱贫人口错退率和群众认可度等指标。

（三）围绕"六个精准"，评估申请退出贫困县在脱贫攻坚责任落实、政策落实、工作落实等方面的总体情况。

（四）检查后续巩固脱贫成果的工作计划安排等情况。

第十四条 实地评估检查工作按照以下方法进行：

（一）抽样调查

按照科学抽样的要求，对申请退出贫困县建档立卡户和非建档立卡户、贫困村和非贫困村进行分层抽样调查。抽查的乡镇和行政村由省扶贫开发工作领导小组办公室负责确定。

（二）重点抽查

对申请退出贫困县中地处偏远、人均可支配收入水平相对较低贫困村中的贫困人口实现"两不愁三保障"情况进行重点抽查。

（三）村组普查

结合评估检查工作实际，通过采取行政村或村民小组普查、排查、参与式调查等方式，对抽查的村（组）是否存在漏评人口和错退人口等情况进行详细调查。重点关注未纳入建档立卡范围的低保户、重大病户、老年人户、残疾人户、单亲家庭户等特殊群体。

（四）座谈访谈

对县乡村干部和县人大代表、县政协委员等分别进行座谈访谈，了解脱贫攻坚工作开展、政策措施落实、帮扶工作成效、后续巩固脱贫成果工作计划安排等情况，调查对贫困县退出是否认可等。

第十五条 根据全省贫困县退出滚动计划，贫困县退出专项评估检查所需工作经费列入年度财政预算，由省级财政安排解决。

第十六条 第三方评估机构应当对专项评估检查报告的真实性、客观性、公正性负责。严格遵守有关保密规定，未经委托方许可，不得擅自对外公布或泄露有关调查评估结论和数据。对在实地评估检查中发现弄虚作假、违规操作等问题，或工作中发生重大失误造成严重后果的，将责成第三方评估机构依照有关规定严肃追究当事人的责任。

第十七条 申请退出贫困县应当及时、准确提供有关数据和资料，并对数据资料的真实性、有效性负责；积极配合开展相关工作，确保实地评估检查顺利进行。严禁以任何理由干扰和影响第三方评估机构独立客观地开展实地评估检查工作，对发现存在干扰影响评估检查行为的申请退出贫困县，将立即终止实地评估检查，并通报其上级监察委员会对有关人员予以追责。

第四章 评议结果运用

第十八条 省扶贫开发工作领导小组办公室结合年度省级脱贫攻坚考核情况、市（州）申请报告、实地评估检查报告等，对各县退出情况进行综合分析，形成年度贫困县退出专项评估检查报告，研究提出评估检查结果建议，提请省扶贫开发工作领导小组审议。

第十九条 对综合贫困发生率低于3%的申请退出贫困县，由省扶贫开发工作领导小组办公室提出同意退出的建议；对综合贫困发生率高于3%的，提出当年不予退出的建议。

对脱贫人口错退率高于2%，或贫困人口漏评率高于2%，或群众认可度低于90%的申请退出贫困县，由所在市（州）扶贫开发工作领导小组负责在规定期限内组织整改。整改情况及时向省扶贫开发工作领导小组办公室报告，省扶贫开发工作领导小组办公室适时组织第三方评估机构进行复查。

第二十条 对符合退出条件的贫困县，经省扶贫开发工作领导小组公示审定后，向国务院扶贫开发领导小组申请抽查。抽查符合退出条件的，由省人民政府宣布退出，并向相关市（州）扶贫开发工作领导小组反馈专项评估检查结果。不符合退出条件的，责成各市（州）扶贫开发工作领导小组组织整改，省扶贫开发工作领导小组办公室组织复查，复查合格的由省人民政府宣布退出。

第二十一条 对国家当年组织开展的专项抽查时发现存在问题较多、退出不实和整改不力的贫困县，按照《青海省脱贫攻坚责任制实施细则》有关规定，对党政主要负责同志予以问责，并在县级绩效考核评优中实行一票否决。

第五章 附 则

第二十二条 本办法由省委办公厅、省政府办公厅商省扶贫开发工作领导小组办公室解释。

第二十三条　本办法自印发之日起施行。省委办公厅、省政府办公厅2016年12月23日印发的《青海省脱贫攻坚第三方评估暂行办法》同时废止。

中共青海省委办公厅 2019 年 1 月 4 日印发

中共青海省委文件

中共青海省委、青海省人民政府
关于贯彻落实习近平总书记脱贫攻坚
"不获全胜、决不收兵"重大要求的实施意见

青发〔2019〕9号

3月7日，习近平总书记在参加十三届全国人大二次会议甘肃代表团审议时，着眼如期全面打赢脱贫攻坚战、全面建成小康社会，提出了"不获全胜、决不收兵"的重大要求。为全面贯彻落实习近平总书记提出的重大要求，现结合我省实际，提出以下实施意见。

一、坚定信心不动摇

如期完成脱贫攻坚任务，关乎全局、关乎长远、关乎根本。截至2018年底，全省85%的贫困人口实现脱贫，90%的贫困村退出，60%的贫困县摘帽，贫困发生率降到2.5%，脱贫攻坚取得了重大决定性进展。但今明两年脱贫攻坚和巩固提升脱贫成果任务依然繁重，特别是全省还有12个深度贫困县、138个深度贫困村、6.4万深度贫困人口，有6个县贫困发生率高于10%，这些都是贫中之贫、困中之困、坚中之坚。脱贫攻坚越到紧要关头，越要坚定必胜信心，越要有一鼓作气的决心。全省上下要深入学习领会习近平总书记重要讲话精神，充分认清坚决打赢脱贫攻坚战是我们党向人民做出的庄严承诺、是全面建成小康社会的底线任务，切实增强"四个意识"，坚定"四个自信"，践行"两个维护"，进一步拿出超常规的举措和力度，确保完成剩余17个贫困县、170个贫困村、7.7万贫困人口的减贫任务，实现绝对贫困"基本消除"的目标。

要结合"不忘初心、牢记使命"主题教育，在全省开展"打赢脱贫攻坚战，

庆祝建国 70 周年、青海解放 70 周年"主题活动。省级领导干部按照联点帮扶要求，以上率下，加强联点地区脱贫攻坚工作指导，每年形成 1 份以上具有针对性的、举措实的调研报告。要持续抓好基层干部脱贫攻坚能力培训轮训工作，省级重点对市（州）县两级相关领导干部开展培训，市（州）县两级重点对乡村干部和驻村干部进行轮训。结合"一讲两办三推"万名干部下乡宣讲中央和省委 1 号文件，继续抽调业务骨干和第一书记组成巡回宣讲团，把党的惠农政策及脱贫攻坚举措传播到农牧民群众中。

二、咬定目标不放松

（一）严格执行标准

重点研究解决贫困生助学补助标准不规范、不统一，医疗报销全部兜底，危房改造超面积等抬高标准、过高承诺、过度保障等问题。坚持量力而行，通过统筹整合财政涉农资金、发展村集体经济等手段，加大非贫困村内贫困人口支持力度。

（二）抓好重点项目

持续强化产业扶贫，巩固提升到户扶贫产业，抓好牦牛、青稞、乡村旅游、村级光伏、民族手工艺等特色主导扶贫产业项目实施；加大村"两委"班子和村级集体经济带头人培育培训扶持力度，管好用好有贫困人口的非贫困村集体经济发展资金。持续强化就业扶贫，修订完善贫困劳动力就业培训政策性文件，扩大群众意愿高、市场需求大的培训项目，扎实开展职业新型农牧民技能培训；因地制宜建设扶贫车间和开发公益性岗位，促进贫困群众就近就地就业。持续做好安全住房保障，做好易地扶贫搬迁和危旧房改造收尾工作，组织召开全省易地扶贫搬迁现场推进会，把工作重心从"搬得出"转移到"稳得住"上来。持续强化教育扶贫，提升职业技术教育质量，加大控辍保学力度，做好脱贫攻坚推普工作。持续强化健康扶贫，全力推进"三个一批"和"六大攻坚"行动，提升贫困地区医疗救助水平和贫困群众健康素养。持续加强以水电路讯网等为重点的基础设施建设，全面补齐贫困地区发展短板。

（三）聚焦深度贫困

严格落实省委省政府《关于加快推进深度贫困地区脱贫攻坚实施方案》和《三年行动方案》，按照"三个新增"要求，持续加大资金、项目、举措倾斜力度，继续将新增财政扶贫资金的 70%、对口支援和东西部扶贫协作资金的 80% 统筹用于深度贫困地区脱贫攻坚。加强深度贫困县、深度贫困村跟踪监测，防止出现"死角"。瞄准当前全省剩余的 2.57 万特殊困难群体，重点做好贫困孤寡老人、重度残疾贫困群众帮扶救助，做好"托底"和提升工作。开好深度贫困地区脱贫攻坚现场推进会。

（四）严格脱贫退出

依据《青海省贫困县退出专项评估检查暂行办法》，市（州）县两级结合年度工作，对超出"两不愁三保障"标准的指标予以调整，坚决取消行业部门与扶贫无关的搭车任务。持续压实有关行业部门在贫困村退出、贫困户脱贫验收工作中的职责，确保贫困退出稳步有序推进。认真组织实施省级第三方评估，提高评估质量和水平，确保真脱贫、脱真贫。配合国家做好摘帽贫困县抽查验收。未经省级批准，市（州）级以下不得组织开展第三方评估。

三、整治问题不手软

（一）严肃抓好中央巡视问题整改

认真贯彻习近平总书记关于巡视问题整改重要讲话精神和中央巡视问题整改视频会议精神，对照省委、省政府脱贫攻坚中央专项巡视反馈问题《整改方案》，立行立改、即知即改、真改实改，见人见事见行动。下半年，组织开展问题整改成效"回头看"，对责任不落实、慢落实和整改效果差的进行通报处理，严肃问责。

（二）统筹推进务求整改实效

坚持举一反三，把中央专项巡视发现的问题和扶贫领域各类监督检查发现的问题结合起来一起整改、一起解决。重点是做实登记造册、建档立卡、动态管理等工作，防止和纠正"虚假式"脱贫；从严从细统计贫困群众实际收入，挤干水分，防止和纠正"算账式"脱贫；严格退出标准和程序，不搞脱贫指标分解，不搞区域脱贫"一刀切"，防止和纠正"指标式"脱贫；把脱贫攻坚与后续巩固结合起来，做到队伍不撤、力度不减、标准不降、干劲不松，防止和纠正"游走式"脱贫。对需要长期整改、容易反复的问题，制定办法、明确措施、责任到人、定期回查，防止力度减弱、效果"缩水"。研究制定问题预防、风险防控和惩戒措施，强化顶层构建，形成长效机制。

四、落实责任不松劲

（一）不断压实攻坚责任

坚持"省负总责、市县抓落实"脱贫攻坚工作机制，严格落实脱贫攻坚责任制实施细则，推动脱贫攻坚各项政策举措不折不扣地落到每个贫困人口身上。省扶贫开发工作领导小组与8个市（州）和17个主要行业部门签订年度脱贫攻坚责任书。健全完善脱贫攻坚责任体系、投入体系、动员体系、监督体系、考核体系，以清单式明确细化具体责任，督促各方履职尽责、合力攻坚。各级党委和政府要坚决把脱贫攻坚扛在肩上，严责任、聚合力、抓落实、重成效，持续推进"五级书记遍访贫困对象"行动，党政"一把手"认真履行第一责任人职责。实行县级月调度、季总结制度，有效推进脱贫攻坚各项工作落实。

（二）持续凝聚攻坚合力

坚持大扶贫格局，以东西部扶贫协作、对口援青和中央定点帮扶为重点，突出产业带动和就业增收，突出招商引资和项目落地，突出人才交流和智力引进，突出携手结对和社会参与，实施好各类帮扶项目。充分发挥驻青部队特点和优势参与脱贫攻坚，军地之间加强沟通、精准对接，丰富双拥工作内涵。深入推进"百企帮百村、百企联百户"行动，鼓励引导更多大型国有企业和民营经济参与精准扶贫，履行社会职责。依托"社会扶贫网"做好"互联网+社会扶贫"工作，支持社会组织和个人参与脱贫攻坚，凝聚脱贫攻坚强大合力。

（三）充分激发内生动力

坚持扶贫与扶志扶智相结合，研究制定《关于开展扶贫扶志行动的实施意见》，做好"精神脱贫"试点成效推广。发挥省级励志资金作用，每年进行"脱贫光荣户"评选表彰，选树脱贫典型，讲好减贫故事，推广典型经验。积极改进帮扶方式，加大以工代赈力度，避免包办代替和简单发钱发物、送钱送物。加大"贫困懒汉"惩戒力度，实行按劳取酬、多劳多得。组织开展"宗教人士与党同行，助力打赢脱贫攻坚战"活动，减轻信教群众负担。持续提升乡风文明治理水平，弘扬传统美德，摒弃陈规陋习，加强对高额彩礼、薄养厚葬、子女不赡养老人等不良行为的约束。

（四）抓好脱贫后续巩固

把防止返贫摆在更加重要的位置，全面贯彻落实《关于加强后续扶持巩固脱贫成果的意见》，做到摘帽不摘责任、摘帽不摘政策、摘帽不摘帮扶、摘帽不摘监管。从今年起，对已经摘帽的县全部纳入脱贫攻坚考核范围，分类设置考核指标进行排序，进一步压实责任，巩固脱贫成效。从省财政专项扶贫资金中统一按照农区每县每年300万元、牧区每县每年200万元的标准，建立返贫扶持资金，凡脱贫户收入低于贫困线标准，即可按程序申请返贫资金，切实解决其生活和产业发展资金困难的问题。在全省3980个有贫困人口的行政村每村开发5—10个公益性岗位，优先扶持最低收入群体劳动增收。建立脱贫攻坚成效巩固提升机制，组织开展脱贫成效"回头看"，把返贫和新致贫群众及时纳入建档立卡扶持范围，针对不同致贫原因予以精准帮扶。做好脱贫攻坚与乡村振兴战略的有效衔接，把脱贫摘帽县作为乡村振兴重点优先扶持，保持帮扶政策和支持力度连续稳定，用乡村振兴措施巩固脱贫攻坚成果。

五、转变作风不懈怠

（一）抓党建促攻坚

全面提升基层党组织攻坚能力，大力整顿软弱涣散党组织，实施村党组织带头人队伍整体优化提升行动。充分发挥第一书记和驻村扶贫干部作用，带领群众脱贫致富奔小康。加强一线扶贫干部关爱和保障，对优秀干部予以激励和重用。

（二）转作风促攻坚

持续推进扶贫领域腐败和作风问题专项治理，坚决纠治扶贫领域形式主义、官僚主义，确保扶贫工作务实、脱贫过程扎实、脱贫结果真实。按照"政策落实年""基层减负年"要求，努力减轻基层负担，发扬"短实新"文风，政策性文件原则上不超过10页，各地区各部门按此从严掌握。贫困村填报表册只保留精准扶贫手册、贫困户明白卡，每年只填报1次。以零容忍的态度快查严处扶贫领域腐败案件，强化扶贫资金监管力度，加大典型案件曝光力度，对敢动扶贫奶酪者严惩不贷。

（三）严督导促攻坚

减少全省性督查检查次数，坚持重心下沉，包片负责，省扶贫局和海东市、海南州和青南三州组成联合工作组，一线强化督导，合力推进工作。将暗访作为督查巡查的主要形式，到实地、查实情、见实效。组织开展扶贫领域专项巡视巡察，严格扶贫政策和项目资金审计，落实常态化约谈机制，通过省级挂牌督办、风险预警告知等手段，倒逼各地真抓实干。

中共青海省委办公厅 2019 年 3 月 29 日印发

中共青海省委办公厅文件

中共青海省委办公厅、青海省人民政府办公厅关于印发《青海省脱贫攻坚绝对贫困"清零"行动方案》的通知

青办字〔2019〕98 号

各市州委，省委各部委，省直各机关单位党组（党委），各人民团体党组：

《青海省脱贫攻坚绝对贫困"清零"行动方案》已经省委省政府同意，现印发给你们，请认真组织实施。

中共青海省委办公厅

青海省人民政府办公厅

2019 年 7 月 9 日

（发至县）

青海省脱贫攻坚绝对贫困"清零"行动方案

为深入贯彻习近平总书记在解决"两不愁三保障"突出问题座谈会上的重要讲话精神，全面落实全省解决"两不愁三保障"突出问题和考核整改工作视频会议、行业扶贫专题会议精神，确保 2019 年底实现绝对贫困"清零"目标，按照省委省政府工作部署，现制定如下方案。

一、总体要求

（一）指导思想

以习近平新时代中国特色社会主义思想为指导，全面贯彻落实党中央国务院关于脱贫攻坚的重大决策部署和省委省政府工作安排，坚持精准扶贫精准脱贫基本方略，坚持贫困人口脱贫基本要求和核心指标，以开展"不忘初心、牢记使命"主题教育为契机，紧紧围绕省委省政府提出的"四年集中攻坚，一年巩固提升"总体部署，凝聚合力，提振精神，聚焦问题，补齐短板，以更加明确的目标、更加有力的举措、更加务实的行动，坚决实现绝对贫困"清零"目标。

（二）方法步骤

脱贫攻坚绝对贫困"清零"行动从 2019 年 7 月实施至 12 月底全面完成。具体分为摸底排查、全面攻坚、收尾总结三个阶段进行。

摸底排查阶段。7 月中旬，各地区各部门围绕"两不愁三保障"标准，对脱贫攻坚工作中存在的短板和问题进行认真摸底排查，摸清底数，瞄准靶心，制定绝对贫困"清零"行动方案，明确目标责任和方法路径。各市（州）和省直相关部门行动方案于 7 月 15 日前报省扶贫开发工作领导小组办公室。

全面攻坚阶段。7 月至 11 月，各地区各部门按照方案要求，建立任务清单，瞄准目标，倒排工期，挂图作战，统筹好项目落地、资金使用、人力调配、推进实施等工作，逐村逐人逐项对账销号。

收尾总结阶段。12 月底前，各地区各部门对标目标任务，兑现责任书，县级自验，市（州）验收，省级抽验，总结经验做法，巩固攻坚成果。

（三）目标任务

1. 未摘帽县。围绕"两不愁三保障"和确保贫困人口脱贫、贫困村退出、贫困县摘帽的目标，按照"缺什么补什么"原则，全面补齐教育、医疗、住房、饮水安全、交通、产业、就业等方面短板。到 2019 年底，实现 17 个贫困县摘帽、170 个贫困村退出、7.7 万贫困人口脱贫，高质量通过省级专项评估检查和 2020 年国家脱贫攻坚成效普查，如期实现脱贫摘帽。

2. 已摘帽县。按照"摘帽不摘责任、摘帽不摘政策、摘帽不摘帮扶、摘帽不摘监管"要求，开展脱贫攻坚工作成效"回头看"，全面实施巩固提升工程，高质量通过 2020 年国家脱贫攻坚成效普查。

二、重点任务

（一）坚决打赢教育医疗住房"三保障"硬仗

1. 打赢教育扶贫攻坚战。进一步加强义务教育阶段控辍保学工作，保障贫困学生无障碍入学，严格落实控辍保学工作县级政府主体责任，充分发挥"双线"责任制和联控联保机制作用，对贫困学生实行台账化管理。2019 年底前，确保符合义务教育条件的孩子都有学上；实现义务教育阶段农村牧区贫困家庭无因贫辍学学生目标；加大教育扶贫资助政策宣传力度，落实好资助政策，确保各级各类学校实现建档立卡贫困家庭学生都能够按照标准及时享受教育资助政策，实现应助尽助。重点抓好 3—6 岁学前儿童推广普通话工作，完成 4706 名学前教育教师普通话培训，完成 23462 名学前儿童普通话推广工作。

牵头责任人：韩英

牵头单位：省教育厅

责任单位：各市（州）、县（市、区）党委政府

2. 打赢医疗保障攻坚战。2019 年底前，通过加大村级闲置资源整合力度等措施，完成 700 个村卫生室新建和改扩建工程，确保全省所有行政村卫生室达标。严格执行国家健康精准扶贫政策，完善城乡居民医疗保险政策，保障贫困人口享有基本医疗卫生服务，确保建档立卡贫困人口参保率达 100%。深入实施健康扶贫行动，实现贫困人口住院实际报付比例达 90%，家庭医生签约服务应覆盖全覆盖。对农村贫困人口住院医疗费用经基本医疗保险、大病保险和医疗救助报付后自负费用仍有困难的，加大临时救助、慈善救助等帮扶力度，确保贫困家庭不因贫看不起病、不因病加深贫困程度。

牵头责任人：吴捷、吕刚、诺卫星

牵头单位：省卫生健康委、省医保局、省民政厅

责任单位：各市（州）、县（市、区）党委政府

3. 打赢住房安全保障攻坚战。加快推进农村危房改造，2019 年底前，全面完成 1.5 万户（其中建档立卡贫困户 1436 户）农牧户危房改造任务；全面完成"十三五"易地扶贫搬迁入住任务，集中安置区基础设施和公共服务设施达到配套要求，做好后续产业就业扶持。

牵头责任人：王发昌、马丰胜、党晓勇

牵头单位：省住房城乡建设厅、省扶贫局、省发展改革委

责任单位：各市（州）、县（市、区）党委政府

（二）坚决打赢基础设施建设硬仗

4. 全面推进农村饮水安全工程建设。对照国家《生活饮用水卫生标准》和我省农牧区水量每人每天不低于 40 升、人力取水往返时间不超过 20 分钟、供水保证率不低于 90% 的标准，全面完成农村人口安全饮水工程建设，落实供水管网延伸、改造、配套等措施，完善工程长效运行管护机制，切实提高饮用水水源保护和水质保障。2019 年底前，全面完成近 80 万农牧民（其中贫困人口 2.11 万人）饮水安全巩固提升工程。

牵头责任人：张世丰

牵头单位：省水利厅

责任单位：各市（州）、县（市、区）党委政府

5. 全面推进农村牧区公路交通建设。按照贫困村退出标准要求，2019 年底前，实现具备条件的建制村 100% 通硬化路并投入使用。同时，完成 36 个县 338 个建制村（其中贫困村 209 个）4088 公里农村公路、易地扶贫搬迁配套道路、县乡道路和 150 座便民桥梁的升级改造工程。

牵头责任人：毛占彪

牵头单位：省交通运输厅

责任单位：各市（州）、县（市、区）党委政府

6. 全面推进电、讯乡村基础设施建设。加大农网改造和网络通讯信息建设升级力度，2019 年底前，确保大电网覆盖的行政村通生产生活用电，大电网未覆盖的行政村通生活用电或离网光伏供电；行政村通光纤网络、移动信

号覆盖面达 99%。

牵头责任人：党晓勇、董天仁、张洪溢

牵头单位：省发展改革委、国网青海省电力公司、省通信管理局

责任单位：各市（州）、县（市、区）党委政府

（三）坚决打赢产业就业扶贫硬仗

7. 抓好五大特色扶贫产业。加快实施以牦牛生态养殖加工、青稞绿色种植加工、光伏扶贫项目带动、民族手工艺品、特色乡村旅游为重点的五大产业三年扶贫计划，通过加强政策引导、加大资金支持力度、打造全产业链条、电商平台营销等综合措施，直接或间接辐射带动建档立卡贫困人口实现增收。

牵头责任人：王玉虎、马丰胜、张宁、尚玉龙

牵头单位：省农业农村厅、省扶贫局、省文化和旅游厅、省商务厅

责任单位：各市（州）、县（市、区）党委政府

8. 抓好到户到村到县扶贫产业项目。2019 年底前，开展到户产业评估，制定进一步扶持和防范风险的措施；互助资金运行安全规范；光伏扶贫项目运维正常，收益稳定；村集体产业实现收益；所有县级扶贫产业园建成并投入使用，发挥对贫困人口的辐射带动效应。

牵头责任人：马丰胜

牵头单位：省扶贫局

责任单位：各市（州）、县（市、区）党委政府

9. 抓好就业扶贫。按照"就业一人、脱贫一户"的思路，整合培训资源，统筹培训项目，创新培训方式，全面推进农村贫困劳动力全员培训，突出就业技能、实用技术、民族特色手工艺、技能教育长期培训等重点，让贫困劳动力就业创业能力得到提升。2019 年底前，全面完成贫困人口中有就业意愿和培训需求的贫困劳动力技能培训工作；完善公益性岗位管理办法，建立公益性岗位管理台账，加强监督管理，杜绝公益性岗位轮流坐庄和"吃空饷"现象发生。

牵头责任人：王定邦、王玉虎、马丰胜、李晓南

牵头单位：省人力资源社会保障厅、省农业农村厅、省扶贫局、省林草局

责任单位：各市（州）、县（市、区）党委政府

（四）坚决打赢特殊贫困群体帮扶硬仗

10. 全力推进综合保障工程。抓实农村牧区最低生活保障制度与扶贫开发政策的有效衔接，对符合条件的贫困人口实施兜底保障，纳入农村低保和特困供养保障范围，做到"不错保""不漏保"，达到"应保尽保、按标施保"。深入推进留守儿童、留守老人、残疾人、精神障碍患者等特殊困难群体关爱服务工作，推进特殊困难群体排查走访，分类落实关爱服务措施。综合运用最低生活保障、特困人员供养、受灾人员救助、临时救助、慈善帮扶等各类救助政策，解决好特殊困难群体的急难问题，防止"急难"返贫，因灾致贫。

牵头责任人：诺卫星、曹晓

牵头单位：省民政厅、省残联

责任单位：各市（州）、县（市、区）党委政府

（五）坚决打赢扶贫基础工作硬仗

11. 持续推进各类问题整改。按照《青海省脱贫攻坚中央专项巡视反馈问题整改工作方案》（青发〔2019〕3号）、《青海省脱贫攻坚中央专项巡视反馈问题补充整改工作方案》（青发〔2019〕12号）、《青海省2018年度脱贫攻坚成效考核反馈问题整改方案》（青办字〔2019〕77号）、《关于2018年市州县级党委和政府脱贫攻坚工作成效考核情况的通报》（青办字〔2019〕81号）和《关于切实做好2018年脱贫攻坚考核问题整改工作的通知》（青扶组办〔2019〕30号）等文件要求，全面认领问题，扎实整改问题，确保各类问题整改到位。

牵头责任人：省委各部委、省直各机关单位主要负责人，各市（州）、县（市、区）党委主要负责人

牵头单位：省脱贫攻坚中央专项巡视反馈问题整改工作领导小组办公室、省扶贫局

责任单位：省委各部委、省直各机关单位，各市（州）、县（市、区）党委政府

12. 持续提高信息数据质量。2019年底前，各地区确保全国扶贫开发信息系统建档立卡贫困对象主要信息指标规范性、完整性达到96%以上，贫困对象信息主要指标准确率达到98%以上。

牵头责任人：马丰胜

牵头单位：省扶贫局

责任单位：各市（州）、县（市、区）党委政府

13.持续提高扶贫资金绩效。2019年底前，各地区确保2019年度财政专项扶贫资金支出率达到92%以上，2018年度财政专项扶贫资金支出率达到98%以上，两年以上的财政专项扶贫资金结转结余为"零"。

牵头责任人：侯碧波、马丰胜、党晓勇、开哇、王玉虎、李晓南

牵头单位：省财政厅、省扶贫局、省发展改革委、省民宗委、省农业农村厅、省林草局

责任单位：各市（州）、县（市、区）党委政府

14.加强和规范扶贫资产管理。2019年底前，建立产业扶贫项目及资产清单，完成扶贫资产确权登记，落实扶贫资产管护责任，规范扶贫资产收益分配使用。

牵头责任人：马丰胜

牵头单位：省扶贫局

责任单位：各市（州）、县（市、区）党委政府

三、保障措施

（一）加强组织领导

省扶贫开发工作领导小组办公室抽调专人组成专班，负责行动方案落实、部门协调、工作调度。省直相关部门和各市（州）、县（市、区）党委也要相应成立专班，明确领导，指定专人，负责本部门本地区各项任务的推进落实、协调调度。省扶贫开发工作领导小组办公室每月一次听取相关成员单位和市（州）推进情况汇报。省直相关部门和各市（州）领导小组办公室每月25日前向省领导小组办公室报告工作进展情况。

（二）严格落实责任

各地区各部门要全面落实脱贫攻坚责任，层层传导压力，级级压实责任，切实凝聚起脱贫攻坚绝对贫困"清零"的合力。强化目标责任考核，2019年底要全面兑现"军令状"。对未完成年度脱贫摘帽任务的市（州）、县（市、区），严肃追究市（州）及县级党政主要负责人和相关人员责任。对未完成行业攻坚任务，影响贫困村退出、贫困县摘帽的相关行业部门，严肃追究行业部门主要负责人和相关人员责任。对未按要求履行驻村帮扶职责，影响贫困村退

出的驻村第一书记和驻村工作队员进行严肃党纪政纪处理。对未履行定点帮扶责任，影响贫困户脱贫的帮扶单位责任人，严肃追究责任。

（三）强化工作督导

各级扶贫开发工作领导小组办公室要切实担负起督查协调调度职能，认真开展工作推进落实情况的督促指导，细化总攻方案，分解任务，压实责任，限期销号，确保如期完成脱贫攻坚目标任务。各级纪检监察、财政、审计等部门要切实履行监督监管职责，督促各级党委政府落实脱贫攻坚主体责任，压紧行业部门责任，持续抓好脱贫攻坚干部作风监督，加大对扶贫工作中不作为、慢作为、乱作为等问题的执纪问责力度，加强对扶贫资金的日常监管和审计，确保脱贫攻坚工作顺利有序推进、取得实效。

中共青海省委办公厅 2019 年 7 月 9 日印发

青海省人民政府文件

关于完善城乡义务教育经费保障机制和
实行 15 年免费教育的实施意见

青政〔2016〕27 号

各市、自治州人民政府，省政府各委、办、厅、局：

基础教育是教育工作的重中之重，在全面建成小康社会的进程中具有基础性、先导性和全局性的重要作用。建立城乡统一、重在农村的义务教育经费保障机制，是教育领域健全城乡发展一体化体制机制的重大举措。在全省实施 15 年免费教育，能够更好维护受教育者权利、提供公平的受教育机会，促进教育综合改革，提高教育公共服务水平和能力。根据中央第六次西藏工作座谈会和国务院《关于进一步完善城乡义务教育经费保障机制的通知》（国发〔2015〕67 号）精神，现就进一步完善我省城乡义务教育经费保障机制和分步实施 15 年免费教育提出如下意见。

一、总体要求

（一）坚持完善机制，促进城乡一体

按照深化财税体制改革、教育领域综合改革的新要求，建立城乡一体化的义务教育经费保障机制，实现城乡义务教育政策统一。

（二）坚持分步推进，逐步覆盖全省

2016 年对六州所有学生及西宁、海东两市贫困家庭学生实行 15 年免费教育，"十三五"末前覆盖全省。完善城乡"两免一补"政策，逐步提高学校生均公用经费补助标准，规范清理和分步取消教育收费。

（三）坚持加大投入，推进协调发展

继续加大教育投入力度，优化整合资金，盘活存量，用好增量，建立加大教育投入、促进教育发展的财政投入长效机制。在实行义务教育生均公用经费补助的基础上，核定学前教育和普通高中生均公用经费补助标准，并实行动态调整，推进城乡学前教育、义务教育、高中阶段教育协调均衡发展。

（四）坚持创新管理，提高治理水平

提高教育治理能力，注重教育惠民政策的实效，大力推进教育信息化管理，创新义务教育转移支付与学生流动相适应的管理机制，实现相关经费随学生流动、可携带。

二、主要内容

（一）完善义务教育经费保障机制

整合现行的农村义务教育经费保障机制和城市义务教育奖补政策，建立城乡统一的义务教育经费保障机制。

统一城乡义务教育学生"两免一补"政策。在现行农牧区义务教育学生"两免一补"和城市学生免除学杂费政策的基础上，对城市义务教育学生免费提供教科书，对城市贫困家庭寄宿生补助生活费。

统一城乡义务教育学校生均公用经费基准定额。确定统一的公用经费基准定额，并适时调整基准定额。对城乡义务教育学校（含民办学校）统一按照基准定额的标准补助公用经费。鼓励各地结合实际提高公用经费补助标准。统一城乡义务教育经费保障机制后，取消对城市义务教育免除学杂费和进城务工人员随迁子女接受义务教育的奖补政策。

巩固完善农牧区义务教育学校校舍安全保障长效机制。继续实施农牧区义务教育薄弱学校改造计划等项目，支持农牧区公办义务教育学校维修改造、抗震加固、改扩建校舍及其附属设施。各地要建立城市公办义务教育学校校舍安全保障长效机制，所需经费由本级财政承担。

巩固落实城乡义务教育教师工资政策。省财政继续加大对财力薄弱地区的转移支付力度，县级财政确保县域内义务教育教师工资按时足额发放，并加大对艰苦边远贫困地区、薄弱学校绩效工资的倾斜力度。

（二）实施15年免费教育政策

在完善城乡义务教育经费保障机制的基础上，进一步延伸保障范围，分步实施15年免费教育。综合施策，实现"免、补、管"措施有效衔接、同步并举。

免费政策及范围。2016 年春季开学起对六州所有学生和西宁、海东两市贫困家庭学生学前三年、义务教育九年、普通高中和中职三年实施 15 年免费教育。2017 年后逐步完善，"十三五"末前覆盖全省。

学前教育。2016 年纳入 15 年免费教育范围的学生，免除学前三年幼儿保育教育费。其中，三江源地区学前一年按 2200 元标准补助幼儿园公用经费。尚未纳入学前免费教育范围的幼儿，继续实施学前一年教育资助政策。

义务教育。在原有农牧区"两免一补"和城市义务教育学生免除学杂费的基础上，免除城乡义务教育学生学杂费，并免费提供教科书。继续对农牧区寄宿生给予生活补助，将城市贫困家庭寄宿生纳入补助范围，按小学年生均 1100 元、初中 1350 元标准提供生活补助。

普通高中教育。2016 年纳入 15 年免费教育范围的学生，免除学杂费，免费提供教科书，继续对贫困家庭学生按现行年生均 2000 元标准提供助学金。尚未纳入普通高中免费教育范围的学生，继续按现行政策提供助学金。

中职教育。继续执行现行免费教育政策，免除学杂费，免费提供教科书，对一、二年级农牧区学生、城市贫困家庭和涉农专业学生按现行年生均 2000元标准提供助学金。

对民办学校和民办幼儿园，按公办学校或幼儿园标准实行等额补助，现行收费标准高于补助标准的，可向学生收取差额部分。自收自支的公办幼儿园参照执行。

提高公用经费补助标准。以现行的农牧区义务教育生均公用经费补助标准为基数，统一城乡义务教育生均公用经费基准定额。从 2016 年春季学期开始，在国家定额小学年生均 600 元、初中年生均 800 元基础上，适度提高标准，各增加 100 元，即小学年生均 700 元、初中年生均 900 元。三江源地区标准为小学年生均 900 元、初中年生均 1100 元。

落实义务教育公用经费补助政策，寄宿制学校按照寄宿生年生均 300 元标准增加公用经费补助，农牧区不足 100 人的规模较小学校按 100 人核定公用经费，特殊教育学校和随班就读残疾学生按年生均 6000 元标准补助。

核定学前教育、普通高中教育生均公用经费补助标准，幼儿园按年生均 1200 元补助；普通高中学校按年生均 400 元补助，并按年生均 400 元补助教科书经费。提高中职教育生均公用经费补助标准，2016 年提高 600 元，达到年生均 3200 元。

清理规范教育收费。学校公用经费补助标准提高后，在保证学校正常运转的前提下，逐步取消或停止相应的收费项目。2016 年取消义务教育作业本费、公共洗浴费、寄宿生被单费和城市义务教育教科书收费项目，2017 年义务教育取消其他收费项目，停止学校自定收费和代收费项目。清理规范学前教育和高中阶段教育收费项目，除国家规定允许的收费项目外，逐步取消地方收费项目，规范学校收费行为，加强监督检查。具体办法由省发展改革委、省教育厅另行制定。

三、组织保障

（一）加强组织领导，强化主体责任

省直相关部门要加大督导检查力度，强化政策指导协调，完善绩效评估工作。市（州）政府要积极履行工作职责，明确措施，推进政策的执行。县级政府要按照义务教育"以县为主"的管理体制，落实管理主体责任，确保15 年免费教育政策落实到位。

（二）深化教育改革，优化教育布局

各地要结合人口流动的规律、趋势和城市发展规划，及时调整完善教育布局，将民办学校纳入本地区教育布局规划，加强各阶段民办学校管理。进一步优化完善义务教育布局，探索建立乡村小规模学校办学机制和管理办法，建设并办好寄宿制学校，规范完善乡村学校和教学点设置，努力消除城镇学校"大班额"，保障当地适龄儿童就近入学。深化教师人事制度改革，健全城乡教师和校长交流机制，健全教育治理体系，加强留守儿童教育关爱。

（三）落实管理责任，确保资金到位

各地要落实完善城乡义务教育经费保障机制和实施15 年免费教育政策的管理责任，加强教育资金的统筹力度。义务教育经费保障机制继续执行现行政策分担比例，学前教育、高中阶段教育和义务教育学校校舍安全保障长效机制所需经费按照省、市（州）县 8：2 分担比例分担，足额落实资金，并确保及时拨付到位。

同时，省财政厅、省教育厅要制定出台 15 年免费教育资金管理办法，加强学校预算管理，细化预算编制，硬化预算执行，强化预算监督。规范学校财务管理，创新管理理念，将绩效预算贯穿经费使用管理全过程，切实提高经费使用效益。各级教育部门要建立学生信息管理系统，做好在校学生和受资助学生及建档立卡贫困学生等信息工作，实行动态管理，进一步加大学生学籍管理和统计工作，确保受助学生信息真实、可靠，为实现经费可携带、"钱随人走"创造条件。

（四）推进信息公开，加强监督检查

各地要加大信息公开力度，将义务教育和实施15年免费教育经费投入情况向同级人民代表大会报告，并向社会公布，接受社会监督。各级财政、教育部门要与审计、价格、监察等有关部门密切合作，齐抓共管，加强对政策落实、规范收费、资金使用、公开公示等情况的监督检查。督促各级学校做好收费项目和标准的公开工作，坚决制止乱收费，对各地越权出台教育收费项目、学校乱收费进行查处。

（五）加大宣传工作，营造良好氛围

各地区、各有关部门要高度重视统一城乡义务教育经费保障机制和15年免费教育的宣传工作，充分利用各种宣传媒介，采取多种形式，向社会广泛深入宣传政策精神，努力营造全社会共同支持、共同监督和共同推进的良好氛围。

本实施意见自2016年3月1日起施行，有效期至2021年2月28日。原《青海省人民政府办公厅转发省教育厅省财政厅关于免除城市义务教育阶段学生学杂费实施办法的通知》（青政办〔2008〕126号）、《青海省人民政府办公厅转发省教育厅省财政厅关于青海省农村牧区义务教育阶段家庭经济困难学生"两免一补"暂行办法的通知》（青政办〔2004〕207号）同时废止。

2016年3月18日

青海省人民政府办公厅文件

关于印发青海省发展产业、易地搬迁等
八个脱贫攻坚行动计划和交通、水利等
十个行业扶贫专项方案的通知

青政办〔2016〕29号

各市、自治州人民政府，省政府各委、办、厅、局：

青海省发展产业、易地搬迁、资产收益、转移就业、医疗保障和救助、教育、低保兜底"七个脱贫攻坚行动计划"及交通、水利、电力、医疗卫生、通信、文化惠民、金融、科技、电子商务和市场体系建设"九个行业扶贫专项方案"已经省政府同意，现印发给你们，请结合实际，认真组织实施。

青海省人民政府办公厅

2016年2月29日

（发至县人民政府）

青海省发展产业脱贫攻坚行动计划

根据省委、省政府《关于打赢脱贫攻坚战提前实现整体脱贫的实施意见》（青发〔2015〕19号）精神及其主要目标任务责任分工方案，结合实际，制定本行动计划。

一、对象范围

全省42个贫困县（市、区、行委）、1622个建档立卡贫困村的13万户有劳动能力和发展生产意愿的贫困家庭，涉及39.9万贫困人口。

二、目标任务

紧紧围绕"四年集中攻坚，一年巩固提升"的总体部署，通过发展产业，到2019年，使每个有劳动能力的贫困农牧户有1项稳定增收的特色产业，实现贫困户长期稳定增收，农牧民内生发展动力进一步增强。到2020年，实现13万户、39.9万贫困人口通过发展产业全部脱贫，人均可支配收入高于国家扶贫标准，贫困村全部退出，为贫困县摘帽打牢基础。

三、进度安排

2016年，重点扶持400个确定退出的贫困村和6个摘帽贫困县的2.74万户、8.4万贫困人口发展产业，支持有条件的县建立扶贫产业园10处，扶持50个贫困村发展乡村旅游，实现1622个建档立卡贫困村互助资金全覆盖。

2017年，重点扶持500个确定退出的贫困村和11个摘帽贫困县的3.49万户、10.7万贫困人口发展产业，支持有条件的县建立扶贫产业园10处，扶持50个贫困村发展乡村旅游。

2018年，重点扶持500个确定退出的贫困村和14个摘帽贫困县的3.49万户、10.7万贫困人口发展产业，支持有条件的县建立扶贫产业园10处，扶持50个贫困村发展乡村旅游。

2019年，重点扶持222个确定退出的贫困村和11个摘帽贫困县的3.26万户、10万贫困人口发展产业，支持有条件的县建立扶贫产业园9处，扶持40个贫困村发展乡村旅游。

2020 年，通过进一步巩固提升农牧民脱贫产业，辐射带动能力和农牧民自我发展能力明显提升，贫困人口人均可支配收入达到 4000 元以上。

四、产业发展

依托全省"四区两带一线"区域发展战略和"三区一带"农牧业发展格局，坚持因人因地分类施策，立足贫困地区资源优势，宜农则农、宜牧则牧、宜林则林、宜商则商、宜游则游，支持贫困村和贫困人口发展特色产业，实现就地就近脱贫。

（一）产业选择

特色种养业。围绕十大特色农牧业产业，在发展油菜、马铃薯等传统优势产业基础上，重点支持贫困农牧户和贫困村发展枸杞、核桃、树莓、大果樱桃、蔬菜、饲草、中藏药材等附加值较高的经济作物，支持牛羊繁育、奶牛养殖以及生猪、兔禽、冷水鱼等养殖业发展。

农畜产品加工业。加快农牧业融合发展，拓宽延长产业链和价值链，推动农牧业接二连三，着力构建产业基地、农畜产品初加工及精深加工、产后商品化处理、特色农畜产品品牌打造、市场营销的全产业链条，推进贫困地区农牧业产业化经营，提高农产品附加值，解决贫困劳动力就地就近就业，提高产业促农增收能力。

乡村旅游业。厚植旅游资源优势，着力打造生态休闲游、民族风情游、宗教文化游、特色农业游、红色旅游、农事体验游、自驾游、户外游、养生游等旅游产品，形成"近郊依城、远郊靠景、沿路沿河、城乡互动"的发展格局。

商贸服务业。在产业选择相对困难地区，积极支持贫困村和贫困农牧户参与发展餐饮、商铺、宾馆、商贸市场等服务业。

特色文化业。深入挖掘当地民俗、民间文化资源，支持贫困村和贫困人口发展具有浓郁民族风情和地方民俗文化特色手工艺品、民族舞蹈等文化产业发展，扶持具有非物质文化遗产认证的文化产业发展。

（二）产业布局

东部地区。重点支持 9 个县（区）的 964 个建档立卡贫困村和 21.05 万有劳动能力的贫困人口，紧紧围绕沿黄河、湟水河带打造以核桃、树莓、大果樱桃、蔬菜为主的特色果蔬产业，加快高原特色富硒富锗产业发展，发展农畜产品初级加工业和商贸物流业。大力发展肉牛、肉羊、奶牛、生猪、兔禽为主的养殖业。以城郊生态休闲园为主发展乡村旅游业。

环湖地区。重点支持 17 个县（市、行委）的 386 个建档立卡贫困村和 6.26 万有劳动能力的贫困人口，发展以枸杞、蔬菜、饲草和中藏药材为主的种植业项目，以藏系羊、牦牛繁育为主的生态畜牧业。支持各类经营主体带动发展农畜产品精深加工。依托名胜景点优势发展乡村旅游业。

青南地区。重点支持 16 个县的 272 个建档立卡贫困村和 12.58 万有劳动能力的贫困人口，发展饲草产业和牦牛、藏羊优良品种繁育。立足生态畜牧业试验区建设，重点支持发展有机畜牧业。加快商贸物流业发展，建构现代商贸物流体系，加快建设一批现代化的商贸市场。深度挖掘旅游资源，依托三江源旅游资源发展乡村旅游业。

五、投资估算及资金筹措

实施产业脱贫行动计划共需投资 47.26 亿元。其中，精准到户产业发展资金 23.25 亿元，贫困村互助资金 8.11 亿元，扶贫产业园建设资金 5.85 亿元，乡村旅游扶贫资金 5.7 亿元，金融扶贫贷款贴息 4.35 亿元。

六、政策措施

（一）提高产业脱贫扶持精准度

在充分尊重贫困群众发展愿望和自主选择项目的基础上，按照"措施到户、资金到户、项目到户、效益到户"的精准扶持原则，采取"一村一策""一户一法"，以实施到户、扶持到人的方式，对有劳动能力和生产发展愿望的贫困人口重点扶持发展特色种养业。对有劳动能力、有发展愿望，但没有经营能力或产业选择较难的贫困人口，通过龙头企业、专业合作社等各类新型经营主体带动方式，将财政专项扶贫资金和其他涉农资金投入形成的资产，折股量化给贫困村和贫困户。鼓励贫困户以订单生产、务工方式参与产业发展。支持贫困户将土地、草场等生产资料折股量化到产业扶贫项目，增加财产性收入。将精准扶持产业项目、旅游扶贫和扶贫产业园等专项扶贫工程有机结合起来，按照以点带面、点面结合的精准扶贫产业发展思路，加快二、三产业融合发展，扩大规模、增强市场竞争力，加快推进区域经济发展，让贫困户更多分享农牧业全产业链和价值链增值效益。

（二）加大财政扶贫资金投入

不断加大财政扶贫资金投入力度，逐步提高产业扶贫标准，采取因素分配法，建立竞争性分配机制，把财政专项扶贫资金切块到县，将项目审批权全部下放到县，由各县结合实际精准实施产业发展项目。财政专项扶贫资金实施产业发展项目，由县（市、区）论证确定并组织实施。实行资金拨付使用情况、项目实施情况省、市（州）报备制。对已提前摘帽的贫困县，在脱贫攻坚期内原有的产业扶持政策不变，产业扶持力度不减，并给予奖励。

（三）加大合力攻坚力度

按照产业脱贫进度安排，健全完善以县为单位资金整合和多元化投入机制。以实施专项产业脱贫工程为平台，扩大资金整合范围和规模，发挥聚集效应。各行业部门管理的涉农资金、各项惠民政策和用于产业发展的项目资金，优先用于贫困村和贫困农牧户发展产业。积极引导龙头企业、专业合作社等各类新型经营主体捆绑资金用于产业发展。发达省市对口援青资金整合用于发展特色优势产业。形成专项扶贫资金、相关涉农资金和社会帮扶资金合力推进产业脱贫，加快构建贫困地区特色产业体系。

（四）积极引导金融资本支持产业发展

全面落实金融支持精准扶贫青海行动方案及主办银行制度。根据各县金融贷款实际需求，自行安排金融贷款贴息资金和一定比例的风险防控资金，并按照1比5至10倍的规模放大贷款额度。风险防控资金规模完全能够满足县域内扶贫贷款发放需求时，可暂停担保资金注入。重点为贫困户发展产业提供基准利率、免抵押、免担保的小额信贷支持。扩大扶贫贷款规模，按照基准利率贴息补助，支持各类经营主体发展特色产业。通过建立贫困村互助资金，优先确保贫困户借款，支持发展到户生产性项目。允许到村扶贫互助资金作为担保资金，撬动金融机构贷款，放大资金规模，提高资金使用效率。

（五）强化驻村工作队责任

充分发挥第一书记和驻村工作队对贫困村和贫困人口帮扶作用，把推进发展特色产业作为落实精准扶贫、为民办实事的主要任务，认真履行工作职责，在做好贫困人口精准识别的基础上，落实贫困村、贫困人口产业发展需求，帮助贫困村、贫困户选择适合发展的产业，全程参与产业扶贫项目的选择、文本编制、组织实施及监督管理。

七、责任落实

（一）省扶贫局是本行动计划的牵头部门，要紧紧围绕脱贫攻坚目标任务，下达年度摘帽县退出村计划，分解年度产业脱贫人口数，切块安排精准到县到户产业发展、扶贫产业园建设、旅游扶贫、金融扶贫贴息等资金计划。

（二）省级各行业部门和市（州）党委政府要倒排产业脱贫攻坚工期，组织落实年度计划，做到扶贫项目优先安排，扶贫资金优先保障。省发展改革委围绕旅游产业扶贫项目，与省扶贫局实施好光伏扶贫项目，配套实施旅游扶贫基础设施项目。省财政厅要加大省级财政扶贫资金支持力度，强化对产业扶贫项目资金的监督检查。省农牧厅要指导各县实施有关特色农牧业产业发展专项扶贫项目，整合设施农牧业等涉农资金项目，重点用于贫困地区发展产业脱贫项目。省水利厅要围绕贫困地区实施的发展产业脱贫项目，配套实施好水利工程。省林业厅要指导各县实施有关林业发展产业专项扶贫项目，整合林业发展资金，重点向贫困地区发展林产业脱贫项目倾斜。省旅游局要围绕乡村旅游富民扶贫工程，会同省扶贫局实施乡村旅游扶贫项目，配套旅游扶贫项目标识牌、改厕等项目。国网青海省电力公司要对贫困地区实施的发展产业脱贫项目给予充分的电力保障。各市（州）党委政府及其所属部门要围绕本行动计划，督促指导和监督检查所属各县实施好产业脱贫项目，落实市（州）级配套资金。

（三）各县（市、区、行委）党委政府是本行动计划的实施责任主体，要加强与省、市（州）相关部门的沟通衔接，结合年度脱贫目标任务，确定好年度脱贫贫困村和贫困人口产业扶持项目，编制实施方案，报经县级政府审查论证并批复后，负责组织实施。按照权责匹配的原则，强化县级政府在资金使用和监督中的责任。全面推行信息公开，县级政府负责在门户网站或媒体，以多种形式公告公示资金安排和项目建设等情况，坚持扶贫产业项目村级公示公告制。

青海省易地搬迁脱贫攻坚行动计划

根据省委、省政府《关于打赢脱贫攻坚战提前实现整体脱贫的实施意见》（青发〔2015〕19号）精神及其主要目标任务责任分工方案，结合实际，制定本行动计划。

一、对象范围

建档立卡易地搬迁贫困户33377户、118869人。因地质灾害、生态环境脆弱、生产生活条件恶劣，确需与建档立卡贫困户同步整村整社搬迁的非建档立卡户19103户、81198人。

二、目标任务

2016年至2019年在8个市（州）、38个县（市、区）、279个乡（镇）、1234个村实施易地搬迁扶贫项目，搬迁安置农牧户52480户、200067人。其中，西宁市、海东市搬迁安置23750户、94890人，分别占全省搬迁安置总规模的45.3%和47.4%；涉藏地区六州搬迁安置28730户、105177人，分别占全省搬迁安置总规模的54.7%和52.6%。

三、进度安排

2016年至2017年搬迁安置农牧户20543户、77984人。其中，建档立卡贫困户13437户、48299人，非建档立卡户7106户、29685人。

2017年至2018年搬迁安置农牧户16119户、60991人。其中，建档立卡贫困户9997户、35054人，非建档立卡户6122户、25937人。

2018年至2019年搬迁安置农牧户15818户、61092人。其中，建档立卡贫困户9943户、35516人，非建档立卡户5875户、25576人。

四、安置方式

根据县城、乡镇、中心村人口承载能力，在充分尊重搬迁群众意愿的基础上，科学选择安置区域和安置模式。

（一）集中安置

共44474户、170032人，分别占全省搬迁安置总规模的84.7%和85%。

其中，建档立卡贫困户 25371 户、88834 人，分别占建档立卡贫困户的 76% 和 74.7%；非建档立卡户 19103 户、81198 人，分别占集中安置的 24% 和 25.3%。

1. 行政村内就近集中安置。共 22903 户、87496 人。其中，建档立卡贫困户 15049 户、52243 人；非建档立卡户 7854 户、35253 人。主要是依托中心村现有的基础设施和公共服务，通过调整置换土地，安排搬迁对象在本村内就近集中安置。

2. 建设新村集中安置。共 5346 户、20475 人。其中，建档立卡贫困户 3068 户、11071 人；非建档立卡户 2278 户、9404 人。主要是通过调整建设用地，建设搬迁新村集中安置。

3. 小城镇或工业园区集中安置。共 15729 户、60246 人。其中，建档立卡贫困户 6931 户、24471 人；非建档立卡户 8798 户、35774 人。主要是结合新型城镇化建设，在有条件的县城、乡镇附近建设安置小区或在新型农村社区、工业园区安置区，搬迁安置有一定劳务技能、商贸经营基础的搬迁对象。

4. 乡村旅游区安置。共 496 户、1815 人。其中，建档立卡贫困户 323 户、1049 人；非建档立卡户 173 户、766 人。主要是依托旅游扶贫，挖掘当地生态旅游、民俗文化等资源，打造乡村旅游重点村或旅游景区，安排搬迁对象适度集中居住，发展乡村旅游。

（二）自主安置

共 8006 户、30035 人，全部为建档立卡贫困人口，分别占建档立卡贫困户和贫困人口的 15.3% 和 15%。

1. 插花安置。共 6198 户、23507 人。主要是依托安置区已有基础设施、公共服务设施，由搬迁户自行购置农牧区现有的闲置庄廓房屋安置。

2. 投亲靠友。共 1808 户、6528 人。主要是引导搬迁对象通过进城务工、投靠亲友等方式自行安置，在享受易地扶贫搬迁建房补助的同时，迁出地和迁入地政府协调落实户籍转移、社会保障、就业培训、公共服务等方面的政策。

五、建设内容及补助标准

（一）建设内容及标准

1. 住房建设。

集中安置：修建搬迁群众住房 44474 套（栋），其中，就近安置 22903 套（栋），新村安置 5346 套（栋），小城镇或工业园区安置 15729 套（栋），乡村旅游区安置 496 套（栋）。户均 80 平方米，共计 419.8 万平方米，并配备大门、围墙等。建设标准参照《青海省农村牧区住宅建设指导手册》执行。

自主安置：由搬迁群众自行购买住房 8006 套（栋），凭签订的购房合同并经迁出地县、乡、村、户多级签署法律文书和县级政府审核备案后，领取购房补助。

2. 配套基础设施建设。集中安置区配套建设给排水、道路、供电、通信网络、环卫等基础设施，确保安置区环境优美、配套齐全、秩序良好、功能完善。

供水设施：小城镇或工业园区安置区供水管网纳入城镇供水体系统筹实施。就近安置、新村安置、乡村旅游区安置的，采用建设集中供水工程或分散式供水工程解决安置区人畜饮水问题。

排水设施：小城镇或工业园区安置的，雨污排水系统纳入城镇排水管网统筹实施。城镇之外的集中安置区污水收集和处理纳入农村环境综合整治工程，规模较大的集中安置区，推广污水处理小型站；规模较小的集中安置区，建设雨污合流排水渠，排至就近的池塘或蓄水池。

供电设施：小城镇或工业园区安置的，供电系统纳入城镇供电系统统筹实施，按户均不小于 9 千瓦的负荷配套供电设施。就近安置、新村安置、乡村旅游区安置的，采用大电网延伸方式，按户均不小于 5 千瓦的负荷标准，配套建设 10 千伏供电线路及 380 伏 /220 伏供电线路等供电设施。

道路设施：小城镇或工业园区安置的，连接主干道路纳入城镇交通规划统筹实施。就近安置、新村安置、乡村旅游区安置的，安置区内硬化道路主干道宽度 6 米，宅间路宽度 3 米；对外连接道路宽度 6 米。

通信设施：有条件的县城周边安置区接入光纤网络，其他集中安置区实现宽带接入，确保安置区光纤和宽带全覆盖。

环卫设施：小城镇或工业园区安置的，设分类式垃圾箱。就近安置、新村安置、乡村旅游区安置的，按每 25 户或 50 米半径设 1 处垃圾收集斗（箱），配备垃圾转运车；垃圾采用"村收集、乡转运、县处理"的模式清运至垃圾场。按 50 户或 100 米半径设 1 座环卫公厕，由安置区或当地村委会统一管理，建设标准执行《农村改厕改造施工技术规范》（2015 修正版）。

3. 基本公共服务设施。集中安置区要保障搬迁群众享受基本公共服务均等化,因地制宜,完善搬迁安置区教育、卫生、文化、体育等基本公共服务设施,提高基本公共服务能力,改善搬迁群众生活。

教育设施:易地扶贫搬迁后,中小学校舍需要扩建的,要纳入全省教育发展规划,相应调整教育布局统筹解决。

卫生设施:为集中安置区新建标准化卫生室,按照业务用房面积不低于60平方米建设,完善基本医疗器械,加强安置区卫生服务能力。

安置区综合活动场所:结合各地实际情况,综合活动场所可与基层政权业务用房合并建设,具备安置区文化、科技、体育活动、就业指导和劳务服务等功能。每个安置区综合活动用房建筑面积不低于200平方米,硬化文体活动广场不低于1000平方米。

4. 迁出区生态恢复。结合易地扶贫搬迁,国土、林业、农牧等部门负责在迁出区实施退耕还林、宅基地复垦及整理、安置区绿化等生态环境恢复工程。

退耕还林:结合国家新一轮退耕还林政策及重大生态工程,加强迁出地生态保护和恢复。对25度以上坡耕地、严重沙化耕地实施退耕还林,条件较好地区发展经济林。

安置区绿化:按照建设美丽乡村、创建绿色人居环境的要求,大力推进村庄道路、水体沿岸和庭院绿化,实施植树造林实现村庄周边和住宅绿化美化,使安置区绿化率不低于30%。宅基地复垦和整理:凡是实施易地扶贫搬迁的农牧民,签订原宅基地复垦协议,拆除旧房、退出宅基地。对整村整社搬迁的农牧民原宅基地实施复垦。零散搬迁户的零星宅基地和不具备复垦条件的其他宅基地,转化为农村建设用地。

(二)补助标准

1. 建房补助。集中安置的建档立卡贫困户,西宁市、海东市每户补助8万元,涉藏地区六州每户补助9万元。自主安置的建档立卡贫困户每户一次性补助10万元。整村整社同步搬迁的非建档立卡户,西宁市、海东市每户补助4.5万元(含农村危房改造资金2.5万元),涉藏地区六州每户补助5.5万元(含农村危房改造资金2.5万元)。

2. 基础设施。供排水工程按每人2000元、排水渠按每公里2万元、污水处理小型站按每立方米1万元。供电工程按10千伏供电线路每公里15万—18万元、380伏/220伏供电线路每公里12万—15万元补助,具体依据实际情况确定造价。道路工程按安置区主干道和对外连接道路每公里 20 万元、宅间道按每公里 12 万元的标准补助。通信网络设施按每公里通信光缆 1.5 万元标准补助。环卫设施中公厕按每座 2 万元、垃圾收集斗（箱）每个 4000 元、垃圾运转车每辆 3 万元标准补助。（对集中安置的建档立卡贫困户每户安排 6 万元，非建档立卡户基础设施由行业部门配套建设。）

（三）群众自筹

为充分调动搬迁安置群众的积极性，落实搬迁安置群众的主体责任，建档立卡户每户自筹建房资金 1 万元，非建档立卡户每户自筹建房资金 3.5 万元。群众自筹有困难的，可由地方政府协调申请银行贷款，省财政予以贴息。

六、投资估算及资金筹措

（一）投资估算

项目总投资 88.66 亿元。其中，建档立卡贫困户投资 61.29 亿元，占总投资的 69.1%；非建档立卡户投资 27.37 亿元，占总投资的 30.9%。总投资中，住房建设投资 61.98 亿元（包括建设用地费），占 69.9%；基础设施建设 26.68 亿元，占 30.1%。

（二）资金筹措

1. 争取中央预算内投资 11.89 亿元（按建档立卡贫困人口 11.89 万人，人均补助资金 1 万元）。

2. 通过调整地方政府债务结构，向省级投融资平台注入资本金 11.89 亿元。

3. 申请专项建设基金 5.94 亿元。

4. 申请长期低息贷款 40.5 亿元（建档立卡贫困人口人均 3.41 万元）。

5. 申请农村困难群众危房改造中央财政预算内资金 1.62 亿元，省、市（州）、县财政筹措资金 7.61 亿元，共计 9.23 亿元，用于集中安置非建档立卡户建房补助。

6. 搬迁群众建房自筹 9.22 亿元。其中，集中安置建档立卡户每户自筹 1 万元，同步搬迁的非建档立卡户每户自筹 3.5 万元。

（三）信贷资金运作

按照国家发展改革委、国务院扶贫开发领导小组办公室、财政部、国土资源部、中国人民银行《关于印发"十三五"时期易地扶贫搬迁工作方案的通知》（发改地区〔2015〕2769 号）要求，已成立的青海省扶贫开发投资有限责任公司作为承贷主体，注入资本金 17.83 亿元，其中，地方政府债券 11.89 亿元、国家专项建设基金 5.94 亿元。向国家开发银行和农业发展银行申请长期低息贷款 40.5 亿元（人均贷款 3.41 万元）。贷款期限 20 年，贷款利率按国家确定的基准利率执行，中央财政对贷款给予 90% 的贴息，省上承担 10% 的利息。贷款还款，省财政统筹地方可支配财力，支持投融资主体还贷，由青海省扶贫开发投资有限责任公司统贷统还。

七、保障措施

（一）加强组织领导

省扶贫开发工作领导小组负责全省易地扶贫搬迁的统一指挥和统筹协调。各市（州）党委政府要加强对所辖县（市、区）项目的统筹协调，对本地区项目负总责。县（市、区）党委政府是易地扶贫搬迁项目的实施主体和责任主体，要切实做好组织实施的各项工作。

（二）加强项目管理

县、乡要按照基层民主管理的要求，制定贫困群众参与项目的具体程序，组织贫困群众全过程积极参与项目的选择、规划、建设、管理、监督、验收、移交等工作，确保公开、公正、公平。一要严格建房管理。农业区必须由搬迁群众自主建设。牧区根据实际情况鼓励群众自主建设，确无自建能力的，在群众自愿的基础上，可由村委会或当地政府代建，严格遵守招投标程序。二要鼓励自主搬迁安置。项目村自主搬迁户，依据迁入地房产证或购房合同，并与县、乡、村多级签订相关法律文书后，一次性给予货币补助，同时对原宅基地进行复耕。三要强化工程质量管理。基础设施和公共服务设施建设要严格落实项目行政领导负责制、项目法人负责制、项目参建单位终身负责制、项目招投标制、项目监理制、行业工程技术管理制，具体通过行政责任书和经济合同的形式落实。四要加强监督检查。要进一步加大项目监督检查力度，及时发现和解决项目实施过程中存在的困难和问题。五要严格资金监管。进一步完善项目资金管理办法，建立健全项目资金台账，从严管理，防范风险，确保项目资金专款专用，严禁挤占、挪用、截留、冒领项目资金，切实发挥资金使用效益。

（三）明确责任分工

省发展改革委负责编制全省易地扶贫搬迁规划。省财政厅负责安排易地扶贫项目资金。省扶贫局负责组织实施项目。省国土资源厅保障易地扶贫项目用地指标，配套迁出区土地整理项目，落实增减挂钩政策，实现占补平衡。省住房城乡建设厅负责安排配套农村危旧房改造项目。省交通运输厅、省教育厅、省文化新闻出版厅、省卫生计生委、省环境保护厅、省水利厅、省通信管理局、省广电局、国网青海省电力公司按照各自职能，负责建设基础设施和公共服务项目。

青海省资产收益脱贫攻坚行动计划

根据省委、省政府《关于打赢脱贫攻坚战提前实现整体脱贫的实施意见》（青发〔2015〕19号）精神及其主要目标任务责任分工方案，结合实际，制定本行动计划。

一、对象范围

在发展产业脱贫行动计划确定的对象中，自身没有经营能力和发展产业选择难的建档立卡贫困人口，实施资产收益扶贫项目。

二、目标任务

通过资产收益扶贫，到2020年使每个自身没有经营能力和发展产业选择难的建档立卡贫困人口人均可支配收入达到国家扶贫标准，实现长期增收、稳定脱贫。

三、实现途径

结合实施产业脱贫项目，积极探索资产收益脱贫新模式，在不改变资金用途的情况下，财政专项扶贫资金和设施农牧业、特色养殖、扶贫产业园、乡村旅游、光伏建设等涉农资金项目形成的资产，以资产股权为纽带，折股量化给符合条件的贫困村和贫困户，赋予建档立卡贫困人口更加充分而有保障的财产权，拓宽其持续稳定的增收渠道。

（一）财政专项扶贫资金及其他涉农资金投入形成的商铺、市场和宾馆等纯资产，折股量化给建档立卡贫困户，产权归项目收益贫困户共同所有，由受益贫困户共同确定经营形式。

（二）按照政府与企业合作模式（即 PPP 模式），由企业在具备建设条件地区开展光伏农业扶贫和光伏电站扶贫，建设一批光伏设施农业、光伏农业大棚或利用荒山荒坡建设光伏电站，根据与企业签订协议进行利益分配。

（三）通过将土地、草场和财政专项扶贫资金及其他涉农资金作为资本金，以股权化方式融资到龙头企业、专业合作社等各类经营主体，建立特色产业经济实体，由经营主体统一经营，将产生的利润对建档立卡贫困户进行量化分红。既可按照"利益共享、风险共担"原则，以优先股的形式全部量化给贫困户，明晰双方持股比例按股分红；也可按照"负赢不负亏"的原则，对贫困户的分红以投入财政扶贫资金总量不低于 10% 的比例分红。量化股权给受益贫困户稳定脱贫后，收归扶持贫困户所在的村集体经济组织持有和管理，在村内继续扶持返贫人口和相对比较贫困的农牧户进行受益，确保资产滚动发展、长期发挥效益。

（四）有条件的贫困地区将水电、矿产等资源开发纳入资产收益扶贫范围，赋予土地、草场被占用的村集体股权，让贫困人口分享资源开发收益。

四、实施条件

（一）经营主体条件

农牧业龙头企业、农牧民专业合作社、家庭农牧场、能人大户等经营主体，自愿参与资产收益扶贫新模式，且管理规范、运行良好，切实保障贫困人口收益。通过资产收益扶贫模式，达到"经营主体增效、贫困人口增收"双赢目的。

（二）收益贫困人口条件

贫困人口自愿参与，主动接受资产收益扶贫方式，并与经营主体形成利益联结体，积极参与资产收益扶贫项目，并通过自己的劳动进一步提高收入。

五、政策措施

（一）充分保障贫困人口收益权

切实维护和保障贫困群众的知情权、参与权、选择权、监督权，确保贫困人口成为资产的使用者和受益者。各类经营主体、项目村和受益贫困户三方签订资产收益投资分红或入股分红协议，明确收益的贫困户、期限、标准等，保证建档立卡贫困人口受益。实行动态管理调整，定时将脱贫农牧户调整出列，同时纳入新的扶贫对象，对实现脱贫的农牧民户要给予一定巩固期，确保其稳定脱贫。享受资产收益项目的贫困人口不再享受产业扶贫项目。

（二）营造良好的资产收益环境

充分运用政策工具，为参与资产收益各类经营主体提供便利条件，吸引其积极参与项目。将参与资产收益扶贫项目的经济实体纳入金融扶贫贷款贴息范围，按照基准利率给予扶贫贷款贴息补助，降低融资成本。鼓励有劳动能力的贫困人口积极参与生产和创收活动。对于依托农牧龙头企业、农牧民专业合作社、家庭农牧场、能人大户实施的资产收益产业扶贫项目，要广泛吸收当地贫困人口务工或让贫困人口通过订单种植、标准化养殖等方式参与产品生产，辐射带动贫困户增收，提高资产收益项目对贫困户的回报率。

（三）完善资产风险防控体系

充分运用法律手段，将财政专项扶贫资金及其他涉农资金以投资或入股形成的资产，以经营主体自身形成的资产作抵押，且抵押资产大于财政扶贫资金投入的资产，经法律公证后，拨付项目资金，实施资产收益扶贫项目。经营主体所抵押的资产必须符合《中华人民共和国担保法》确定的可以抵押资产，不得将资产收益扶贫项目投资形成的资产作为抵押资产。同时，通过项目村与资产运营方签订资产保值增值协议，明确资产运营方保值增值责任。对出现运营方经营不善导致破产或不履行分红协议的可按照法律程序，优先偿还受益户，保障贫困人口的资产受益权。各类经营主体要将实施资产收益脱贫项目形成的资产纳入相应保险范围，保障因不可抗力导致资产损失后贫困人口的收益。

（四）加强利益分配监管力度

加强对资产收益扶贫项目的监督检查力度，充分发挥县级政府主体责任，构建以县财政和扶贫部门为主导，项目参与贫困农牧户、审计和农牧等各行业部门相互配合的多元监督体系。县扶贫和财政部门牵头，其他各行业部门配合，每个季度对参与资产收益扶贫项目的各类经营主体运营情况进行监督检查，评估运营情况，主动参与对贫困人口的分红，确保贫困人口受益。强化县级对资产收益扶贫项目的公示公告，建立村级公告、县级媒体公示和省、市（州）级备案的公示公告制。

青海省转移就业脱贫攻坚行动计划

根据省委、省政府《关于打赢脱贫攻坚战提前实现整体脱贫的实施意见》（青发〔2015〕19号）精神及其主要目标任务责任分工方案，结合实际，制定本行动计划。

一、对象范围

全省42个贫困县（市、区、行委）、1622个建档立卡贫困村的52万贫困人口中，具有劳动能力和转移就业意愿的富余劳动力（以下简称贫困家庭劳动力）。

二、目标任务

通过开展职业技能培训、转移就业、鼓励扶持自主创业、开发公益性岗位安置等措施，到2019年底，转移就业贫困家庭劳动力31.5万人（次），确保有富余劳动力的贫困户至少有1人实现转移就业；职业技能培训8.2万人（次），其中，农牧业生产技术培训1.5万人（次）、转移就业技能培训6.02万人（次）、劳务经纪人培训2000人（次）、致富带头人培训4800人（次）；鼓励扶持自主创业400人；开发公益性岗位安置2000人。

三、进度安排

紧紧围绕"四年集中攻坚，一年巩固提升"的总体部署，精准扶贫转移就业按照四年期（2016—2019年）规划实施。2016年计划转移就业5万人，技能培训3.15万人（次），鼓励扶持有创业意愿和能力的贫困劳动力创业100人，开发公益性岗位1000个。

2017年在巩固上年已转移就业人员的基础上，计划转移就业2.5万人，技能培训2.5万人（次），鼓励扶持有创业意愿和能力的贫困劳动力创业100人，开发公益性岗位1000个。2018年在巩固上年已转移就业人员的基础上，计划转移就业1.5万人，技能培训2万人（次），鼓励扶持有创业意愿和能力的贫困劳动力创业100人。

2019年在巩固上年已转移就业人员的基础上，计划转移就业1万人，技能培训 1 万人（次），鼓励扶持有创业意愿和能力的贫困劳动力创业 100 人。

以上年度转移就业和培训计划为全省指导性安排，具体计划根据各地需求和有转移就业意愿人数等情况另行下达，由县（市、区、行委）人社部门会同财政、农牧和扶贫部门具体组织落实。各市（州）人社等部门要指导所属县（市、区、行委）结合 1622 个建档立卡贫困村贫困户劳动力数量、培训需求和就业意愿，按年度据实确定转移就业和培训任务，确保实现转移就业 1 人、脱贫 1 户的目标。

四、政策措施

（一）开展技能培训，提高转移就业能力

1. 整合培训资源。各市（州）人社部门要发挥城乡劳动力技能培训统筹管理平台作用，将人社部门实施的城乡劳动力技能促就业计划、农牧部门开展的新型职业农牧民培育、扶贫开发部门实施的"雨露计划"等，统筹纳入当地贫困劳动力培训计划，整合各类培训项目，根据贫困劳动力培训意愿和市场需求，分类分层开展职业技能培训。按照政府购买培训成果的政策规定，确定培训机构，落实培训主体，有针对性地开展订单定向式培训。

所需资金按原渠道列支，实现职业技能培训或职业教育全面覆盖到贫困家庭每个有就业能力和就业意愿的劳动力。要依托对口援青平台，采取请进来、送出去等方式，引导省外优势培训资源开展贫困劳动力职业技能培训，提高培训质量。

2. 提高培训精准性。各市（州）要依托基层扶贫开发、农牧技术推广机构和公共就业服务平台，深入贫困户家庭开展培训需求调查，侧重培训周期短、易学易会、脱贫增收见效快的"短平快"职业技能。要利用农闲时间，开展就业技能培训，使务农和技能培训"两不误"，实现技能和收入"两提高"。鼓励农村贫困家庭子女初、高中毕业后接受职业教育，对暂未找到就业岗位的贫困家庭劳动力组织开展以"订单定向"为主的技能培训。鼓励优质培训机构根据贫困家庭劳动力地域分布，就近就地开展培训，学员不足的可因地制宜小班培训。支持具有双语教学能力的培训机构参与牧区贫困家庭劳动力技能培训，提高培训实效性。鼓励企业对招用的贫困家庭劳动力开展岗前培训，对拟招用贫困家庭劳动力提前进行一年期以上订单培训，培训结束后安排其就业。鼓励开展劳务经纪人和致富带头人培训，使其带领更多贫困家庭劳动力脱贫致富。一产培训力争使贫困家庭劳动力能掌握 1 至 2 项农牧业生产技术，提高生产效率；二三产就业技能培训合格率要到达到 90%，培训后当期就业率不低于 70%。

3. 落实培训政策。贫困地区就业困难人员和三江源地区农牧民，培训期间每人每天给予 20 元的生活费补贴；异地参加培训的，按市（州）外省内 300 元、省外 800 元给予每人一次性交通和住宿费补贴，减轻家庭负担。涉藏地区六州和六盘山贫困地区，就业技能培训课时和补贴标准向上浮 10%。企业新招聘贫困家庭劳动力并与其签订 6 个月以上劳动合同的，自劳动合同签订之日起 6 个月内开展岗前培训的，按每人 600 元给予企业职业培训补贴。企业采取校企合作等方式开展劳动预备制培训的，培训 1 至 2 年的按物价部门确定的年学费标准给予企业或培训机构 1 年的培训补贴，3 年及以上的给予 2 年的补贴。参加职业技能鉴定的，按规定给予鉴定费补贴，实现培训与鉴定的有效衔接。

4. 加强绩效考评。严格执行培训质量监管、发放使用培训券、培训信息实名管理等制度，强化培训过程监管，确保培训质量和效果。落实城乡劳动力技能培训绩效考核办法，突出培训合格率、培训就业率的考核，严格兑现奖罚。对绩效考评好的培训机构给予招投标加分政策，实现培训与就业的有效对接，促进培训效益提升。

（二）多措并举，鼓励转移就业

1. 鼓励企业吸纳就业。对各类企业新增就业岗位吸纳贫困家庭劳动力，签订 1 年以上劳动合同并缴纳社会保险费的，在劳动合同期内给予企业不超过 5 年社保补贴和 1000 元的一次性奖励。对劳动密集型小微企业当年新招用贫困家庭劳动力达到企业现有职工总人数 20%（超过 100 人的企业达到 10%）以上，并签订 1 年以上劳动合同的，给予最高 200 万元的创业担保贷款。

2. 加大转移就业力度。鼓励中介机构输送贫困劳动力就业。对组织推荐贫困家庭劳动力就业，与用人单位签订 1 年以内、2 年和 3 年以上劳动合同，分别按每人 200 元、300 元和 400 元的标准给予职介机构一次性职业介绍补贴。鼓励劳务经纪人带动贫困劳动力转移就业。通过开展劳务经纪人培训和鼓励发达地区劳务经纪人到贫困地区进行传帮带等方式，加强劳务经纪人队伍建设，力争每个贫困村培养 1 至 2 名劳务经纪人。按照"先就业后奖励"的原则，劳务经纪人组织带领本县、乡贫困家庭劳动力转移就业6个月（含）以内的、6个月到1年的、1年以上的，分别按照每人50元、100元、200元的标准，对劳务经纪人进行奖励。对组织带领就业困难人员转移就业的，在上述奖励的基础上每人再增加50元。加强驻外劳务服务站和基地建设。各县要建立健全驻外劳务办事机构，充分调动和发挥驻外办事机构的职能作用，做好对外出务工农民工的跟踪服务与管理；加强与驻地人社、司法、工会等部门的协作，协助驻地有关部门及时开展法律援助，妥善处理劳务纠纷、工资拖欠、工伤事故及突发事件的善后工作；做好驻地企业用工信息的采集、审核和传递，积极拓展市外劳务输出渠道，引导农民工转移就业；积极协助相关部门开展对外出农民工的民政救济、困难帮扶、证照办理、党团管理、大规模运输协调等工作。做到贫困家庭劳动力输出有组织、求职有服务、就业有技能、创业有平台、权益有保障。对发挥作用突出的驻外劳务输出机构，采取以奖代补的方式给予资金支持。

3. 做大劳务品牌。充分发挥地方主导产业吸纳贫困劳动力就业的作用，通过财政投入、就业培训、金融支持、提供市场服务等方式，扶持发展带动当地劳动力转移就业能力强的特色产业，支持有条件的地方建设扶贫产业园，促进贫困家庭劳动力有序转移就业。在巩固提升"拉面经济""金秋采棉""枸杞采摘"等传统劳务品牌的同时，做大做强"土乡农家乐""热贡艺术"等劳务品牌。大力开展劳务品牌宣传，提升品牌实力，扩大品牌效应，提高转移就业的质量和水平。

4. 强化能人带动。支持农民工、大学生和退役士兵等人员返乡创业，发展农牧民专业合作社、家庭农牧场等新型经营主体。凡通过创业带领贫困家庭劳动力就业的创业人员，按规定给予3年期限创业担保贷款并予以贴息。

5. 适度开发扶贫公益性岗位。在全省365个乡（镇），每个乡（镇）开发1个公益性岗位，专职负责转移就业相关工作。在1622个建档立卡贫困村，每村开发1个公益性岗位安置贫困家庭劳动力，专职从事转移就业扶贫工作。公益性岗位由各市（州）、县（市、区、行委）进行统筹规划，报省人社部门批复后实施。公益性岗位招聘坚持"面向贫困户、公开招聘、择优聘用"原则，由乡（镇）政府研究制定招聘方案，报经县级政府审核同意，由县级公共就业服务机构具体实施。乡（镇）政府要精心组织，做好报名、资格审查、择优聘用等工作。拟聘人选确定后及时在所在村或乡（镇）公示 7 天以上，无异议后正式聘用。提出异议的，主管部门认真核查，严格按规定处理。

6.加强用工岗位信息宣传对接工作。各级人社部门要及时收集和更新当地企业用工信息，通过乡（镇）综合服务中心、村政务公开栏以及"青海省农牧信息化综合服务平台"发布。要充分发挥基层就业服务平台的作用，以开展"就业援助月""春风行动""民营企业招聘周"等公共就业服务活动为契机，积极搭建用工对接平台，有针对性推荐贫困家庭劳动力就业，切实增强当地主导产业吸纳贫困家庭劳动力就业的能力。政府投资项目和各类园区要优先吸纳当地贫困家庭劳动力就业。乡（镇）政府负责需求分类、岗位筛选、信息发布等服务工作。

（三）加大扶持，鼓励创业脱贫

1.加大创业担保贷款扶持力度。贫困家庭劳动力自主创业的，给予不超过 10 万元的担保贷款。合伙经营的按照出资人人数累加，给予总额不超过 100 万元担保贷款。创业担保贷款期限不超过 3 年，确需延期的，贷款人必须在贷款到期前 1 个月提出申请，展期期限不超过 1 年，展期不贴息。

2.充分发挥创业促就业扶持资金作用。对自主创业、取得营业执照并正常经营三个月以上的贫困家庭创业者，给予一次性创业补贴和奖励。其中对自主创业的给予 2000 元的补贴，对两人及以上合伙创业的给予 3000 元的补贴，对在省内从事个体经营、创办小微企业或网络商户，依法登记注册，领取营业执照并正常经营 1 年以上的，给予 5000 元的一次性奖励，同时给予免费创业培训和指导。对初次创业、兴办实体、从事个体经营的，落实农民工创业有关税收优惠政策。对开办"网店"的，可认定为灵活就业人员，享受灵活就业人员扶持政策。

五、责任落实

（一）加强领导，形成合力

各级人社部门在扶贫部门精准识别的基础上，组织开展调查摸底工作，掌握贫困人员年龄结构、劳动力数量、分布等情况，收集贫困家庭劳动力就业状况、就业意向及培训愿望等信息，建立就业台账，实行动态管理。人社部门负责将贫困地区劳动力技能培训列入全省年度培训方案，会同农牧、扶贫、财政等部门开展督促检查和考核评估。农牧部门负责落实农牧业生产技术培训任务。扶贫部门负责落实"雨露计划"培训、贫困家庭"两后生"职业学历教育及贫困村致富带头人培训任务。财政部门负责资金筹措和监管，切实提高资金使用效率。

（二）制定方案，分级实施

省人社部门负责协调农牧、扶贫等部门，统筹制定下达精准扶贫技能培训和转移就业目标任务；市（州）人社部门统筹本地区转移就业方案制定和实施，分解下达目标任务，督促贫困县（市、区、行委）制定计划、抓好落实。县（市、区、行委）人社部门负责开展本地区劳动力培训、转移就业计划的实施，明确职责、细化目标、分解任务、落实政策，确保有序推进。各地计划方案逐级上报扶贫、人社部门备案。

（三）管好资金，落实政策

各地各部门要充分利用好各类扶持资金，畅通支出渠道，加强资金监管，确保资金使用效益。农牧部门负责筹措和管理新型职业农牧民培育资金；扶贫部门负责筹措和管理"雨露计划"、贫困家庭"两后生"职业学历教育资助和贫困村致富带头人培训资金。三江源地区农牧民技能培训期间生活费、交通住宿费等补贴，从生态补偿资金中列支。人社部门实施的城乡劳动力技能培训补贴、职业技能鉴定补贴、职业介绍补贴、劳务经纪人奖励、首次创业补贴、创业一次性奖励、企业新增就业岗位吸纳贫困家庭劳动力就业社保补贴和一次性奖励、公益性岗位相关补贴，按照《关于青海省就业创业资金使用管理及有关问题的通知》（青人社厅发〔2015〕129号）规定的标准和申报程序，从就业专项资金中列支。

（四）总结经验，加强宣传

就业扶贫涉及的政策多、范围广，各地各部门要结合实际，多渠道、多方式宣传政策举措，确保就业扶贫政策不折不扣落实到位。要及时总结经验、树立典型，营造全社会支持扶贫、参与扶贫的良好氛围。

青海省医疗保障和救助脱贫攻坚行动计划

根据省委、省政府《关于打赢脱贫攻坚战提前实现整体脱贫的实施意见》（青发〔2015〕19号）精神及其主要目标任务责任分工方案，结合实际，制定本行动计划。

一、对象范围

全省42个贫困县（市、区、行委）、1622个建档立卡贫困村的52万贫困人口中，实施医疗保障和救助脱贫攻坚行动。

二、目标任务

2016年至2020年，实施贫困人口就医"一减七免"、医疗精准扶贫"十覆盖"政策，切实减轻贫困人口就医负担；建立参保专项补助制度，确保贫困人口全部纳入医疗保险范围，充分享受医疗保险待遇；实施贫困人口医疗救助和重特大疾病医疗救助政策，进一步提高医疗救助水平，发挥医疗保障和救助政策的集成优势。

三、政策措施

（一）实施贫困人口就医优惠政策

1. 全省各医疗机构全面实施贫困病人就医"一免七减"政策。建档立卡贫困人口看病就医，予以免普通挂号费，住院病人药费、诊查费、检查费、检验费、麻醉费、手术费、住院床位费减免10%。

2. 实施医疗服务"十覆盖"。建档立卡贫困人口免费白内障复明手术全覆盖，资助贫困先天性心脏病患儿手术全覆盖，包虫病免费药物治疗和手术费用补助全覆盖，贫困地区孕产妇住院分娩补助全覆盖，贫困地区育龄妇女补服叶酸全覆盖，新生儿疾病筛查和儿童营养改善项目全覆盖，贫困地区免费孕前优生健康检查全覆盖，贫困地区计划生育免费技术服务全覆盖，贫困人口疾病应急救助全覆盖，对"三无"人员及时给予医疗救治、贫困地区65岁以上老年人免费健康体检全覆盖。

（二）健全城乡居民医疗保险制度体系

1. 完善城乡居民医保筹资缴费机制。在提高城乡居民医保筹资水平的同时，明确政府与个人责任分担，同步提高财政补助和城乡居民个人缴费标准，统一城镇居民和农牧民参保个人缴费、财政补助标准，使参保人员个人缴费达到合理水平。

2. 提高城乡居民医保统筹水平。加快统一城乡居民医保政策，全面实现城乡居民医保统筹，提高城乡居民医保基金支撑能力，确保参保城乡居民医保待遇支付。统一城镇职工、城乡居民医保和大病保险诊疗项目与医疗服务设施目录，努力消除医疗保险城乡待遇差。

3. 推进医保支付方式改革。在全面实行医疗保险付费总额控制的基础上，积极推进按病种、按定额、按人头、按床日等复合型支付方式改革，控制医疗费用过快增长，提升基本医保保障绩效，减轻贫困人口医疗负担。

4. 提升就医即时结算服务能力。依托全民健康保障一体化信息网络系统，加强医保待遇、就医管理的统一，促进信息系统的一体化衔接，进一步完善省内跨统筹地区就医结算办法和经办流程，实现参保人员省内异地就医即时结算。

5. 实施贫困人口参保专项资助政策。对贫困人口参加城乡居民基本医保个人缴费部分，由民政部门从各级财政安排的城乡医疗救助资金中给予全额资助，确保贫困人口全部参保并享受待遇。贫困人口参保个人缴费的资助资金须在当年 3 月底前由民政部门划转到参保地人社部门医保经办机构。

（三）加大贫困人口医疗救助帮扶力度

1. 落实贫困人口重大疾病门诊救助政策。贫困人口因恶性肿瘤需放化疗、慢性肾功能衰竭需肾透析（终末期肾病透析）以及器官移植后抗排异治疗和血友病等重大疾病，在门诊治疗发生的政策范围内费用，经基本医疗保险报销后，剩余部分按 80% 给予医疗救助，特困供养对象给予 100% 救助，每人每年门诊救助限额为 1 万元。

2. 落实贫困人口住院救助政策。贫困人口在定点医疗机构住院期间发生的医疗费用，经政策减免、基本医疗保险、城乡居民大病医疗保险报销后，不设起付线，剩余政策范围内或合规医疗费用，给予 80% 救助，特困供养对象给予 100% 救助，每人每年救助限额为 5 万至 6 万元。

3. 落实贫困人口重特大疾病救助政策。患重特大疾病贫困人口在定点医疗机构住院发生的医疗费用，经政策减免、基本医疗保险和大病医疗保险报销或事故责任方赔付后，年度内个人承担费用（含自费部分）累计超过 3 万元以上部分，按 60% 给予救助，每人每年救助限额为 10 万元。

（四）进一步提高医疗保障与救助服务质量

1. 加强政策有效衔接。逐步完善"一站式"医疗保障和救助服务模式，促进医疗服务、医保保障、医疗救助和扶贫政策的有效衔接，确保贫困人口就医同步享受基本医保、大病保险和医疗救助等各项惠民政策，解决贫困人口就医跑腿垫资问题，最大限度减轻贫困人口负担。

2. 建立贫困家庭医疗保障联系制度。扶贫和民政部门对辖区内贫困家庭人口、民政救助对象逐家逐户登记造册，建立台账，实施动态跟踪管理，并于每年 2 月底前将贫困人口信息数据反馈人社部门、财政部门，确保将贫困人口全部纳入医疗保障覆盖范围，提高医疗保障和救助行动的精准性和针对性。

四、保障机制

（一）加强组织领导

医疗保障和救助脱贫行动计划，要按照省级统筹安排、市（州）协调推进、县级主体责任的原则，建立由省、市（州）、县三级扶贫开发领导小组办公室牵头，卫生计生、人社、民政、财政共同组成的工作机制，加强医疗保障和救助脱贫行动计划实施的组织领导，统筹安排和整体推进各年度、各阶段的工作，协调解决行动计划实施中出现的新情况、新问题，确保各项政策措施全面落实，行动计划扎实有效。

（二）明确责任分工

各地各相关部门要密切配合，通力合作，加强沟通衔接，形成工作合力，共同实施好脱贫行动计划。扶贫部门要发挥牵头抓总、统筹协调作用，加强脱贫行动计划实施的指导、检查、推进，加强与各部门工作衔接，做好贫困人口确认工作，明确贫困人口身份标识，及时将有关信息反馈人社、民政、财政、卫生计生等部门。人社部门依据扶贫部门的信息，协调民政、财政部门及时拨付资助资金，确保贫困人口全部参保，及时兑现贫困人口医保待遇；卫生计生部门要不断提高贫困地区基层医疗机构卫生服务能力建设，落实各项减免政策，加强对医疗服务行为的监管，控制医疗费用过快增长；民政部门要认真落实贫困人口医疗救助政策，及时落实相关待遇，拨付贫困人口参加城乡居民医保个人缴费资助资金；财政部门要及时拨付城乡医疗救助资金，做好贫困人口医疗保障和救助脱贫行动计划的资金保障和监管工作。

（三）加强医疗保障和救助管理工作

各地各部门要认真核实贫困人口身份，严防骗取医保基金和贫困人口优惠政策的行为，对不符合优惠政策享受条件的人员，一经查实，依法追究相关单位经办人员和假冒对象的责任，追回骗取资金，并按规定暂停其相关医疗保障、救助等待遇，情节严重的，移交司法机关依法处理。

青海省教育脱贫攻坚行动计划

根据省委、省政府《关于打赢脱贫攻坚战提前实现整体脱贫的实施意见》（青发〔2015〕19号）精神及其主要目标任务责任分工方案，结合实际，制定本行动计划。

一、对象范围

全省42个贫困县（市、区、行委）、1622个建档立卡贫困村的52万贫困人口中，不同学龄段在校学生和有技能培训需求的劳动力人口。

二、目标任务

紧紧围绕"四年集中攻坚，一年巩固提升"的总体部署，加快实施教育脱贫工程，让贫困家庭子女都能接受公平有质量的教育，阻断贫困代际传递。坚持全面覆盖、精准到人的原则，以提高贫困人口受教育年限和劳动者技术技能为重点，努力构建到村、到人的教育精准脱贫体系。全面普及15年免费教育，积极发展学前教育，均衡发展义务教育，基本普及高中阶段教育，大力发展职业教育。实施教育强民、技能富民的精准脱贫举措，促进贫困家庭脱贫致富。到2019年，贫困地区学前三年毛入园率达到85%，九年义务教育巩固率达到95%，小学辍学率控制在0.5%以下，初中辍学率控制在1.2%以下，高中阶段毛入学率达到90%。其中，青南地区贫困县学前三年毛入园率达到70%，高中阶段毛入学率达到80%。贫困地区教育基本公共服务水平达到全省平均水平。

（一）学前教育

到 2019 年，实现"两个全覆盖"，即有 20 名以上学前幼儿建档立卡贫困村学前教育资源全覆盖，贫困家庭子女接受学前三年教育免除保教费政策全覆盖。

（二）义务教育

到 2019 年，实现"两个所有"，即贫困县（市、区、行委）所有义务教育学校办学条件基本达到《青海省全面改薄基本办学条件标准》，教学点基本达到《青海省教学点办学标准》，所有贫困县全面实现县域内义务教育均衡发展。

（三）高中阶段教育

到 2019 年，实现"两个达标"，即贫困地区普通高中办学条件基本达到《青海省标准化中小学校办学标准》，公办中等职业学校办学条件基本达到国家标准，满足贫困家庭子女接受职业教育和职业培训需求。

三、进度安排

根据省政府确定的年度脱贫计划，结合学前教育二期三年行动计划和全面改善贫困地区义务教育薄弱学校基本办学条件，统筹中央和省级项目资金，分年度、有重点支持脱贫县教育项目建设，实施好教育脱贫行动计划方案。

2016 年，教育建设项目重点向同德县、河南县、都兰县及海西州大柴旦、冷湖、茫崖行委 6 个贫困县（行委）、400 个贫困村倾斜，各项教育发展指标达到目标要求。实施 15 年免费教育。省属高校贫困地区专项招生计划精准到县，同等条件下优先录取贫困家庭子女。基本满足初、高中毕业后的"两后生"接受职业教育或职业培训需求。建立贫困家庭学龄人口、"两后生"职业教育和劳动力培训档案。

2017 年，教育建设项目重点向平安区、循化县、刚察县、同仁县、玛多县、玉树市、称多县、德令哈市、格尔木市、乌兰县、天峻县 11 个贫困县（市、区）、500 个贫困村倾斜；各项教育发展指标达到目标要求，完善教育结对帮扶机制。加强高中阶段教育资源建设，强化义务教育控辍保学，提升高中阶段教育普及水平。

2018 年，教育建设项目重点向大通县、湟中县、湟源县、互助县、贵南县、祁连县、海晏县、尖扎县、玛沁县、久治县、杂多县、治多县 12 个贫困县、

500 个贫困村倾斜；各项教育发展指标达到目标要求，基本实现贫困县长期保留的学校和教学点办学条件达标。

2019 年，教育建设项目重点向民和县、乐都区、化隆县、共和县、贵德县、兴海县、门源县、泽库县、甘德县、达日县、班玛县、囊谦县、曲麻莱县 13 个贫困县（区）、222 个贫困村倾斜，基本实现贫困县（区）各项教育发展目标，基本实现贫困县（区）义务教育均衡发展。

2020 年，进一步做好教育脱贫攻坚巩固提升工作，全面实现各项目标任务要求。

四、主要措施

（一）扩大贫困家庭子女接受教育的机会

1. 不断扩大学前教育资源覆盖面。依照《青海省幼儿园基本办园标准（试行）》，采取新建、改扩建幼儿园、设置学前班、建立巡回支教点以及在边远、高寒且人口分散的牧区举办流动幼儿园或幼儿季节班等方式，积极发展学前教育，逐步实现建档立卡贫困村学前教育资源全覆盖。对易地搬迁贫困村，根据人口规模和年度搬迁计划，按标准设置学前教育机构，为适龄贫困地区幼儿接受学前教育创造条件。

2. 改善办学条件。加快实施全面改善贫困地区义务教育薄弱学校基本办学条件项目，探索建立乡村小规模学校办学机制和管理办法，努力办好必要的教学点，保障贫困地区农村儿童就近入学。统筹发展高中阶段教育，实施普通高中建设攻坚计划，支持改扩建一批普通高中，加强实验室、图书馆、体育场等建设，配齐教学仪器设备和图书。实施中等职业学校达标建设，加强有专业特色并适应市场需求的中等职业学校建设，培养技术技能型人才，促进贫困人口就业，提高脱贫致富能力。

3. 全面普及 15 年免费教育。从 2016 年春季开学开始，对涉藏地区六州所有学生和西宁、海东两市贫困家庭学生实施 15 年免费教育。对学前 3 年免除保教费；对义务教育 9 年免除学杂费和教科书费，对寄宿生给予生活补助；对高中阶段 3 年（普通高中、中职）免除学杂费和教科书费，继续提供助学金。同时逐步建立城乡统一、重在农村贫困地区的义务教育经费保障机制，对流动人口中在城镇就读的义务教育阶段贫困家庭子女实现"两免一补"和生均公用经费基准定额资金随学生流动。继续实施农村义务教育学生营养改善计划，"三江源"异地奖补政策。进一步完善奖（助）学金、助学贷款等多元高等教育资助体系，对建档立卡贫困家庭大学生优先予以资助，优先安排助学贷款，做到应助尽助。

4.加强贫困地区民族教育。科学稳妥推进双语教育，建立健全从学前到中小学各阶段有效衔接，教学模式与学生学习能力相适应，师资队伍、教学资源满足需要的双语教学体系，确保少数民族学生基本掌握国家通用语言文字，提高少数民族语言文字教学水平。实施双语特岗教师计划，大力培养双语兼通、"双师型"教师，切实增强民族地区学生就业升学能力。充分发挥对口援青省、市智力优势，加大省内外异地办学的支持力度，稳定普通高中省外异地办班规模，积极扩大异地职业教育办班规模，争取对口支援省、市面向我省招收"中高职贯通"学生。

5.关爱特殊困难儿童教育。根据国务院《关于加强农村留守儿童关爱保护工作的意见》（国发〔2016〕13号）精神，加大教育部门和学校关爱保护力度，强化父母和其他监护人的监护责任，发挥教育、共青团、妇联等组织的作用，对留守儿童、残疾儿童、贫困生开展助学关爱活动。农村寄宿制学校优先满足留守儿童就学、生活和安全需要。按照"以流入地为主、以公办学校为主、属地管理"的原则，确保流动人口子女就近入学。加大投入，完善政策措施，为贫困家庭子女在西宁市初、高中学校异地上学创造条件。提高贫困地区残疾儿童教育普及水平，到2019年贫困地区视力、听力、智力残疾儿童义务教育入学率达到90%。按照"一人一案"的要求，保障其接受义务教育，积极扩大普通学校随班就读规模。

6.加快教育信息化建设步伐。到2018年，实现贫困县（市、区、行委）所有中小学宽带网络到校，优质教育资源"班班通"，教学点数字教育资源全覆盖。推进"三个网络课堂"建设，落实教师教育信息技术能力提升工程，深化信息技术与教育教学深度融合，让贫困地区学生享受优质数字教育资源，促进教育公平，提高教育质量。

（二）强化贫困地区控辍保学工作

1.依法加强控辍保学。按照省政府办公厅《关于加大控辍保学力度全面提高义务教育普及水平的通知》（青政办〔2015〕141号）精神，进一步落实县级政府责任，加强教育执法，建立政府、学校、家庭、社区（村两委）联保联控机制，健全贫困地区义务教育阶段学生辍学报告、劝返和问责制度。健全学籍管理制度，不断巩固提高贫困地区义务教育阶段学生入学率和巩固率，解决好未成年人入寺院和不能接受义务教育问题。

2. 建立健全贫困家庭子女教育档案。掌握贫困家庭子女受教育程度，积极帮助贫困家庭适龄人口接受学前教育，确保完成九年义务教育，鼓励接受中等职业教育，支持接受高等职业教育。将初中毕业生升学率作为考核地方政府的重要指标，初中毕业生升学率不低于90%，提高贫困地区人口受教育水平。

（三）着力加强贫困地区技术技能人才培养

1. 增强职业教育吸引力。拓宽中职升高职通道，实施高等职业教育贫困家庭子女资助政策，提高贫困家庭中职学生升入高职院校比例。鼓励农牧区贫困家庭子女初、高中毕业后的"两后生"接受职业教育，满足"两后生"接受职业教育及农牧民职业技能培训需求，增强贫困人口脱贫致富职业技能。加大职业技能提升计划和贫困户教育培训工程实施力度，引导企业扶贫与职业教育相结合。在西宁、海东、海西等产业发展集聚地区，结合城镇化规划，对接产业发展、工业园区、经济开发区等建设职业学校，支持六州各建设一所中职学校，重点支持一批社会有需求、就业有保障的特色优势专业，最大范围吸纳贫困家庭学生接受职业教育，加快贫困地区技术技能人才培训和劳动力转移。积极探索学校食堂与农户或合作社对接，助农增收脱贫。

2. 做好贫困家庭职业教育毕业生和大学生就业帮扶工作。加强对家庭贫困学生就业指导、宣传引导和咨询服务，提供更多的实习实践机会，着力提高他们的职业素养和就业能力。举办贫困家庭毕业生就业专场招聘活动，争取"一对一"就业推荐服务，帮助家庭贫困毕业生及时充分就业。面向贫困地区农村开展公益性继续教育，打造"一村一名大学生计划"，为贫困县每一个行政村培养若干后备干部、创业青年和致富带头人。

（四）高校招生政策向贫困地区倾斜

1. 实施专项招生计划。积极落实教育部所属高校和省内外重点高校面向我省贫困地区的专项招生计划。省属高校贫困地区专项招生计划精准到县，同等条件下优先录取贫困家庭子女。省内高等职业院校40%以上的自主招生计划面向省内贫困县（市、区、行委）和全省普通高中、中职学校，实施单独考试招生、单独录取。

2. 加大小学全科教师和村医的培养力度。青海师范大学和青海民族大学师范类招生计划中每年安排一定比例的小学教育（全科）专业计划，重点为贫困地区乡村学校培养下得去、留得下、教得好的一专多能教师。实施"村来村去"中高职免费定向村医培养计划，每年招收 400 名左右医药卫生类学生。

（五）进一步加强贫困地区教师队伍建设

1. 加强乡村教师队伍建设。贯彻落实《青海省乡村教师支持计划（2015—2020 年）实施办法》，通过"省定标准、市州考招"，为贫困地区乡村学校配置合格师资，从源头上保证新聘教师质量。对贫困县（市、区、行委）的乡村学校教师在职称评聘、培训进修、评优提职和待遇等方面进行倾斜。鼓励退休教师到贫困地区乡村幼儿园、中小学开展支教。在政府购买学前教育服务项目上加大向举办学前教育贫困村的倾斜力度，逐步达到保教人员配置标准。全面落实国家连片特困地区乡村教师生活补助政策，进一步提高贫困地区乡村教师生活待遇，改善乡村教师住房条件。建立乡村教师荣誉制度，完善乡村教师表彰机制。

2. 加强教师培训和支教工作。"国培计划""省培计划"项目重点向贫困地区倾斜。通过集中培训、跟岗研修、远程培训、送教下乡、专家指导、校本研修等方式，增强培训的针对性和实效性。加强音、体、美等紧缺学科教师和双语教师培训，提高贫困地区中小学教师业务素质。推动城乡教师合理流动和对口支援，继续按照不低于城镇教师总数 2% 的比例，有计划地选派西宁、海东等地教师到青南边远地区支教；继续组织实施青海师范大学、青海民族大学本、专科师范生顶岗支教实习工作，同时加大支教贫困地区乡村教师置换培训力度，形成可持续发展的长效机制。

（六）完善各级教育结对帮扶机制

1. 建立基础教育结对帮扶机制。由市（州）、县级教育部门统筹，建立区域内城镇学校、幼儿园"一对一"或"多对一"结对帮扶乡镇以下学校和幼儿园，积极协调对口支援地区或省外学校、幼儿园结对帮扶区域内学校幼儿园。建立合作交流机制，推进校长、教师进修培训、挂职锻炼，开展校本教研，探索集团办学，扩大优质教育资源覆盖面。

2. 完善职业教育结对帮扶机制。充分发挥六省、市对口援青政策优势，在六省、市 6 个职业教育集团及 12 所民办高校对口支援我省涉藏地区六州各一所中职学校的基础上，拓宽对口帮扶形式，加大特色专业建设和教师培训力度，提升学生创业就业能力。建立对我省东部地区各县中等职业学校结对帮扶机制，协调国家东部地区一个职教集团对口帮扶我省东部地区贫困县一所中等职业学校。

3. 建立贫困家庭学生结对帮扶机制。依托大学生志愿者服务西部计划、暑期三下乡社会实践等活动,动员大学生志愿者与农村贫困学生建立"一对一"长期结对帮扶关系。鼓励开展多种形式的社会公益活动，动员社会志愿者与片区贫困学生建立"一对一"长期结对帮扶关系。县级教育行政部门统筹建立校长、教师"一对一"对口帮扶农村留守儿童的工作机制。

五、责任落实

（一）加强省级有关部门间的协调配合

按照"谁主管，谁负责"的原则，做到分工负责、各司其职、齐抓共管。省教育厅根据教育脱贫行动计划制定年度工作计划，统筹教育资源，完善项目管理措施，着力改善办学条件，努力提升办学质量，推进工作目标如期实现。省发展改革委将贫困地区农村学前教育、义务教育、职业教育发展纳入全省国民经济社会发展规划和相关专项规划，积极争取中央政策和项目支持。省财政厅建立健全经费保障机制，协调落实中央支持基础教育和职业教育专项资金，加大政府购买教育服务力度，统筹相关财政资金，加强资金监管。省扶贫局积极争取国家扶贫项目支持，统筹扶贫开发有关配套政策，支持教育脱贫工作，监督检查扶贫开发规划的实施，指导和监督扶贫资金的使用。省编办、省人力资源社会保障厅进一步完善中小学教师招录补充机制，落实好教师职称晋升和待遇保障政策，指导贫困地区落实毕业生就业政策。省卫生计生委负责免费定向村医培养计划、生源组织、签订定向就业协议等工作。省农牧厅负责培养新型职业农牧民工作。

（二）强化市（州）教育部门统筹监督职能

按照"省负总责、市州推进"的要求，市（州）教育部门加强教育脱贫统筹工作，制定脱贫规划和年度实施计划，加强监督检查。督促各地在落实普惠性政策的同时，针对不同对象精准识别、精准施策，因地因人实施教育帮扶特惠性政策。根据各级各类教育特点和要求，统筹落实好项目、资金，协调解决工作推进中的困难问题。落实职业教育发展任务，确保如期实现普及高中阶段教育发展目标。

（三）抓好县级推进落实工作

按照"县抓落实、扶持到校、资助到生"的要求，县级教育部门负责建立精准到人的贫困学生台账，制定年度任务目标和实施计划，细化工作职责，强化目标管理，做到精准识别、精准施策、精准帮扶；落实各类教育项目建设主体责任，详查办学条件现状，逐校核实办学条件缺口，改善办学条件，确保如期实现学前教育、义务教育各项发展指标。

（四）层层签订脱贫攻坚责任书

省教育厅与各贫困县（市、区、行委）教育部门签订教育脱贫责任书，县与乡镇和学校（幼儿园）签订责任书，层层落实工作责任，建立目标责任考核机制和年度脱贫攻坚报告及督查制度，加强督查问责。

青海省低保兜底脱贫攻坚行动计划

根据省委、省政府《关于打赢脱贫攻坚战提前实现整体脱贫的实施意见》（青发〔2015〕19 号）精神及其主要目标任务责任分工方案，结合实际，制定本行动计划。

一、对象范围

全省 42 个贫困县（市、区、行委）、1622 个建档立卡贫困村的 52 万贫困人口中，实施"两线合一"低保兜底脱贫攻坚行动计划。

二、目标任务

按照推进精准扶贫、精准脱贫要求，进一步加强最低生活保障制度与扶贫政策和其他社会保障制度的衔接，落实最低生活保障政策和各项扶贫帮扶措施，充分发挥低保制度的"兜底"作用，确保全省贫困人口按期实现整体脱贫，与全省人民同步迈入小康社会。

三、进度安排

从 2015 年底起，逐年提高农村牧区低保标准，实现农村低保标准与扶贫标准的"两线合一"。到 2019 年，农村低保标准达到 4000 元以上。

2016 年底，11 万贫困人口（农村低保对象）实现脱贫，农村最低生活保障 41 万人。

2017 年底，14 万贫困人口（农村低保对象）实现脱贫，农村最低生活保障 27 万人。

2018 年底，14 万贫困人口（农村低保对象）实现脱贫，农村最低生活保障 13 万人。

2019 年底，全省贫困人口实现整体脱贫。对完全丧失劳动能力和部分丧失劳动能力的困难群众（约 12 万人）实行兜底保障。

四、政策措施

（一）逐年提高农村低保标准

2015 年底，农村最低生活保障标准提高到每年 2970 元，实现低保标准和扶贫标准"两线合一"。2016 年、2017 年和 2018 年底农村最低生活保障标准分别提高到每年 3316 元、3532 元和 3762 元，到 2019 年农村最低生活保障标准达到 4000 元以上。

（二）认真落实生活补助政策

2016 年起，全省农村牧区低保对象按三种类型进行管理和实施分档生活补助。一是对无劳动能力或部分丧失劳动能力的家庭（约 12 万人），平均按每人每年补助 2500 元，实行完全兜底保障，不再安排扶贫项目和资金。

二是原低保对象中有劳动能力的家庭（约 11 万人），平均按每人每年补助 2016 元，扶贫部门安排扶贫项目和资金。三是对新增低保对象（扶贫建档立卡户，约 29 万人），平均按每人每年补助 400 元。具备条件的地区，可以实行"据实补差"。低保对象中的特殊困难人员按原标准继续发放分类施保金，切实提高低保对象中特殊群体的救助水平。以后每年根据低保标准的提高幅度，相应增加分档补助水平。认真落实分类施保和残疾人生活补贴政策，对 60 岁以上的老年人、重度残疾人、长期卧床病人、单亲家庭和 16 岁以下儿童按每年 200 元增发保障金；对本人无固定经济收入的一级、二级残疾人按照每人每月 100 元标准发放生活补贴，对低收入家庭的三、四级残疾人按照每人每月 50 元标准发放生活补贴；对重度残疾人按照每人每月 100 元标准发放护理补贴。

（三）做好最低生活保障动态管理

制定出台加强农村最低生活保障兜底工作的政策，在保障范围、标准及资金来源、核查识别、脱贫退出、动态管理等方面做出明确规定。充分利用信息化核对平台，准确运用核对结果，进一步加强低保动态管理，将符合条件的困难群众全部纳入低保范围，应保尽保；对实施产业扶持、就业帮扶等政策措施摆脱贫困的低保家庭，及时调整退出低保，实行脱贫逐户销号，做到脱贫到人、应退尽退。对新纳入的低保对象开展居民家庭经济状况收入核查，精准补助水平。每年对所有农村低保对象开展一次核查，精准识别，并在村（社区）、乡（镇）和县级民政部门及网络长期公示。2016 年 3 月底前，低保家庭相关信息要全部录入全国最低生活保障信息系统；健全完善贫困残疾人口生活和护理保障制度，对于低保对象中的残疾人实现脱贫的，可继续保留 12 个月的低保待遇。

（四）发挥社会救助整体效应

一是建立一门受理、协同办理工作机制。省民政厅会同相关部门抓紧出台《关于统筹社会救助资源推动建立"一门受理、协同办理"工作机制的意见》，在乡（镇）政府（街道办事处）设立社会救助服务窗口，尽快搭建工作平台，统一受理和转办（介）救助申请，做到救助政策有机衔接、救助资源合理整合、救助数据共享使用，提升救助综合效能，提高救助效率时限，确保困难群众求助有门、受助及时。二是开展救急难，加大临时救助力度。针对因遭遇突发事件、意外伤害、重大疾病或其他特殊原因导致基本生活陷入困境，专项救助后基本生活仍有严重困难的贫困户纳入临时救助范围。进一步加强慈善救助力度，解决好城乡困难群众基本生活出现的暂时性、突发性困难，减少因病、因灾等原因造成的致贫、返贫现象发生。三是完善服务体系。建立健全农村留守老人、妇女、儿童和残疾人的关爱服务体系，提高农村特困供养水平。

（五）做好各项兜底资金保障

各级财政要进一步加大社会救助资金的投入力度，每年按照"两线合一"的资金标准，足额落实兜底资金。省级财政按照各地实际保障人数所需资金的 90% 安排补助资金，剩余部分由市（州）、县（市、区、行委）财政配套。各地要加强各项社会救助资金的监督管理，明确使用范围，实行专项管理、分账核算、专款专用。要定期开展专项检查，强化审计监督，切实发挥资金效益。

（六）加强扶贫与农村最低生活保障两项制度衔接

加强低保制度和扶贫政策的有效衔接，建立分工明确、定期协商、协同推进的工作机制。一是做好数据对接。已纳入低保对象中开展帮扶对象的经济财产变化情况，民政部门要及时与扶贫部门主动沟通，做到数据共享对接；建立民政与扶贫部门共同核查机制，贫困人口实现脱贫和退出低保必须由扶贫部门和民政部门共同认定，并进行第三方评估。二是健全完善档案资料。要健全完善低保对象家庭纸质档案，做到一户一档，分类存档。对实施帮扶措施的低保家庭，档案中要保存针对其家庭的脱贫计划、帮扶措施、帮扶时间等内容。健全完善低保电子档案，低保家庭相关信息要通过全国最低生活保障信息系统做到与纸质档案同步录入、同步更新，确保电子档案与纸质档案内容实时一致。三是强化核对结果运用。加强贫困家庭经济状况核对平台与低保系统、扶贫大数据的衔接，抓紧建立农村低保、核对信息化平台和扶贫开发的信息平台，依托信息化核对平台，运用精准识别成果，建立精准扶贫大数据统计分析平台，实现部门间信息共享、互联互通、有效对接。

五、责任落实

（一）加强组织领导

各级民政部门要在党委、政府的领导下，将低保兜底脱贫工作列入重要议事日程，专题研究，重点部署，进一步分解和细化工作计划，抓紧制定具体工作措施。要加强各级民政部门的工作力量，强化与扶贫等部门的对接协调，做到政策措施、进度安排及时了解掌握，基础数据信息全面共享。

（二）建立责任追究机制

要建立责任追究制度、工作责任清单、年度报告制度。各级民政部门每年要向上级主管部门和本级扶贫开发领导小组报告任务落实情况，省、市（州）民政部门要会同相关部门建立通报制度。同时，加强督促检查，对低保审核、审批、资金发放中存在的玩忽职守、失职渎职等行为，依法依纪严肃追究责任。

（三）鼓励社会力量参与

进一步完善社会力量参与社会救助兜底脱贫的优惠政策，充分发挥好群团组织、社会工作者等社会力量在主动发现方面的作用。建立健全信息共享、项目发布的工作联系机制，通过购买服务，鼓励各类社会组织进村入户精准扶贫、精准救助，形成政府和社会力量的有机结合。

（四）加大政策宣传

要认真总结和推广在低保"兜底"脱贫工作方面探索积累的经验和做法，通过典型引路，推动工作。进一步加强各项社会救助制度和扶贫政策的宣传工作，广泛利用报刊、电视、广播、互联网等媒体，宣传有关措施及工作程序，增强工作的透明度，扩大社会的参与度，形成全社会共同参与打赢脱贫攻坚战的良好氛围。

青海省交通扶贫专项方案

根据省委、省政府《关于打赢脱贫攻坚战提前实现整体脱贫的实施意见》（青发〔2015〕19号）精神及其主要目标任务责任分工方案，结合实际，制定本专项方案。

一、对象范围

全省未实现道路通畅的6个乡、227个贫困村，涉及贫困人口19万人。

二、目标任务

完成剩余6个乡镇的227个贫困村道路通畅工程，跟进做好易地扶贫搬迁村配套道路建设。确保到2018年所有乡镇、行政村通客运班车率达到100%。

1. 实现所有乡镇通沥青（水泥）路建设。2018年全面完成果洛州达日县桑日麻乡，玉树州杂多县查旦乡、莫云乡，治多县扎河乡、索加乡，曲麻莱县麻多乡等6个乡镇的道路通畅任务，建设里程1158公里。

2. 实现227个贫困村道路通畅工程建设。2017年全面解决227个贫困村的道路通畅任务，建设里程5825公里。对按砂砾路面实施通畅工程的147个贫困村，每个村预列3公里村内硬化道路，在实施过程中根据群众意愿，由地方交通局提出申请，并视地方政府的支持力度统筹安排。对于未纳入全省建档立卡贫困村范围和已实现道路通畅工程的建制村中零星分布的贫困群众，由各市（州）、县交通部门提出建设需求，对确属需要的交通基础设施建设，给予支持。

3.配合做好易地扶贫搬迁村的道路配套建设。根据全省"十三五"易地扶贫搬迁规划，跟进做好易地扶贫搬迁后行政村的通路问题。

三、进度安排

按照"三年集中攻坚、一年巩固提升"的交通扶贫目标任务，乡镇通畅工程计划用3年时间建成并投入使用；贫困村通畅工程用1至2年时间建成并投入使用。

（一）乡镇通畅任务

2016年开工建设启东至那曲公路（达日至玉树段）175公里；杂多县至查吾拉公路212公里；治多县至二道沟兵站公路412公里；玛多县至色吾沟公路359公里。2018年底全面建成通车。

（二）贫困村通畅任务

2016年安排建设227个贫困村通畅工程，建设规模5825公里，其中，水泥砼路面977公里，砂砾路面4848公里。到2017年底227个贫困村全部实现通畅。

（三）易地扶贫搬迁村配套道路

根据全省"十三五"易地扶贫搬迁规划，全力做好易地扶贫搬迁村配套道路相关工作。

四、投资估算及资金筹措

（一）乡镇通畅工程

投资估算143.76亿元。资金来源国家投资和省级自筹。

（二）贫困村通畅工程

投资估算14.07亿元。资金来源国家投资和省级自筹。

（三）易地扶贫搬迁工程配套道路

投资估算2亿元。资金来源国家投资和省级自筹。

五、政策措施

（一）成立领导小组

省交通运输厅成立以厅长为组长，各副厅长为副组长，各处室、厅属各单位主要负责人为成员的交通扶贫工作领导小组。每个副组长负责1个市(州)

交通扶贫工作，主要对规划内容和计划执行情况进行督促检查。省公路局进一步加强交通扶贫项目的技术指导，完善交通扶贫项目考核监督机制，构建多层次的监督体系，确保交通扶贫项目质量。

（二）创新工作机制

针对交通扶贫工程项目多、工程量大、施工期短、时间紧的实际，各市（州）要根据自身管理和技术力量，进一步拓宽思路，采取政府购买服务等多种方式，弥补技术力量不足问题，同时要以县为单位对县内项目进行打捆招标，减小项目管理难度。

（三）加强计划管理

充分发挥计划调控作用，在保证各建设类别里程规模且建设标准满足四季畅通的前提下，县级交通部门要结合地形、建设成本、难易程度等实际，由县政府负责对省交通运输厅下达的补助投资计划在本县范围内提出调剂使用意见，但调整幅度不能超过补助投资的5%，须报经市（州）交通主管部门批准同意后实施，并报省公路局备案。

（四）加强宣传引导

省公路局要在门户网站开辟交通扶贫专栏，重点报道全省交通扶贫工作动态，宣传先进典型，加强政策引导。各地要充分利用新闻媒体、手机短信、村务公开栏等载体，采取集中宣传、专题报道等多种方式，分阶段、有重点地宣传交通扶贫成果，让社会各界和人民群众了解交通扶贫工作的重要性和有关政策措施，营造良好工作氛围。

六、责任落实

（一）加强组织领导

按照"省级统筹、市（州）负总责、县（区）抓落实"的管理机制，省交通扶贫工作领导小组负责全省交通扶贫工作的规划编制、计划下达等总体工作；各级党委政府要加强对交通扶贫工作的领导，将交通扶贫工作纳入地方整体扶贫，狠抓交通扶贫项目的落实工作，按进度完成扶贫工作任务。

（二）强化责任落实

省交通运输厅负责抓好政策制定、项目规划、补助标准、监督管理等工作。市（州）政府及交通运输部门负责对辖区内交通扶贫项目政策制定、前期研究、工程建设管理、考核评价等工作，重点落实好省政府《关于加快全省交通运输基础设施建设的意见》（青政〔2015〕76号）精神。县级政府及交通运输部门要从改善民生、加强公共基础服务的高度，提高对交通扶贫工作的认识，切实承担起第一责任人的职责，积极出台为交通扶贫项目无偿提供砂石料等配套措施，加大地方财政投入力度，并纳入同级财政预算。积极构建政府主导、社会支持、群众参与的交通扶贫建管养运体制机制，营造全民"建路、爱路、护路"的良好氛围。各级政府要在农村交通扶贫项目建设中推广"七公开"制度，做到信息公开、阳光操作，为全省贫困地区与全国同步全面建成小康社会提供强有力的交通运输保障。

青海省水利扶贫专项方案

根据省委、省政府《关于打赢脱贫攻坚战提前实现整体脱贫的实施意见》（青发〔2015〕19号）精神及其主要目标任务责任分工方案要求，结合实际，制定本专项方案。

一、对象范围

全省42个贫困县（市、区、行委）、1622个建档立卡贫困村的52万贫困人口中，涉及饮水安全问题的668个贫困村（含易地搬迁村592个）、14.48万人（其中贫困人口9.01万人）实施饮水安全巩固提升工程。

二、目标任务

紧紧围绕"四年集中攻坚，一年巩固提升"的总体部署，到2018年解决和巩固提升14.48万人的饮水安全。到2020年，建立从"源头"到"龙头"的农村饮水安全工程体系，使贫困群众喝上更加方便、稳定和安全的饮用水，贫困地区集中供水率达到80%，自来水普及率达到75%，水质达标率较2015年提高15个百分点。

三、投资估算及资金筹措

经初步测算，精准扶贫饮水安全巩固提升工程投资总需求约3.14亿元。资金来源为除争取中央补助资金外，不足部分从省级财政专项、地方债券、水利基金等资金中统筹解决。

四、进度安排

2016 年，全面解决和巩固提升 19 个贫困县（同德县、河南县、都兰县、平安区、循化县、刚察县、同仁县、玛多县、玉树市、称多县、德令哈市、格尔木市、乌兰县、天峻县、大通县、湟中县、湟源县、互助县、贵南县）、269 个建档立卡贫困村、2.44 万贫困人口饮水安全。

2017 年，全面解决和巩固提升 10 个贫困县（祁连县、海晏县、尖扎县、玛沁县、久治县、杂多县、治多县、民和县、乐都区、化隆县）、228 个建档立卡贫困村、3.03 万贫困人口饮水安全。

2018 年，全面解决和巩固提升 10 个贫困县（共和县、贵德县、兴海县、门源县、泽库县、甘德县、达日县、班玛县、囊谦县、曲麻莱县）、171 个建档立卡贫困村、3.54 万贫困人口饮水安全。

五、政策措施

（一）实行项目储备管理

按照《青海省水利发展"十三五"规划》《青海省农村牧区饮水巩固提升"十三五"规划》等专项规划，建立以全省 668 个贫困村为基本单元的水利精准扶贫项目库。对入库项目实行动态管理，一经完成及时销号。

（二）扎实推进项目前期

列入水利扶贫专项方案的项目，省级水利行政主管部门及时督促贫困村所在市（州）、县水利行政主管部门，落实到贫困村、贫困户，次年实施项目必须当年 12 月底前完成初设或实施方案批复，确保项目如期实施。

（三）加大投资倾斜力度

积极争取中央投资，切实加大贫困地区水利项目投资力度，对集中供水贫困户入户部分予以全额兜底解决，确保项目建设资金需求。建立水利扶贫投资计划协调机制，优先安排列入专项方案中年度实施项目，确保项目落地、资金落地。

（四）加强项目建设管理

严格落实饮水安全市（州）、县长负责制，确保当年项目当年完成当年见效。强化质量监管，严格执行相关施工标准和技术规范，切实把好原材料入场关、设备采购关、施工质量关和竣工验收关。项目建设完成后，实行验收销号制。省水利厅、省发展改革委、省扶贫局等部门对验收结果随机抽查。

（五）规范工程良性运行

健全完善农村牧区饮水安全工程管理机构，大力推行"国有水管单位＋基层管理单位＋农民用水组织"的管理模式，不断完善"横向三类"（纯公益性、准公益性、经营性）、"纵向五级"［省、市（州）、县（市、区）、乡（镇）、村社］职能清晰、权责明确的水利工程管理体制。加大水源地保护，强化水质监管，建立良性运行管理体制机制。

六、责任落实

（一）落实项目主体责任

水利行业扶贫饮水安全工程县（市、区）级政府是责任主体，县级水利部门是实施主体，逐项落实工程责任人。市（州）级水利行政主管部门负责技术指导、督促检查工作。

（二）建立扶贫工作机制

各县（市、区）水利部门要建立健全贫困村饮水安全工程需求调查、项目储备、投资倾斜、统计分析、工作考核等机制，切实做到扶持目标精准、项目安排精准、解决措施精准、扶贫效果精准。

（三）形成工程建设合力

各级水利部门要做好水利扶贫规划、项目、建设、管理等工作。发改部门负责项目审批、投资计划下达等工作，监督检查计划执行和项目实施。财政部门负责审核下达预算、拨付资金、监督管理资金使用、审批项目竣工决算等工作。各有关部门要各负其责，密切配合，共同做好农村牧区饮水巩固提升工作。

青海省电力扶贫专项方案

根据省委、省政府《关于打赢脱贫攻坚战提前实现整体脱贫的实施意见》（青发〔2015〕19号）精神及其主要目标任务责任分工方案，结合实际，制定本专项方案。

一、对象范围

国网青海省电力公司供电的网内贫困县（市、区、行委）33个、贫困村

1388 个，其中，8 个贫困县（行委）、761 个贫困村已完成电网改造；"十三五"期间对网内其余 25 个贫困县（市、区）、627 个贫困村和玉树、果洛网外 9 县贫困村电网基础设施进行改造升级。国家电网公司"阳光扶贫行动计划"投资建设 10 兆瓦光伏电站定点扶持玛多县 0.21 万贫困人口脱贫。

二、目标任务

紧紧围绕"四年集中攻坚，一年巩固提升"的总体部署，继续实施农牧区电网改造升级工程和易地扶贫搬迁村通电工程，进一步提升农牧区电网供电能力，为贫困群众脱贫致富提供安全、可靠、充足、经济的电力供应，满足农牧民生活、农牧业生产用电需要。到 2019 年底，国网青海省电力公司供电范围内贫困村供电可靠率达 99.8%，综合电压合格率达 99.6%，户均配变容量达 2.2 千伏安，村村通动力电。

三、投资估算及资金筹措

（一）投资估算

国网青海省电力公司供电区域内贫困村电网改造和易地扶贫搬迁村通电工程计划投资 20.8 亿元，其中，贫困村电网改造升级工程投资 13.71 亿元，易地搬迁通电工程投资 6.26 亿元，定点扶贫玛多县光伏电站建设投资 0.83 亿元。玉树 6 县、果洛 3 县电网资产上划国网青海省电力公司后，根据贫困村用电需求，制定电网发展规划，确定投资估算。

（二）资金筹措

贫困村电力基础设施建设项目统一纳入农网改造升级工程实施，项目资金由中央预算内资金和企业自筹两部分构成。西宁市 3 县，海东市平安、乐都、民和、互助 4 县（区），项目中央预算内资金投资占比 20%，企业自筹占比 80%；海西、海南、海北、黄南、玉树、果洛州各县以及海东市循化、化隆 2 县，项目中央预算内资金投资占比 50%，企业自筹占比 50%。定点扶贫玛多县光伏电站建设资金全部由国家电网公司出资。

四、进度安排

根据全省贫困县摘帽时序安排，同步安排 2016 年至 2019 年电力基础设施建设。

2016 年，新建改造 10 千伏线路 436.52 公里、容量 191.34 兆伏安（配变 666 台），0.4 千伏线路 2145 公里、下户线 50312 户，涉及贫困村 282 个。建成定点扶贫玛多县 10 兆瓦光伏电站。

2017 年，新建改造 10 千伏线路 422.92 公里、容量 122.181 兆伏安（配变 753 台），0.4 千伏线路 2152.07 公里、下户线 44906 户，涉及贫困村 209 个。

2018 年，新建改造 10 千伏线路 200.38 公里、容量 33.185 兆伏安（配变 209 台），0.4 千伏线路 569 公里、下户线 12160 户，涉及贫困村 73 个。

2019 年，新建改造 10 千伏线路 281.64 公里、容量 52.48 兆伏安（配变 349 台），0.4 千伏线路 1253.5 公里、下户线 19013 户，涉及贫困村 63 个。到 2019 年底，同步完成玉树、果洛网外 9 县贫困村电力基础设施建设任务。

五、政策措施

（一）积极争取中央预算资金支持

抓住国家高度重视贫困地区扶贫开发工作和农村电网改造升级工程的重要机遇，积极争取中央预算内资金支持，做好企业自筹资金筹措工作，为按期完成建设任务提供资金保障。

（二）做好电网建设与易地扶贫搬迁规划有效衔接

统筹安排贫困村电力基础设施建设项目，根据"十三五"易地扶贫搬迁规划和年度建设任务，同步安排通电建设项目，保证电网规划项目前期工作顺利开展，项目及时投产。

（三）建立内外部协调机制，加强工程组织协调

建立电网企业内部协同推进机制和由各市（州）、县政府主导的外部协调机制，加强工程组织管理及沟通协调，解决工程建设过程中突出问题和矛盾，保障工程顺利实施。

（四）推进网外贫困村电力基础设施建设

有序推进玉树州 6 县和果洛州班玛、久治、玛多 3 县电网资产无偿上划工作，实现玉树、果洛地区供电一体化。上划后由国网青海省电力公司负责排查 9 县贫困村电力需求，制定项目计划，报省发展改革委批准后实施。

六、责任落实

国网青海省电力公司作为项目法人单位，将贫困村电力基础设施建设项目纳入农网改造升级工程统一管理，严格执行基本建设程序，全面落实项目法人责任制、资本金制、招投标制、工程监理制和合同管理制，建立健全协同协调机制、风险管控机制、工作督导机制，积极筹措自筹资金、及时争取

落实中央预算资金，妥善处理"安全、质量、进度"三者关系，高质量完成建设任务。

青海省医疗卫生扶贫专项方案

根据省委、省政府《关于打赢脱贫攻坚战提前实现整体脱贫的实施意见》（青发〔2015〕19号）精神及其主要目标任务责任分工方案，结合实际，制定本专项方案。

一、对象范围

全省42个贫困县（市、区、行委）、1622个建档立卡贫困村的16万户、52万贫困人口中，提供同等基本医疗和公共卫生及健康促进服务。

二、目标任务

按照精准扶贫要求，推动实施以"一免七减四优先十覆盖"为抓手的医疗扶贫。强化贫困地区基础设施、基本装备建设。加大人才培养力度，全面强化医疗精准扶贫和健康促进，满足贫困地区、贫困家庭、贫困人口就医需求，保障贫困人口不得病、少得病、早诊治，有效缓解因病致贫、因病返贫问题，提高贫困地区家庭健康和幸福指数。推动医疗卫生工作重心下移、医疗卫生资源下沉，推进健康青海建设。

（一）建设标准化村卫生室

加快贫困村标准化卫生室建设，改善贫困村群众就医环境。加强服务体系建设，改造升级贫困村卫生室，满足当地群众看病需求，有序推进贫困村卫生室标准化建设，实现标准化村卫生室全覆盖。根据"十三五"易地扶贫搬迁规划，做好易地扶贫搬迁后行政村卫生室建设。"十三五"期间全省贫困地区新建村卫生室292所（重点贫困村35所、一般贫困村32所、易地扶贫搬迁村225所），每所新建业务用房60平方米，总建设规模17520平方米，总投资2044万元，分四年实施完成。

（二）筑牢医疗卫生服务"网底"

实施"手术医师团队"培训工作，为贫困地区49所州（县）级综合医院至少培养一个手术医师团队（外科、妇产科、骨科、麻醉医师，手术后复苏和手术室专科护士）。继续实施骨干医师培训项目，每年为县级医院培训骨干医师120人。规范开展乡村医生岗位培训，依托各级医疗卫生机构中心乡镇卫生院，采取跟班培训等方式，对贫困地区乡村医生实行全员培训，对基本公共卫生服务、常见病、适宜技能等进行重点培训。到2020年，按"填平补齐"原则，为677所贫困村卫生室配备常规诊疗设备，总体达到标准化水平，让贫困地区群众享有全省同等基本公共卫生和基本医疗服务。

（三）深化城乡医疗对口支援

继续实行全省县级医院对口支援全覆盖，安排省内三级医院并借助辽宁省、沈阳军区等东部省（市）医院135支医疗队支援全省81所州县医院，其中县级医院69所。按照现行二级以上医疗机构对口帮扶乡镇卫生院的要求，2016年帮扶26所，2017年帮扶89所，2018年帮扶131所，2019年帮扶152所，到2020年力争贫困县乡镇卫生院能力水平总体提高，基本实现"常见病不出乡"的目标。

（四）健全包虫病防控联动机制

采取以控制传染源为主，积极开展健康教育、中间宿主防治、病人查治相结合的综合性防治策略。坚持政府主导、部门协作、全社会共同参与的工作机制，动员各相关地区和部门力量，依据各自职责分工，将防治任务层层分解，责任落实。建立包虫病病人网络化管理信息系统，对患者给予有效管理和服务。强化人群包虫病筛查工作，做到早发现、早报告、早治疗。促进病人规范治疗，对已确诊的包虫病患者实施免费抗包虫药物治疗。

全省基本控制包虫病行动计划主要工作指标

序号	达标项目	2016	2017	2018	2019	2020
1	病人规范管理率	85%	90%	95%	强化措施，巩固前三年成果，落实和提高指标完成率	100%
2	监测点任务完成率	80%	85%	90%		90%
3	专业人员技能合格率	80%	85%	90%		90%
4	中小学生包虫病防治知晓率	80%	85%	85%		90%
5	流行区定居点集中供水率	70%	75%	78%		80%

（五）开展传染病慢性病综合防控

通过对贫困地区结核病人进行免费医疗（主要门诊诊断，初次、末次查体，肝肾功能检查，营养费等）救治，减少因病致贫和因病返贫现象发生。开展慢性病防控培训，提升贫困村医生队伍慢性病防控能力。在贫困县区开展重点慢性病综合防控，包括每年为贫困地区群众免费发放碘盐、重点慢性病病人管理、高危人群筛查和干预，一般人群的健康教育和健康促进。

（六）实施白内障复明手术

对全省贫困群众中的白内障患者实施复明手术，使符合手术条件的白内障患者得到及时诊治。

三、投资估算及资金筹措

共需资金 4.36 亿元，由各级财政共同承担。其中，标准化村卫生室建设 2044 万元和贫困村卫生室配备常规诊疗设备资金 677 万元，由各级财政配套；卫生人才培训经费 2340 万元、医疗机构城乡对口支援 5580 万元、地方病及慢性病防治 32030 万元、白内障患者复明手术项目 975 万元，从卫生专项经费中支出。

四、工作措施

（一）成立领导机构

省卫生计生委成立以主任为组长，各副主任为副组长的医疗扶贫工作领导小组。每个副组长负责一个市（州）的医疗扶贫工作，落实方案和计划执行情况。

（二）创新工作机制

按照"统一规划、集中使用、渠道不乱、用途不变、各负其责"的原则，资金向贫困县倾斜，变"大水漫灌"为"精准滴灌"，确保卫生计生专项资金使用更加精准有效，集中解决因病返贫、致贫问题。

（三）加强宣传引导

各医疗卫生单位要加大健康素养促进"1234567"工作模式宣传推广工作，倡导科学健康文明的生活方式，不断提高群众参与健康宣传的自觉性，引导贫困地区服务对象改变生活行为。各行各业要注重生态环境保护和治理，改善居住环境，提升贫困人口健康素养。

五、责任落实

（一）省卫生计生委负责督促落实项目建设、指标完成、对口支援，做好医务人员到贫困地区开展服务工作，督查工作进度，检查项目执行情况等。协调相关部门落实资金，加强资金监督管理。

（二）各市（州）政府要按照确定的主要目标、重点任务、主要措施等，制定出台本地区医疗卫生扶贫专项行动方案，将目标任务分解到年度、明确到县（市、区、行委），并指导和监督各县（市、区、行委）项目实施。

（三）各县（市、区、行委）政府为医疗卫生扶贫的责任主体、实施主体，负责制定本区域行动方案及具体项目的实施。

（四）省、市（州）、县三级要制定相应的管理制度和考核细则，加强对医疗卫生扶贫工作的考核、监督、检查、验收。对医疗卫生扶贫目标任务、工作措施、项目实施、资金管理等情况定期进行检查考核，做到年初有安排、年中有检查督促、年底有总结验收。强化考核结果运用，与贫困县党政领导班子和行业部门目标任务考核挂钩。贫困村驻村工作队要参与、配合地方政府和各级组织做好医疗卫生扶贫工作的检查验收。

青海省通信扶贫专项方案

根据省委、省政府《关于打赢脱贫攻坚战提前实现整体脱贫的实施意见》（青发〔2015〕19号）精神及其主要目标任务责任分工方案，结合实际，制定本专项方案。

一、对象范围

全省42个贫困县（市、区、行委）、1622个建档立卡贫困村的16万户、52万贫困人口中，未通宽带（含有线、无线）的贫困村158个，涉及2.32万贫困户、11.6万农村牧区贫困人口。

二、目标任务

解决全省158个未通宽带贫困村的宽带覆盖问题，完成全省1622个建档立卡贫困村通达宽带的目标。

2016 年至 2017 年，行政村通宽带比例达到 94%，宽带接入能力达到 4Mbps，并具备平滑升级更高速率能力。

2018 年至 2019 年，行政村通宽带比例达到 96%，宽带接入能力达到 8Mbps，并具备平滑升级更高速率能力。

2019 年至 2020 年，行政村通宽带比例达到 98%，农村宽带接入能力超过 12Mbps，农牧区通信网络服务能力和接入水平得到进一步优化和提升。

三、投资估算及资金筹措

2016 年至 2020 年，需政府引导性建设投资（不含运行维护成本）6474 万元。

四、工作重点

（一）对聚居程度较高、人口较多且稳定居住的地区，采用公用移动 3G 及以上无线网络覆盖，推进光缆到村建设，实现平均接入带宽能力达到 4Mbps 以上，并具备平滑升级更高速率能力。

（二）对聚居程度不高且距离现有基站或者通信接入点较近的地区，采用公用移动 3G 及以上无线网络进行覆盖，因地制宜，采用多种手段实现较高质量宽带接入。

（三）对聚居程度较低且距离现有通信接入点较远的地区，采用公用移动 3G 或以上无线网络进行覆盖，实现宽带接入。

（四）新规划建设的成片新农村、农牧民安居点在完成公用移动 3G 及以上无线网络覆盖的同时，推进光纤到户宽带接入方式。

五、政策措施

（一）加强研究，把握政策

根据财政部、工业和信息化部《关于开展电信普遍服务试点工作的通知》（财建〔2015〕1032 号）精神，补偿方式以地方政策和资金支持为主，鼓励基础电信、广电企业和民间资本通过竞争性招标方式公平参与农牧区宽带建设和运行维护。各地要进一步认真研究新的电信普遍服务补偿机制，使采用电信普遍服务补偿机制成为本地区扶贫攻坚工作的重要渠道之一，结合自身实际，编制并上报符合实际、目标清晰、技术可行，能够解决本地区宽带建设问题的项目建议书。省通信管理局、省财政厅据此申请中央财政投入，推动我省农村及偏远地区宽带建设发展。

（二）理顺机制，统筹安排

坚持通信基础设施与城乡建设统一规划、统一建设、统一验收，优先解决农牧区建档立卡贫困村通宽带问题。省通信管理局加强与相关部门合作，研究制定相关职责、标准和规范。各市（州）、县要建立相应组织领导机构，形成省、市（州）、县协调联动的组织保障体系。以电信普遍服务补偿试点工作为抓手，采用市场化运作模式，通过中央财政下拨专项引导资金和地方政府政策资金共同推进农牧区宽带基础设施建设。

（三）政府主导，积极参与

各市（州）、县政府要加强统筹和政策支持，发挥中央财政资金引导作用，调动企业承担电信普通服务任务的积极性，探索 PPP、委托运营等市场化方式，调动各类主体共同参与我省农牧区宽带建设。要认真贯彻落实省政府 2014—2020 年《"宽带青海·数字青海"战略规划》《青海省促进信息消费发展规划》和《关于进一步加强信息通信基础设施建设的通知》（青政办〔2015〕111 号）、《关于印发推进网络提速降费工作实施方案的通知》（青政办〔2015〕186 号）等文件精神，保障农村宽带网络设施的用地、用电需求，协调解决各类赔补纠纷，帮助企业降低农村信息通信网络建设、运营费用，更好地做好服务工作。要加强农村通信基础设施的保护，严防严惩盗窃、故意毁坏通信基础设施的行为。

青海省文化惠民扶贫专项方案

根据省委、省政府《关于打赢脱贫攻坚战提前实现整体脱贫的实施意见》（青发〔2015〕19 号）精神及其主要目标任务责任分工方案，结合实际，制定本专项方案。

一、对象范围

全省 42 个贫困县（市、区、行委）、1622 个建档立卡贫困村的 16 万户、52 万贫困人口中，实施文化惠民扶贫。

二、目标任务

（一）到 2019 年底，通过盘活存量、调整置换、集中利用等方式整合现有的党员活动室等设施资源，在全省 1622 个建档立卡贫困村普遍统筹整合形成集宣传文化、党员教育、科学普及、普法教育、体育健身等功能于一体，资源充足、设备齐全、服务规范、保障有力、群众满意度较高的基层综合性文化服务中心。具体达到"八有"标准，即"有文化活动室、有文体活动广场、有农（牧）家书屋、有文化信息资源共享数字平台、有文化宣传栏、有文化设备器材、有文化管理员、有文体活动团队"。

（二）大力实施户户通、农牧区电影放映、农牧家书屋等文化惠民工程，深入推进省级文明村镇、"五星级文明户"创建，不断丰富和活跃群众精神文化生活，保障基层群众基本公共文化权益，提升群众精神文明素养。

三、进度安排

（一）贫困村综合性文化服务中心统筹整合

2016 年完成 400 个村的统筹整合任务；2017 年完成 500 个村的统筹整合任务；2018 年完成 500 个村的统筹整合任务；2019 年完成 222 个村的统筹整合任务。

（二）中央广播电视无线数字化覆盖工程

充分利用已落实的 4.18 亿元中央财政专项资金，为全省 384 座广播电视台站配备数字化发射设备，将原有的广播电视模拟信号向数字信号升级，为群众提供更优质的广播电视节目，确保 2016 年实现 1622 个贫困村全覆盖（个别地区因地形原因无法覆盖），力争让全省农村牧区都收听收看到优质的广播电视节目。

（三）继续实施农村公益电影放映

从 2016 年开始，每年投资 389.28 万元（中央财政资金）对全省 1622 个贫困村实施公益电影放映，保证电影放映队伍人员、设备和车辆，每年放映 1.95 万场（次），保证每个贫困村每月放映一场公益电影。

（四）开展文明村镇及"五星级文明户"创建工作

按照省级文明村镇实行届期制、每三年命名表彰的原则，2019 年上半年，对 2016 至 2018 年各地省级文明村镇创建工作进行综合考评和审批命名，对贫困村予以适当倾斜。从 2016 年起，把 1622 个贫困村纳入"五星级文明户"创建范围，与全省其他村同步开展创建评比，至 2020 年，力争使贫困村"五星级文明户"达到总户数 40% 左右。

四、政策措施

（一）统筹整合资源，实现共建共享

宣传、文化、广电部门要加强配合，会同组织、科技、体育、文明办、教育、司法、农牧、团委、妇联等部门，积极为贫困村各项文化扶贫工作提供便利，形成多部门联合推动工作的合力。村级综合性文化服务中心要采取盘活存量、调整置换、集中利用等方式进行巩固提升，凡现有可集中利用设施能够满足基本公共文化需求的，原则上不再进行改扩建和新建村综合性文化服务中心。充分利用现有村两委办公场地、党员活动室等基础设施，同时考虑异地整村搬迁等因素，因地制宜，不搞重复，力求资源整合和再利用。集中整合宣传文化、党员教育、农（牧）家书屋、电影放映、体育健身、科学普及等资源，充实基层综合性文化服务中心，完善服务功能，提升服务水平，实现共建共享。

（二）多方筹措资金，加大扶持力度

按照"政府主导、多方筹措"的原则，加大对贫困村文化扶贫的支持力度，建设资金每年由省财政通过转移支付方式解决为主，并采取帮扶部门支持、社会各方赞助的办法，拓宽投资渠道，凝聚各方力量，为文化扶贫提供有力的经费保障。

（三）实施文化"进村入户"工程

省文化新闻出版厅会同省财政部门，落实文化"进村入户"工程专项资金，并通过政府采购，集中为每个贫困村综合性文化服务中心配发服装、音响、乐器、电视机、DVD 等开展文化活动的设备器材，方便组织开展各类文化活动。已实施文化"进村入户"工程的贫困村不再重复实施综合性文化服务中心项目。

（四）落实农村文化建设资金

省文化新闻出版厅会同省财政部门，积极争取国家专项资金，每年为每个基层综合性文化服务中心落实文化工作专项经费 1 万元（文化信息资源共享工程 0.2 万元，农牧家书屋图书更新 0.2 万元，文化活动 0.24 万元，电影放映 0.24 万元，体育活动 0.12 万元），专项支持开展各类文体活动。

（五）实施"三区"人才培养计划

积极争取落实"三区"人才培养专项经费，依托省、市（州）、县各级公共文化服务机构的人才优势，组织开展各类培训班，加大对文化管理人员的培训，提高服务能力和水平，使其更好地组织开展各类文化活动，丰富和活跃基层群众精神文化生活。

五、责任落实

（一）省委宣传部统筹协调，省文化新闻出版厅、省广电局在全面掌握贫困村综合性文化服务中心设施存量和使用状况的基础上，根据城乡人口发展和分布，按照均衡配置、规模适当、经济适用、节能环保等要求，合理规划布局，并制定 2016 至 2019 年工作推进计划。

（二）各市（州）、县级文化、广电主管部门按照年度分解的目标任务，制定相应的推进计划、时间表，盯紧任务，一个一个抓好落实。同时，制定本地贫困村文化服务基本项目目录，重点围绕文艺演出、读书看报、广播电视、电影放映、文体活动、展览展示、教育培训等方面，设置具体服务项目，明确服务种类、数量、规模和质量要求，实现"软件"与"硬件"相适应、服务与设施相配套。

（三）贫困村综合性文化扶贫验收工作采取县（市、区）自查，市（州）抽查、省核查的方式，每年对贫困村文化建设、服务和活动情况进行考核验收、逐级落实，并达到一定的覆盖面。

其中，省对市（州）的核查面不得低于年度任务的 30%，市（州）对县（市、区）的抽查面不得低于 60%，县（市、区）对贫困村的验收达到 100%，逐个检查，确保质量。对没有完成建设任务的，除在全省通报外，作为重点督办事项，纳入下年度建设任务，组织重新检查验收。

青海省金融扶贫专项方案

根据省委、省政府《关于打赢脱贫攻坚战提前实现整体脱贫的实施意见》（青发〔2015〕19 号）精神及其主要目标任务责任分工方案，结合实际，制定本专项方案。

一、对象范围

全省 42 个贫困县（市、区、行委）、1622 个建档立卡贫困村的 52 万贫困人口中，实施金融扶贫。

二、目标任务

紧紧围绕"四年集中攻坚,一年巩固提升"的总体部署,通过加大金融支持力度,建立多元化的精准扶贫金融服务体系,切实发挥金融对精准扶贫的撬动、支撑和保障作用。力争到 2019 年完成 240 亿元贷款规模,使贫困地区、贫困群众有效金融需求得到充分满足。

从 2016 年起,以精准扶贫金融服务档案为基础,通过扶贫主办银行制度、"双基联动合作贷款""金穗惠万家"、政策性担保贷款等形式,为 39.9 万有劳动能力的贫困人口,每户提供 5 万元以下、3 年期以内贷款,每年专项投放不低于 25 亿元,连续四年累计投放不低于 100 亿元。

从 2016 年起,以国家专项政策为支撑,切实发挥开发性和政策性金融机构优势,立足易地搬迁方案和资金需求,四年累计投放易地扶贫搬迁贷款 66 亿元以上。

从 2016 年起,充分发挥各类金融机构在政策、机构、人才、技术、资金、利率等方面的优势,围绕产业扶贫资金需求,创新产品服务,四年累计投放产业扶贫贷款 74 亿元以上,大力支持农牧业龙头企业、专业合作社等新型经营主体开展产业扶贫和扶贫产业园区建设。

三、工作重点

(一)建立金融扶贫档案

摸清贫困户、能人大户、家庭农牧场、专业合作组织、产业化龙头企业的基本情况,了解生产、生活、资产、发展情况,掌握金融需求、用途期限、抵质押等信息,建立金融扶贫服务档案,制定信用评级标准和评定办法,设计专项金融服务方案,提高金融扶贫的精准度和实效性。

(二)扩大扶贫信贷投放

各类金融机构要强化与扶贫等相关部门的沟通衔接,依托省扶贫开发投资有限责任公司,找准定位,加大对脱贫攻坚的金融支持力度。充分发挥人行扶贫再贷款、支农再贷款、再贴现政策的作用,积极引导各银行业金融机构申请成为金融扶贫服务主办银行,着力扩大扶贫领域信贷投放。金融扶贫服务主办银行对有意愿、有条件的贫困村,可将其由财政扶持资金专项安排的 50 万元互助资金作为金融扶贫风险抵押资金,按主办银行制度,放大资金规模,用于支持该贫困村。

集体及贫困户发展产业。各银行业金融机构要逐年增加对农牧区信贷投放规模,加大创业创新贷款、助学贷款、妇女小额贷款、康复扶贫贷款投放力度。

(三)积极争取开发性和政策性金融机构扶贫资金

以国家开发银行、中国农业发展银行分别设立"扶贫金融事业部",专门开展金融扶贫工作为契机,抓住其按照微利或保本原则发放长期贷款、专项用于易地扶贫搬迁等政策机遇,尽快明确政府购买服务主体和模式,创造贷款落地条件,扩大扶贫贷款规模和投放力度。

(四)加快金融服务体系建设

尽快组建政策性农牧业信贷担保体系,组建省级政策性农牧业信贷担保公司,在贫困县设立政府出资的县级政策性农牧业信贷担保公司或省级政策性信贷担保公司办事处,重点开展扶贫担保业务。鼓励金融机构延伸基础金融服务,加强贫困地区金融服务基础设施建设,积极在行政村增设标准网点、助农服务点、流动服务车以及 ATM 机、POS 机等自助金融服务终端,实现金融服务载体在农牧区乡镇、村广覆盖。打造多功能综合惠农金融服务点,不断增加服务品种,拓展服务领域,稳妥推进新型支付和交易结算方式,提升服务能力和水平,帮助贫困地区群众就近享受金融服务。培育发展产权流转平台,加快推进农村产权的确权登记发证工作,建立县级农村产权交易中心,建立健全交易规则,规范交易流程,加快推进农村产权抵(质)押融资。

(五)推进扶贫保险产品创新

充分发挥保险"社会稳定器"作用,防范和化解因灾返贫。对政策性农牧业保险提质扩面,每年增加 1 至 2 个县开展藏系羊、牦牛保险。积极发展农牧民养老健康保险、小额人身保险(丧葬保险)等普惠业务。构筑贫困人口保险保障线,通过个人缴费部分财政全额资助,对贫困人口实行大病保险制度全覆盖。助推贫困地区特色产业发展,探索农产品价格指数、天气指数等新兴保险产品,试点开展农牧区小额信贷保证保险。

四、政策措施

(一)加大货币政策支持力度

充分利用扶贫支农支小再贷款政策。设立扶贫再贷款,实行比支农再贷款更优惠的利率,重点支持贫困地区发展特色产业和贫困人口就业创业。发挥支农支小再贷款作用,支持贫困地区"三农"、小微企业获得融资。对扶贫主办银行支持扶贫对象出现的流动性紧张，人民银行给予再贷款支持。优惠贷款再贷款利率。对建档立卡贫困户原则上执行基准利率，对贫困地区支农再贷款利率下调 1 个百分点。

（二）强化财税政策支持

改变财政资金投入方式。各级财政要进一步加大金融扶贫支持力度，引导扶贫开发金融服务主办银行加大扶贫贷款投放力度，增加的扶贫风险防控资金存入主办银行，用于风险补偿。按照放大 5 倍计算，四年累计不少于 30 亿元。落实政策扶持资金。切实落实对各类金融机构在金融扶贫中的风险补偿、贷款贴息、保费补贴、税收优惠、奖励补助等政策资金扶持，建立风险分担机制。贫困地区各级政府运用财政资金建立扶贫贷款风险补偿基金，并以风险补偿基金为依托，搭建银行业金融机构与各级政府的金融扶贫合作平台，为扶贫资金提供安全保障。

（三）加大贫困地区金融知识宣传培训和人才培养力度

各金融机构要加强与贫困地区基层党委政府的联动合作，对贫困地区基层干部进行金融知识宣传培训，提高运用金融杠杆发展贫困地区经济的意识和能力，充分利用"送金融知识下乡""金惠工程"等项目，积极开展对贫困地区群众的金融教育培训，提高贫困农牧民对金融工具的运用能力，当好诚信客户。

五、责任落实

人民银行西宁中心支行作为精准脱贫攻坚行动牵头单位，会同青海银监局协调省内银行业金融机构，负责建立扶贫金融服务档案，深入开展信用体系建设，加强贫困地区金融服务基础设施建设，扩大信贷投放，创新信贷服务方式，继续深入推进精准扶贫青海行动方案，全面落实主办行制度。青海银监局负责加强贫困地区金融服务体系建设，继续深入推进"双基联动"合作贷款。青海证监局负责积极利用多层次资本市场，大力推动贫困地区农牧业产业化龙头企业上市、挂牌、融资。青海保监局负责创新保险扶贫方式，着力解决贫困人口风险保障问题，助推贫困地区特色产业发展。省金融办会同省财政厅、省扶贫局、省农牧厅等相关部门，负责落实财政支持政策、建立省级融资开发主体、农牧业政策性担保体系等。省内各金融机构积极延伸基础金融服务，创新产品和服务，加大贫困地区金融投入、降低扶贫融资成本、提高扶贫服务效率，切实满足贫困地区、贫困群众的金融需求。

青海省科技扶贫专项方案

根据省委、省政府《关于打赢脱贫攻坚战提前实现整体脱贫的实施意见》（青发〔2015〕19号）精神及其主要目标任务责任分工方案，结合实际，制定本专项方案。

一、对象范围

全省42个贫困县（市、区、行委）、1622个建档立卡贫困村的52万贫困人口中，实施科技扶贫。

二、目标任务

紧紧围绕"四年集中攻坚，一年巩固提升"的总体部署，精心组织实施科技信息支撑、科技人才支撑、产业技术支撑、科技扶贫示范等四大行动，建立青海省精准扶贫信息化服务平台，搭建"1+3"的青海省精准扶贫信息化服务模式，在600个贫困村开展主动推送服务，建设示范100个贫困村村级电商服务站，为精准实施"八个一批"提供信息化服务。每年选派千名科技人员深入贫困地区生产一线开展科技扶贫技术服务。重点实施50个产业扶贫示范项目，建立50个农牧业产业化科技示范基地。示范推广一批农牧业新品种、新技术，转化一批先进适用成果；打造一个精准扶贫科技示范县。

（一）科技信息支撑行动

建立青海省精准扶贫信息化服务平台。充分利用"互联网+"和3S技术，设计贫困状况多维测量指标体系，建立反映人口、经济、社会、生态等多个纬度贫困状况的测标与分析模型，实现精准识别、精准帮扶、精准管理和精准考核的功能。推动"1+3"精准扶贫信息化模式的应用。依托青海省国家农村信息化示范省建立"基于地理信息的农业生产主动服务系统""基于物联网技术的特色农牧产品质量追溯服务系统""特优农产品电子商务服务系统"等，搭建"1+3"精准扶贫信息化服务模式，实现精准掌握贫困户的具体情况，制定详细扶贫方案，主动推送针对每一个贫困户的个性化扶贫方案，对扶贫的全过程精准服务和管理。重点在海东市二区四县91个乡镇开展科技信息主动推送服务，覆盖 600 个村。

（二）科技人才支撑行动

充分发挥和调动全省各级科技特派员和科技人员服务基层的积极性，积极构建新型贫困地区科技人才服务体系。重点依托"三区"科技人员专项推进精准科技扶贫，以就近就便、省内调配形式为主，每年选派 1000 名科技特派员和科技人员深入全省 42 个贫困县（市、区、行委），围绕贫困村特色产业发展、农牧民能力提升开展各项服务，积极培育科技扶贫示范户、科技示范基地。同时依托信息化支撑行动，加强农民务工技能培训，采取远程培训、专题授课、现场观摩等形式，建立健全贫困地区农牧民科技普及培训体系，培养农村牧区科技创新创业人员及致富带头人 500 名，培训新型农牧民 10000 人（次）以上，为高原特色现代生态农牧业及经济社会发展提供有力的科技人才支持和智力保障。

（三）产业技术支撑行动

以农业科技园区为载体，以"1020"生态农牧业重大科技支撑工程为依托，实施 50 项产业化扶贫项目，重点围绕油菜、马铃薯、蚕豆、果蔬、中藏药材、牦牛、藏羊、乳制品、冷水鱼、饲草十大高原特色农牧业产业为主体，加大科技支撑力度，示范推广一批新品种，集成转化一批新技术新成果，加强新品种和新技术推广、病虫害综合防治、农产品加工等先进适用技术成果的应用。以科技信息化服务为手段、以"三区"科技人员和科技特派员创业示范为支撑，适时编制实用技术指南，切实解决精准扶贫"最后一公里"的问题。重点实施"青海省精准扶贫信息化服务工程应用与示范""青海省人畜包虫病防控策略与创新技术应用""农村牧区供水安全关键技术集成示范"等一批科技专项，围绕特色农牧业产业服务和贫困地区重大民生问题，健全完善农牧业产业科技信息服务体系；立足社会民生专题建立农村牧区供水安全评价及监测体系；围绕影响群众身体健康的包虫病等地方病，开展快速诊断试剂、新特效药研制开发等，在改善民生水平的基础上建立地方病系统综合防治技术模式；整合和利用现有科研和技术推广力量，有效提升农牧业科技创新水平和社会服务能力。

（四）科技扶贫示范行动

着力打造精准扶贫科技示范县，建立基于青海省精准扶贫信息化服务平台，搭建"1+3"的青海省精准扶贫信息化服务模式，在民和县 20 个乡镇 125 个村开展信息化主动推送服务，覆盖贫困户 10646 户，贫困人口 42262 人；重点在民和县建立 100 个电商示范村级服务站，将功能覆盖到全县所有贫困村，并开设线上虚拟服务站；组织 10 个科技扶贫工作服务队深入峡门镇峡门村、阳地村、腰路村、古鄯镇联合村、尖岭村、西沟乡凉平村、三方村、新民乡若多村、公巴台村、苏家庄村等 10 个村帮助贫困村理思路、定规划、选产业、传技术、送服务，将民和县打造成我省精准扶贫科技示范县。着力打造产业化科技示范基地。依托西宁、海东、海西、海南和海北 5 个国家农业科技园区、38 个省级农业科技园区，立足区域优势特色产业，打造 50 个产业化科技示范基地，支持扶贫产业园建设，充分发挥农业科技园区和科技示范基地及扶贫产业园在农牧业新品种和新技术示范、带动及辐射方面的引领作用，创新科技扶贫模式，实现科技支撑产业脱贫致富。

三、投资估算及资金筹措

"十三五"期间我省科技专项资金计划投资 2.3 亿元。其中，科技人才支撑行动每年争取国家"三区"科技人员专项资金 2000 万元，五年共投入 1 亿元；科技信息支撑行动、产业技术支撑行动、科技扶贫示范行动由省级科技发展专项资金分别投入 0.1 亿元、0.8 亿元、0.4 亿元（具体年度投资见下表）。

科技扶贫专项投资表

项目名称	投资估算（亿元）					小计
	2016 年	2017 年	2018 年	2019 年	2020 年	
科技信息支撑行动	0.05	0.05	—	—	—	0.1
科技人才支撑行动	0.2	0.2	0.2	0.2	0.2	1
产业技术支撑行动	0.2	0.2	0.2	0.2	—	0.8
科技扶贫示范行动	0.1	0.1	0.1	0.1	—	0.4
合计	0.55	0.55	0.5	0.5	0.2	2.3

四、进度安排

2016 年，启动安排年度科技扶贫产业化项目；启动民和县科技扶贫示范，在 10 个村开展精准帮扶服务，建设 50 个村级电商服务站，建成青海省精准扶贫科技信息服务平台，在平安区、民和县 169 个村开展主动推送服务；组织 1000 名科技特派员和"三区"科技人员深入全省 42 个县（市、区、行委）开展科技服务。

2017 年，安排年度科技扶贫产业化项目，在民和县再建 50 个村级电商服务站；在互助、循化 180 个村开展主动推送服务；组织 1000 名科技特派员和"三区"科技人员深入全省 42 个县开展科技服务。

2018 年，安排年度科技扶贫产业化项目；在乐都区、化隆县 251 个村开展主动推送服务；组织 1000 名科技特派员和"三区"科技人员深入全省 42 个县（市、区、行委）开展科技服务；完成民和县、贵德县、乌兰县、囊谦县 4 个县的农村牧区安全供水工程示范及果洛州、玉树州的包虫病综合防控示范。

2019 年，安排年度科技扶贫产业化项目，组织 1000 名科技特派员和"三区"科技人员深入全省 42 个县（市、区、行委）开展科技服务；重点围绕特色产业对贫困县开展攻关式扶贫。

2020 年，依托科技扶贫行动开展巩固提升及评估考核，实施跨区域产业联动和互助式扶贫科技示范，树立精准扶贫典型科技示范乡（村），切实保障实现贫困地区农牧民可支配收入达到 4000 元以上。

五、保障措施

（一）加强科技扶贫工作的领导

为保障科技精准扶贫工作顺利实施，成立由科技厅主要领导为组长、分管领导为副组长、相关处室负责人为成员的省级科技扶贫工作协调指导小组，负责全省科技扶贫工作的统筹部署，定期研究科技扶贫工作，指导科技扶贫专项行动计划实施，解决科技扶贫工作中的重大事项。协调指导小组办公室设在农村处，负责科技扶贫专项行动计划的日常工作。

（二）加强科技服务体系财政科技投入

加强财政科技扶贫服务体系资金投入，省级科技专项依据产业发展现状和地方优势特色，择优给予支持，重点用于贫困县产业技术创新、成果转化推广和科技能力提升，集成现有科技计划，优先并倾斜支持贫困地区发展。同时结合科技援青、部省会商等争取国家和相关省市的支持，推动科技精准扶贫工作的开展；鼓励和支持社会投资等支持贫困地区产业发展，形成政府投入引导，争取国家和对口帮扶资金为补充，社会多元化投入的投资格局。

（三）改进科技扶贫项目管理

在保证财政资金安全高效使用前提下，降低门槛，简化程序，优化服务。申报条件上，放宽申报人资格，取消项目资金配套，与"三区"科技人员专项相结合，鼓励科技人员牵头或与贫困地区联合申报实施项目，支持方式实行无偿支持、后补助、贷款贴息等；项目管理上，优化经费科目设计，注重绩效考核。

（四）创新科技扶贫服务机制

建立科技管理部门、科研单位联系帮扶贫困村、贫困户机制，选派科技管理干部和科技人员到贫困村驻点帮扶。建立保障科技人员服务基层长效利益机制，鼓励科技人员通过停薪留职、技术入股、技术承包、收益分成等方式深入农村开展创业服务，支持新农村发展研究院等新型科技服务机构发展。

六、责任落实

（一）落实主体责任

省科技厅要及时会同相关部门研究制定相关工作的年度工作计划和重点工作专项计划。科技扶贫重点以县为组织实施主体，建立统筹省、市（州）、县（市、区、行委）和乡（镇）四级联动的扶贫工作机制，省级科技部门负责科技扶贫专项的目标制订并督导任务进度，市（州）级科技及相关部门确保贫困地区的科技专项资金落实到位，县、乡（镇）要把责任落实到人。

（二）明确脱贫目标

各县要对照到2019年实现贫困退出标准和时序，分年度细化工作具体目标，量化到乡、村和户、人，切实提高扶贫开发工作的精准性、针对性和实效性。同时明确目标任务，制定措施方案，上下联动，左右互动，切实形成科技扶贫合力。

（三）强化责任分工

信息化重点在海东市开展示范，逐步向全省推广。科技人才支撑主要以8个市（州）科技局及42个县（市、区、行委）科技管理部门为主开展；产业技术支撑行动责任单位重点以 8 个市（州）科技局、省农林科学院、省畜牧兽医科学院等单位进行实施；科技扶贫示范主要以海东等 5 个国家农业科技园区及 38 个省级农业科技园区、省农林科学院、省畜牧兽医科学院等单位为主，省科技信息所开展信息化示范服务。

（四）强化督查考核

建立工作台账制度和督查考核责任制，完善实绩考核制度，细化分解科技扶贫任务，明确责任人和完成时限。负责组织工作的相关处室、主体实施的市（州）和县（市、区、行委）、技术支持的科研机构层层签订目标责任书。同时，加强科技扶贫宣传，及时宣传新进展、新成效、新做法、新经验和先进典型。

青海省电子商务和市场体系建设扶贫专项方案

根据省委、省政府《关于打赢脱贫攻坚战提前实现整体脱贫的实施意见》（青发〔2015〕19 号）精神及其主要目标任务责任分工方案，结合实际，制定本专项方案。

一、对象范围

全省 42 个贫困县（市、区、行委）、1622 个建档立卡贫困村的 52 万贫困人口中，实施电子商务和市场体系建设扶贫。

二、目标任务

紧紧围绕"四年集中攻坚，一年巩固提升"的总体部署，到 2019 年，在全省选择基础条件较好的贫困县（市、区、行委）建成电子商务服务中心。在全省贫困县推广电子商务应用，实现电子商务综合服务点覆盖 30% 的建档立卡贫困村。在西宁市、海东市、格尔木市新建或改造大中型销地商品交易市场 3 个，在六州州府所在地新建或改造商品交易市场 6 个，在全省主要城镇新建或改造农贸市场、标准化菜市场或生鲜超市 8 个，新建或改造社区菜店 50 个。到 2020 年，基本建成覆盖全省市（州）、县、乡（镇）的日用消费品市场网络。在 500 个贫困村建成电子商务综合服务点，培训 1500 人（次），贫困地区电子商务应用水平明显提升，利用电子商务销售特色农畜产品的交易额占比显著提高，贫困地区生产生活条件和消费环境明显改善，贫困人口人均收入水平有效提升。

三、进度安排

按照省委提前一年实现整体脱贫的战略部署，电子商务和市场体系建设专项扶贫方案按照四年期（2016 年至 2019 年）进行安排。

2016 年，在 2 个基础条件较好的贫困县（市、区、行委）建成电子商务服务中心，120 个贫困村建成电子商务综合服务点，新建或改造农贸市场、标准化菜市场或生鲜超市 2 个。开展各类电子商务人员培训 300 人（次）。

2017 年，在 2 个基础条件较好的贫困县（市、区、行委）建成电子商务服务中心，150 个贫困村建成电子商务综合服务点，新建或改造农贸市场、标准化菜市场或生鲜超市 2 个。开展各类电子商务人员培训 400 人（次）。

2018 年，在 2 个基础条件较好的贫困县（市、区、行委）建成电子商务服务中心，150 个贫困村建成电子商务综合服务点，新建或改造农贸市场、标准化菜市场或生鲜超市 2 个。开展各类电子商务人员培训 400 人（次）。

2019 年，在 2 个基础条件较好的贫困县（市、区、行委）建成电子商务服务中心，80 个贫困村建成电子商务综合服务点，新建或改造农贸市场、标准化菜市场或生鲜超市 2 个。开展各类电子商务人员培训 400 人（次）。

四、投资估算及资金筹措

（一）投资估算

根据 2016 年至 2019 年度电子商务和市场体系建设扶贫进度安排，投资概算总额约 8010 万元。其中，建设 8 个电子商务服务中心预计投资 4800 万元，建设 500 个电子商务综合服务点预计投资 500 万元，新建或改造农贸市场、标准化菜市场或生鲜超市预计投资 2560 万元，开展电子商务人员培训费用约为 150 万元。

（二）资金筹措

由中央、地方财政资金和社会资本两部分构成。其中，中央财政资金主要争取国家商务部电子商务进农村综合示范专项资金及其他国家部委支持电子商务发展专项资金，地方财政资金主要由省、市（州）、县（市、区、行委）统筹安排的电子商务发展财政资金，社会资本主要由企业和第三方机构投入为主。

五、政策措施

（一）建立县乡村电子商务工作协调机制和网店服务体系

在开展电商扶贫的县、乡、村建立电商扶贫工作机构，负责电商扶贫的政策制定、协调指导、工作推进等。建立和完善电子商务县级服务中心、乡级服务站和村级服务点功能及配套设施。加快贫困村商业网点信息化改造，完善网购、缴费、电子结算和取送货等服务功能。依托国家、省级电子商务示范基地和各地电商产业园、创业孵化园，为贫困地区网商提供创业孵化和专业化服务。

（二）加快基础设施和县乡村三级物流配送体系建设

加快贫困乡村公路、宽带网络建设，采取有线无线结合的办法，扩大网络覆盖面。建立完善县、乡、村三级物流配送体系，鼓励快递企业"向西向下"延伸服务网络，通过物流补贴、项目支持等方式，鼓励和扶持包括邮政、供销、商贸流通、第三方物流和本地物流等企业在贫困乡村建立快递服务点，开展集中收购、集中配送，服务工业品下乡和农产品进城，提高网货配送效率，促进农牧区电子商务发展。

（三）加快农村网店和网络品牌培育

依托青海省扶贫攻坚大数据平台为农牧民提供先进的生产技术方案和精准的市场供求信息，进一步提升农村贫困户运用电子商务创业增收的能力。因地制宜、因户施策，采取资源投入、市场对接、政策支持、提供服务等多种方法，帮助贫困户开办网店。对暂不具备开办网店条件的贫困户，鼓励其在县服务中心、乡镇服务站、村服务点内开设的扶贫网店，代销农特产品，带动贫困地区人口创业和就业。按照"一县一业""一乡一品"的原则，大力发展特色产业，建立电商扶贫农特产品目录库，培育特色品牌。大力培育本省电商龙头企业，畅通"工业品下乡"和"农产品进城"双向流通渠道。积极推进阿里巴巴集团、京东集团和苏宁云商等"农村电商"计划的落地，利用国内第三方大平台提升我省电商扶贫质量水平。

（四）加强示范引领及电商扶贫试点工作

以国家"电子商务进农村综合示范县"建设为抓手，深入推进省级电子商务进农村示范县创建工作。在全省贫困县选择交通基础条件好、网络设施健全、具备一定特色产业基础、产品特色明显的贫困村，先行开展电商试点，并在总结经验的基础上逐步推广。

（五）加强金融服务支撑

金融部门要将电商扶贫纳入扶贫小额信贷支持范围，对开办网店、从事网货生产销售的贫困户和带动贫困户生产销售网货产品、带动效果明显（以销售贫困户产品为主）的企业和网店三年以内的小额信贷，各级财政给予贴息补助。创新融资抵（质）押担保方式，对信誉良好、收益稳定的网上零售企业主，鼓励金融机构通过开展无形资产及动产抵（质）押、发展小微企业信贷保证保险等方式，大力给予信贷支持。鼓励金融机构在贫困乡镇设立服务网点，村设立金融服务代办点，改善农村金融服务条件。对农村贫困家庭开设网店给予网络资费补助、小额信贷等支持。

（六）加强贫困地区电商人才培育

以全省贫困地区为重点，以精准扶贫为抓手，组织电子商务企业、各类培训机构和协会，对县乡村、企业、合作社、农牧民等进行电子商务相关政策、运营管理、实际操作等方面的培训。在电子商务示范基地、产业园区和有条件的地区建立专业电子商务人才培训基地和师资队伍，努力培养一批既懂理论又懂专业、会经营网店的农村电商经纪人，以点带面，带动农村青年、返乡大学生、退伍军人等创业就业，实现脱贫致富。

（七）加快商品交易市场建设

坚持规划先行、分类指导、突出重点、注重实效的原则，"十三五"期间，在全省连片特困地区县和扶贫开发工作重点县，分期分批新建和改造各类专业性和综合性商品交易市场，重点对市场交易场所、冷藏保鲜、冷链物流、卫生、安全、服务等基础设施进行建设和改造，提高商品交易市场的整体形象和营销水平。

（八）加大各级财政资金扶持力度

充分利用中央财政和省级服务业发展、支农、科技、扶贫等专项资金，确保电子商务和市场体系建设专项扶贫顺利实施。市（州）商务主管部门会同财政、发改、农牧、供销等部门按照本地区经济发展需求和商业网点规划，研究和制定一批拟新建或改造批发市场、农贸市场等项目库，加强协调服务，深入项目实施单位，进行现场指导和监督，确保市场建成后，发挥为贫困地区助农增收的作用。省商务厅会同省财政厅、省发展改革委、省农牧厅、省科技厅、省扶贫局、省供销联社等部门对支持项目实施状况进行动态监管，研究解决项目实施过程中存在的问题，确保通过商品市场体系的建设，带动贫困地区产品外销，帮助贫困地区农牧民增收。

六、责任落实

按照"省负总责、县（区）抓落实"的总体要求，省商务厅会同省科技厅、省农牧厅、省扶贫局、省供销联社等部门加强统筹协调，整合资金，形成合力。各贫困县（市、区）要进一步提高认识，落实工作责任，完善工作机制，切实抓好各项政策措施的落实。充分发挥贫困地区县乡村等基层组织的带头作用，全面整合电商、物流、商贸金融、邮政、快递等各类资源，积极推动当地电子商务发展和市场体系建设，确保专项扶贫工作顺利开展。

青海省人民政府办公厅

青海省人民政府办公厅关于印发《青海省生态保护与服务脱贫攻坚行动计划》和《青海省农牧民危旧房改造扶贫专项方案》的通知

青政办〔2016〕55号

各市、自治州人民政府，省政府各委、办、厅、局：

《青海省生态保护与服务脱贫攻坚行动计划》和《青海省农牧民危旧房改造扶贫专项方案》已经省政府同意，现印发给你们，请结合实际，认真组织实施。

青海省人民政府办公厅

2016年4月5日

青海省生态保护与服务脱贫攻坚行动计划

根据省委、省政府《关于打赢脱贫攻坚战提前实现整体脱贫的实施意见》（青发〔2015〕19号）精神及其主要目标任务责任分工方案，结合实际，制定本行动计划。

一、对象范围

全省 42 个贫困县（市、区、行委）、1622 个建档立卡贫困村的 52 万贫困人口。

二、目标任务

到 2017 年，设置生态公益管护岗位 4.31 万个，安排建档立卡贫困人口 4.31 万人从事生态公益管护工作。基本保证三江源等重点生态功能区贫困农牧户每户有劳动能力、具备条件的 1 人从事生态公益管护工作。对农区重点林区、贫困人口较多的地区，根据国家政策，适当增加生态管护岗位。

三、岗位设置

全省设置生态公益管护岗位 4.31 万个，其中，原有岗位 0.43 万个、新增岗位 3.88 万个。新增岗位管护员全部从当地精准识别建档立卡贫困人口中聘用，一岗一人。

（一）按管护地区设置

三江源地区玉树州、果洛州、海南州和黄南州共设置生态公益管护岗位 35000 个，其中草原生态公益管护岗位 30118 个（原有岗位 1235 个，新增岗位 28883 个），林业生态公益管护岗位 4882 个（新增）。西宁市、海东市、海西州和海北州共设置生态公益管护岗位 8130 个，其中草原生态公益管护岗位 242 个（原有），林业生态公益管护岗位 7888 个（原有岗位 2893 个，新增岗位 4995 个）。

（二）按管护对象设置

草原生态公益管护岗位共设置 30360 个，其中原有岗位 1477 个，新增岗位 28883 个。林业生态公益管护岗位共设置 12770 个（原有岗位 2893 个，新增岗位 9877 个），其中公益林管护岗位 5321 个（原有岗位 1538 个，新增岗位 3783 个），天然林保护管护岗位 6587 个（原有岗位 1355 个，新增岗位 5232 个），湿地管护岗位 862 个。

四、进度安排

2016 年，设置生态管护岗位 1.65 万个，其中林业生态公益管护岗位 0.64 万个，草原生态公益管护岗位 1.01 万个。2017 年，设置生态管护岗位 2.66 万个，其中林业生态公益管护岗位 0.64 万个，草原生态公益管护岗位 2.02 万个。

五、经费估算及资金筹措

（一）草原生态管护

草原生态公益管护岗位中，新增28883个岗位每年需资金62387万元（按每人每月1800元测算），其中，三江源国家公园内精准识别的7421户贫困户全覆盖所需资金16029万元，从省财政生态保护资金中安排；其余21462个岗位每年需资金46358万元，从省财政扶贫资金中安排。

（二）林业生态管护

林业生态公益管护岗位中，新增9015个公益林及天然林管护岗位，管护经费从中央财政公益林补偿和天然林管护补助资金中安排；新增862个湿地管护岗位管护经费，从省财政生态保护资金中安排。

六、责任落实

（一）加强组织领导

各市（州）政府要将生态保护脱贫工作纳入重要议事日程，统筹本区域生态保护工程，制定年度生态保护脱贫实施计划，将年度任务分解到所辖贫困县（市、区）。要加强指导监管，强化督促检查，及时发现和整改存在的问题，确保各项工作落到实处。对重视不够、工作不实造成严重后果或不良影响的，严格问责。

（二）做好协调配合

省林业厅、省农牧厅负责将生态保护脱贫纳入相关专项规划，认真落实重大生态保护与建设项目政策措施，加强部门项目资金投入，做好检查指导、监督管理和工作考核。各县（市、区）政府要切实担负起主体责任，按照精准扶贫需求清单，编制本县（市、区）到村到户实施方案，建立管理制度和工作台账，组织实施好项目。

（三）强化绩效考核

认真按照省政府《关于三江源国家生态保护综合试验区生态管护公益岗位设置及管理意见》（青政〔2014〕76号）、省政府办公厅《关于印发青海省草原湿地生态管护员管理办法的通知》（青政办〔2015〕204号）、省林业厅《关于印发〈青海省生态公益林管护办法（试行）〉的通知》（青林资〔2016〕116号）等文件要求，切实加强对生态管护员管理，严格实行组织化巡查、网格化管护。严格责任考核，建立生态管护员持证上岗、签订管护责任书、逐级考核、一年一聘制度，实行管护补助与责任、考核与奖惩、工资报酬与绩效奖励相挂钩，做到人尽其用、钱见其效，切实提升管护成效。要积极探索建立第三方评估机制，达到以评促建、以评促管的目的。

青海省农牧民危旧房改造扶贫专项方案

根据省委、省政府《关于打赢脱贫攻坚战提前实现整体脱贫的实施意见》（青发〔2015〕19号）精神及其主要目标任务责任分工方案，结合实际，制定本专项方案。

一、对象范围

将全省42个贫困县（市、区、行委）52万贫困人口中，有建房需求的建档立卡贫困户（不包括建档立卡易地搬迁贫困户）和非建档立卡但需与建档立卡贫困户同步易地整村整社搬迁的建房户，纳入全省农牧民危旧房改造范围，实施精准扶贫。

二、目标任务

"十三五"期间，对77565户农牧民实施危旧房改造，改善居住条件。其中，建档立卡贫困户就地房屋改造58462户（不包括建档立卡易地搬迁贫困户33377户），非建档立卡与建档立卡贫困户同步易地整村整社搬迁19103户（其中，行政村内就近集中新建房7854户、建设新村集中新建房2278户、住房结构存在安全隐患新建房8971户）。

三、实施原则

（一）坚持突出重点，分类区别对待

突出扶贫效应，瞄准贫困人口，精准识别，精准分类，精准施策，制定差别化农牧民危旧房改造政策，集中财力和资源向建档立卡贫困户危旧房对象倾斜。

（二）坚持农牧民主体，维护群众利益

充分发挥农牧民群众的主体作用，始终把维护农牧民切身利益放在首位，引导农牧民群众自行建设安全舒适、经济美观的住房，改善居住条件。

（三）坚持规划引领，彰显住房特色

农牧民危旧房改造必须符合村庄统一规划，体现地域特色、民族特色和时代特征，满足住房使用功能。

（四）坚持统筹推进，完善配套设施

农牧民危旧房改造要与高原美丽乡村建设有机结合，在改善农牧民群众生产生活方式的同时，着力完善村庄基础设施和公共服务设施配套建设。

四、进度安排

按照农牧民危旧房改造总体任务，优先满足精准扶贫、整体脱贫目标要求和进度安排。2016 年力争完成 35% 贫困户的住房建设，2017 年完成 35%，2018 年完成 15%，到 2019 年全面完成贫困户住房建设任务。

五、建设标准

（一）根据当地农牧区群众的习俗、经济状况和群众意愿等实际情况，按照农牧民宅基地范围和家庭人口实有人数，住房建筑面积控制在 80 平方米以内。

（二）新建房屋类型主要以砖混结构为主，砖木结构房屋要有结构抗震措施，满足抗震设防要求。

（三）积极推广建设安全、节能、环保的房屋，推广使用新型建筑结构体系和新型墙体材料，建设新型绿色农房。

（四）保护传统民居建造技艺，允许建房农牧民按照传统民居建造技艺建设土木结构房屋。

六、投资估算及资金筹措

农牧民危旧房改造扶贫专项估算财政总投资 19.39 亿元。其中：建档立卡就地房屋改造贫困户 58462 户，财政总投资 14.62 亿元（争取中央资金 4.97 亿元、省级及地方资金 9.65 亿元）；非建档立卡与建档立卡贫困户同步整村整社搬迁 19103 户，财政总投资 4.77 亿元（争取中央资金 1.62 亿元、省级及地方资金 3.15 亿元）。

农牧民危旧房改造建设资金以农牧民自筹自建为主，国家补助资金为辅。国家补助资金由中央、省级和市（州）、县配套资金组成。中央资金由国家农村危房改造补助资金解决，省级补助资金由省财政分年度落实，各市（州）、县落实配套补助资金。

七、政策措施

（一）分档实施

各地要结合实际确定农牧民危旧房改造补助资金分档实施方案，对无力自筹建房资金的建档立卡贫困户，在农牧民危旧房改造平均补助标准基础上，按照分档实施的原则，适度再提高1万至1.5万元进行补助。

（二）信贷支持

农牧民危旧房改造可以利用省级扶贫平台资金。金融机构要进一步完善银行融资信贷机制，为农牧民建房提供相应的信贷服务，解决农牧民危旧房改造融资难问题。

（三）社会帮扶

在完善国家补助政策的基础上，制定多方援助、群众帮扶政策措施，尽力帮助建档立卡贫困户解决住房困难问题。

（四）对口支援

各地要按照中央关于支持青海涉藏地区经济社会发展等政策，积极争取对口帮扶省(市)、部委和企业、单位等加大对我省农牧民危旧房改造资金支持。

八、工作要求

（一）加强组织领导

省城乡住房建设领导小组负责全省农牧民危旧房改造扶贫专项工作的统筹协调。各市（州）政府要加强对所辖县（市、区、行委）项目的统筹协调，对本地区项目负总责。县级政府是农牧民危旧房改造扶贫工作责任主体，应按照优先解决"最困难群众、最危险房屋"原则，做好年度目标计划及相关实施方案，完善工作机制，落实好农牧民危旧房改造扶贫专项各项政策。

（二）加强建设管理

严格执行住房城乡建设部《关于印发〈农村危房改造最低建设要求(试行)〉的通知》（建村〔2013〕104号）精神，做好住房建设风貌管控，完善住房功能，提高住房品质，确保住房建设质量。加强乡镇建设管理员和农村牧区建筑工匠培训管理，抓好农牧户档案建立、信息网络录入以及建房对象甄别工作。

（三）强化监督检查

各地要加强本地区农牧民危旧房改造的监督检查，全面落实好目标任务和政策措施。加大工作考核和问责力度，对态度不积极、工作不主动、进度缓慢的单位和责任人进行通报批评，明确整改期限和要求。

（四）形成工作合力

各级住房城乡建设部门要做好建档立卡贫困户就地房屋改造项目的组织实施工作。扶贫部门负责核定农牧民危旧房改造扶贫对象，并组织实施确需与建档立卡贫困户同步整村整社搬迁的非建档立卡户的搬迁改造工作。财政部门负责审核拨付资金、监督管理资金使用等。各有关部门要各负其责，密切配合，全力做好农牧民危旧房改造扶贫工作。

青海省人民政府办公厅文件

青海省人民政府办公厅转发省民政厅等部门关于做好农村最低生活保障制度与扶贫开发政策有效衔接实施方案的通知

青政办〔2017〕86号

各市、自治州人民政府，省政府各委、办、厅、局：

省民政厅、省扶贫局、省财政厅、省统计局、省残联《关于做好农村最低生活保障制度与扶贫开发政策有效衔接的实施方案》已经省政府同意，现转发给你们，请认真贯彻落实。

青海省人民政府办公厅

2017 年 5 月 17 日

（发至县人民政府）

省民政厅、省扶贫局、省财政厅、省统计局、省残联
关于做好农村最低生活保障制度与扶贫开发政策
有效衔接的实施方案

为贯彻落实《国务院办公厅转发民政部等部门关于做好农村最低生活保障制度与扶贫开发政策有效衔接指导意见的通知》（国办发〔2016〕70号），充分发挥农村最低生活保障政策的兜底作用，确保我省打赢脱贫攻坚战，实现整体脱贫的战略部署，结合我省实际情况，制定本实施方案。

一、总体要求

认真贯彻落实党中央、国务院关于脱贫攻坚的决策部署，深入学习贯彻习近平总书记视察青海时提出的"四个扎扎实实"重大要求和省委提出的"四个转变"新思路，牢固树立创新、协调、绿色、开放、共享的发展理念，坚持精准扶贫、精准脱贫基本方略，按照"应保尽保、应扶尽扶、有进有出、动态管理"的原则，全面落实最低生活保障政策和各项扶贫帮扶措施，切实发挥农村最低生活保障制度在脱贫攻坚中的兜底作用，确保到2020年现行扶贫标准下农村贫困人口实现整体脱贫，与全省人民同步迈入小康社会。

二、重点工作

（一）加强制度衔接

在坚持规范有序、保持政策连续性的基础上，加强低保制度和扶贫开发政策的有效衔接。对符合农村低保条件的建档立卡贫困户，按规定程序纳入低保范围。对符合扶贫条件的农村低保家庭和特困人员，按规定程序纳入建档立卡范围，并针对不同致贫原因予以精准帮扶。对未纳入建档立卡范围的低保家庭和农村特困人员，统筹使用相关扶贫开发政策，提高生活水平。农村低保、农村特困人员和建档立卡范围内的贫困人口全部纳入医疗救助重点救助范围，在脱贫攻坚期间全额资助参加居民基本医疗保险个人缴费部分，对其中14岁以下儿童救助报销比例提高10%，封顶线达到6万元。

（二）加强对象衔接

严格低保审核审批程序，按照申请、审核、核对、审批的程序，将符合条件的对象纳入救助范围，不得降低或无条件将某类群体或家庭直接纳入保障范围。进一步完善农村低保家庭贫困状况评估指标体系，以家庭收入、财产作为主要指标，考虑家庭成员因残疾、患重病、教育等增加的刚性支出因素，综合评估家庭贫困程度。对农牧区因重大疾病、教育等刚性支出较大造成支出型贫困的家庭纳入农村低保范围，符合扶持条件的纳入建档立卡范围；对农牧区无法单独立户的成年无业重度残疾人、低收入家庭中的未成年重度残疾人、法定抚养人有抚养能力但家庭经济困难的儿童，经个人申请可按单人户纳入农村低保保障范围并享受相关救助政策。按照精准扶贫、精准脱贫安排部署，对低保家庭分三类进行精准脱贫。将家庭主要成员完全丧失劳动能力或生活自理能力的困难家庭列为重点保障户（A类）；将家庭主要成员部分丧失劳动能力或生活自理能力，家庭人均收入低于当地保障标准且家庭财产符合有关规定的比较困难家庭列为基本保障户（B类）；其他原因造成家庭人均收入低于当地保障标准且家庭财产符合有关规定的一般困难家庭列为一般保障户（C类）。对A类对象，要以最低生活保障为主，切实保障其基本生活；对B类和C类对象，以扶贫帮扶和就业扶持为主，鼓励其通过发展产业、自主就业和扶持就业，脱贫后逐步退出农村低保保障范围。返贫人口实行先退出低保，再重新审核审批纳入的办法。乡（镇）人民政府要将农村低保和扶贫开发情况纳入政府信息公开范围，将建档立卡贫困家庭和农村低保对象、特困人员实行长期公示，接受社会和群众监督。"十三五"期间，农村养老保险基础养老金、优待抚恤金，以及教育、计划生育、残疾人生活补贴、重度残疾人护理补贴、高龄补贴、见义勇为等方面的奖金，不计入家庭收入。

（三）加强标准衔接

做好农村低保标准和扶贫标准的衔接，农村低保标准按不低于扶贫线标准逐步提高。到2017年底达到3532元以上，2018年底达到3762元以上，2019年底达到4000元以上。县级民政部门要认真落实本地区农牧区低保对象生活补助。按照家庭人均收入低于低保标准的差额发放低保金，实行据实补差，条件不具备的地区，可继续实行按档补助。低保对象中的特殊困难人员按原标准继续发放分类施保金，60岁以上的老年人、重度残疾人、长期卧床病人、单亲家庭和 16 岁以下儿童按每年 200 元（每月 17 元）增发保障金；本人无固定经济收入的一级、二级残疾人按照每人每月 100 元标准发放生活补贴，低收入家庭的三、四级残疾人按照每人每月 50 元标准发放生活补贴；重度残疾人按照每人每月 100 元标准发放护理补贴；认真落实《青海省特困人员救助供养办法》，对符合规定的特困对象及时纳入特困人员救助供养范围，并按当地特困人员救助供养标准发放基本生活费和照料护理费，做到"应救尽救，应养尽养"。

（四）加强政策衔接

各地要抓紧健全完善"一门受理、协同办理"工作机制，全面开展一门受理工作，通过服务窗口统一受理和转办（介）救助申请，做到救助政策有机衔接、救助资源合理整合、救助数据共享使用，提升救助综合效能和效率时限，确保困难群众求助有门、受助及时。加大临时救助力度，全面开展"救急难"，对因遭遇突发事件、意外伤害、重大疾病或其他特殊原因导致基本生活陷入困境，按规定及时予以临时救助，最大限度减少因灾因病致贫。县级民政部门临时救助金审批权限提高到 10000 元。受县级民政部门委托，乡（镇）人民政府临时救助金审批权限提高到 2000 元。加强与慈善组织等社会力量的沟通衔接，多渠道解决农牧区困难群众出现的暂时性、突发性困难，减少因病、因灾等原因造成的致贫、返贫现象的发生。健全完善农村留守老人、妇女、儿童和残疾人的关爱服务体系，开展生活照料服务、生产帮扶服务和精神慰藉服务。

（五）加强管理衔接

加强最低生活保障对象的动态管理，对每月新增的农牧区困难家庭，由乡（镇）人民政府核查后上报县级民政部门审批，符合条件的要及时纳入农村最低生活保障范围，并及时报同级扶贫部门备案。县级扶贫部门要将建档立卡贫困人口名单和脱贫农村低保对象名单、脱贫家庭人均收入等情况及时提供给同级民政部门。建立脱贫退出机制，对低保对象日常管理中发现的已实现脱贫或死亡的低保对象，及时退出低保障和扶贫范围，列入年度脱贫计划指标，并报上级民政、扶贫部门备案。残疾人实现脱贫的，各地可根据实情继续享受 6—12 个月的低保救助。密切关注已脱贫家庭的收入变化和生活状况，对于因遭急难事导致短期生活困难的脱贫家庭，及时给予临时救助和医疗救助,对于救助后仍不能解决的长期性困难,按程序纳入低保制度范围,做到"应保尽保"。

三、保障措施

(一)加强协作配合

各地要发挥扶贫开发工作领导小组和社会救助联席会议的作用,进一步加强对低保等社会救助工作的组织领导,强化部门协作配合,统筹解决低保兜底脱贫中存在的问题。县(市、区)级民政、扶贫部门要及时将低保对象和建档立卡贫困人口信息录入低保和扶贫信息系统。民政部门牵头做好农村低保制度与扶贫开发政策衔接工作,搭建农村低保系统、核对信息化平台和扶贫开发系统数据共享、对接的信息平台,实现实时比对。扶贫部门落实扶贫开发政策,配合做好衔接工作。财政部门做好相关资金保障工作。统计部门会同有关部门组织实施农村贫困监测,及时提供调整低保标准、扶贫标准所需的相关数据。残联会同有关部门及时核查残疾人情况,积极协调民政、扶贫等部门将符合条件的残疾人纳入低保和建档立卡贫困对象范围,配合做好对农村低保对象和建档立卡贫困人口中残疾人的重点帮扶工作。

(二)强化资金保障

省民政厅、省财政厅要根据各地上年资金结余情况,并综合考虑工作绩效等因素,安排各地区城乡困难群众基本生活救助补助资金。各级财政、民政等部门要严格依据当年最低生活保障标准安排落实补助资金,确保每年3月底前提标资金下拨到位。各级民政、财政部门要采取有效措施,加快资金支出进度,消化结余、减少沉淀;要定期开展资金专项检查,强化审计监督,切实发挥资金效益。

(三)建立考核机制

各级民政和扶贫部门要围绕落实精准扶贫、精准脱贫的要求,针对主要目标任务设置考核指标。重点考核组织领导、健全机制、精准识别、扶贫成效、资金使用等情况。主要考核指标为:县、乡(镇)人民政府低保工作责任落实情况、低保与扶贫协调机制建设情况;低保对象和建档立卡对象识别、退出精准度、脱贫目标完成情况;扶贫对象"一户一策""一对一"帮扶到户落实情况,以及各项帮扶措施、帮扶工作的群众满意度;农村低保资金安排、使用、监管和成效等情况。要注重考核工作成效,坚持客观公正、群众认可;

要规范考核方式和程序，充分发挥社会监督作用；要坚持结果导向、奖罚分明，实行正向激励，落实责任追究，防止"数字脱贫"和被"脱贫"。考核结果作为省政府对各地区年度目标考核中年底低保绩效考核的重要依据，并与农村低保等社会救助资金分配挂钩。各地区要将脱贫攻坚低保兜底绩效考核纳入年度目标，加大年度脱贫及退出低保目标任务在政府目标考核中的分值权重。

（四）强化执纪问责

各级党委、政府要进一步强化脱贫攻坚执纪问责力度，紧盯低保等各项救助工作的规范管理、救助资金的管理发放、扶贫攻坚目标任务的完成、群众反映的突出问题等关键环节，加强监督排查。严格落实低保管理主体责任，切实履行好乡（镇）人民政府的低保申请审核责任和县级民政部门的低保审批责任。要注重联动督查和日常监管，努力形成省、市、县、乡、村五级上下联动和相关职能部门相互联动的监督机制，把监督覆盖到打赢脱贫攻坚战的各个环节和方面。要加大问责力度，对因工作重视不够、管理不力、滥用职权、玩忽职守、徇私舞弊发生重大问题、造成严重社会影响的地方政府和部门负责人，依据相关规定由纪检监察机关或组织人事部门按干部管理权限进行问责和追究党纪政纪责任。对导致发生救助资金挪用、贪污或者不正之风长期滋长蔓延的地区、部门和单位，实行"一案三查"，即：一查当事人的违纪违法责任，二查部门党委（党组）的主体责任，三查纪委（纪检机构）的监督责任。

（五）提升基层能力

按照《青海省人民政府关于贯彻落实〈社会救助暂行办法〉的实施意见》（青政〔2014〕59号）要求，切实加强乡（镇）人民政府社会救助能力建设，确保每个乡镇配备2—3名社会救助专（兼）职工作人员。乡（镇）人民政府、街道办事处要在服务大厅设置社会救助统一受理窗口，具体承办有关社会救助的申请受理、调查审核等事项，为农村低保对象和建档立卡贫困人口提供"一站式"便民服务。要充分发挥第一书记和驻村工作队在落实农村低保制度和扶贫开发政策中的骨干作用。各级财政要综合考虑救助对象人数和服务半径等因素测算安排工作经费，确保低保兜底工作正常开展。要加大培训力度，建立定期培训机制，进一步提高县、乡两级工作人员的业务素质和服务能力。

（六）加强政策宣传

各地区要进一步加强各项社会救助制度和扶贫政策的宣传工作，广泛利用报刊、电视、广播、互联网等媒体，宣传有关措施及工作程序，增强工作的透明度，扩大社会的参与度，形成全社会共同参与打赢脱贫攻坚战的良好氛围。认真总结和推广在低保兜底扶贫工作方面探索积累的经验和做法，通过典型引路，积极弘扬正能量，着力增强贫困群众脱贫信心和脱贫致富的内生动力。

本实施方案自 2017 年 6 月 16 日起施行。

青海省人民政府办公厅

青海省人民政府办公厅
转发省发展改革委、省扶贫局关于《青海省
易地扶贫搬迁整改工作方案》的通知

青政办〔2017〕121号

各市、自治州人民政府，省政府各委、办、厅、局：

省发展改革委、省扶贫局拟定的《青海省易地扶贫搬迁整改工作方案》已经省政府研究同意，现印发给你们，请结合实际，认真抓好落实。

青海省易地扶贫搬迁整改工作方案

根据全国部分省份易地扶贫搬迁工作推进会精神和国家发展改革委办公厅《关于请青海省抓紧开展易地扶贫搬迁问题整改工作的通知》要求，针对我省易地扶贫搬迁工作中存在的问题，制定本整改方案。

一、存在问题

2016年，我省搬迁安置建档立卡贫困户13259户、45144人，根据国家发展改革委通报，我省易地扶贫搬迁项目存在以下问题：

一是部分搬迁对象识别不够精准。二是易地扶贫搬迁工程进度缓慢。三是建房面积控制采取"一刀切"。四是资金运作方式不规范，五是部分搬迁户自筹比例较高。

二、整改措施

（一）彻底整改搬迁对象不精准的问题

各县（市、区）要聚焦建档立卡贫困人口，组织进一步对易地扶贫搬迁对象精准识别"回头看"，及时核对、补充、调整扶贫开发信息管理系统"易地搬迁"子系统的建档立卡贫困户数据，做好与全国扶贫开发信息系统衔接补录工作。一是对已搬迁并经核实确属易地搬迁对象，但未录入全国扶贫开发信息管理系统"易地搬迁"子系统的建档立卡贫困户，及时补充录入，并进行"易地搬迁"标识。二是在开展易地扶贫搬迁项目前期工作中，要充分尊重群众意愿，精准确定搬迁对象，项目一旦确定实施，不得随意变更，确保项目计划搬迁人口与实际搬迁人口一致。三是认真核对录入全国扶贫开发信息管理系统"易地搬迁"子系统户数、人数，与全省"十三五"易地扶贫搬迁规划比对，若数据不一致，及时向省发展改革委、省扶贫局提出变更申请，确保"十三五"规划数据与录入全国扶贫开发信息管理系统中的数据相一致。［整改责任主体：市（州）、县（市、区）人民政府。督导责任部门：省扶贫局、省发展改革委。整改时限：2017 年 7 月底前］

（二）彻底整改超面积建房的问题

针对我省住房面积"一刀切"，导致 2016 年 1 人户、2 人户被动超标。按照汪洋副总理太原会议讲话"已经建成住房超标的，要妥善利用"的要求，各县（市、区）人民政府严格按照人均住房面积不超过 25 平方米的"红线"规定，因地制宜、因村因户施策，采取整合、并户，与养老院、幸福院共建，建设单身公寓，住房结构改造，在县域内调整入住对象，现住房划分使用功能，产权共享等灵活多样的办法进行整改，超面积部分由村集体和搬迁户产权共享，用于建档立卡贫困户发展乡村旅游、民俗体验、自驾游接待、便利超市等后续产业，2016 年超面积建房补助资金，由财政部门负责原渠道归还，调整用于其他搬迁安置的建档立卡贫困户搬迁补助。［整改责任主体：市（州）、县（市、区）人民政府；督导责任部门：省扶贫局、省发展改革委、省住房城乡建设厅。整改时限：2017 年 7 月底前］

（三）彻底整改举债建房的问题

各县（市、区）要牢固树立"红线"意识，确保建档立卡贫困户不因搬迁而举债，确保集中安置、自主安置的建档立卡贫困户自筹资金不超过 1 万元。

［整改责任主体：市（州）、县（市、区）人民政府；督导责任部门：省扶贫局、省发展改革委；整改时限：2017年7月底前］

（四）彻底整改资金运作不规范的问题

调整建房补助政策，将按户补助调整为按人补助，原则上建房补助总额不超过住房建设总成本。明确集中安置区征地费由地方政府自筹及整合其他资金解决。［整改责任主体：市（州）、县（市、区）人民政府；督导责任部门：省扶贫局、省发展改革委；整改时限：2017年7月底前］

（五）彻底整改项目进展缓慢的问题

各县（市、区）要抢抓黄金施工期，加快工程进度，对自主安置房源难以落实的建档立卡贫困户，有条件安置的地区，可以将自主安置调整为集中安置，确保2016年易地扶贫搬迁项目今年10月份全部入住。2017年摘帽的贫困县、退出的贫困村和脱贫的贫困人口，易地搬迁住房建设必须当年建设、当年完工、当年实现入住。［整改责任主体：市（州）、县（市、区）人民政府；督导责任部门：省扶贫局、省发展改革委；整改时限：2017年10月底前］

三、严格按照国家政策规定，实施好2017年易地扶贫搬迁项目

2017年，各地要严格按照国家发展改革委、国务院扶贫办、财政部、国土资源部、中国人民银行《关于印发"十三五"时期易地扶贫搬迁工作方案的通知》（发改地区〔2015〕2769号）精神，开展易地扶贫搬迁工作，全面准确地执行《"十三五"时期易地扶贫搬迁工作方案》所确定的各项政策。按照户均建房和基础设施总投资不超过过2200万元，人均住房建设面积不超过25平方米，3人及以上户不超过80平方米，每户自筹资金不超过1万元，集中安置区征地费由地方政府自筹及整合其他资金解决的规定，确定以下政策。

（一）建房补助

实行区域差异化建房补助政策，按人进行补助，原则上西宁、海东每人补助3.5万元，涉藏地区六州每人补助4万元，3人以上家庭住房建设面积控制在80平方米以内。各县（市、区）可统筹住房和基础设施建设资金，招投标统一建设。自主安置执行原政策不变。

（二）户型设计

各县（市、区）根据25平方米、50平方米和80平方米的住房面积，采取联排并建、一户一宅等方式，灵活设计户型。对集中建设公寓房安置的，在不突破控制面积标准的情况下，要考虑公用空间。对多人户家庭，当地政府规划时可采取预留续建空间的办法，解决建档立卡贫困户脱贫后扩建住根据整改工作方案，省发展改革委修编全省"十三五"易地扶贫搬迁规划并指导各县（市、区）修编本级规划。

四、整改要求

（一）高度重视、认识到位

开展易地扶贫搬迁存在的问题整改工作，是党中央、国务院的要求，是确保易地扶贫搬迁项目健康稳步推进的前提。省委、省政府明确要求，要以一天也不能耽搁的紧迫感扎实做好整改工作，确保整改到位，打好翻身仗。各级党委政府要从维护民族团结、维护地区稳定，完整准确地宣传好、贯彻好、落实好党的脱贫攻坚政策的高度，认真细致地做好易地扶贫搬迁贫困户的思想工作，各市（州）、县（市、区）主要领导要集中时间和精力，牵头完善政策，做好分析研判，确保工作落到实处。

（二）制定方案、限期整改

各市（州）、县（市、区）对照国家发展改革委提出的整改问题，对号入座、举一反三、全面排查，坚持问题导向，研究整改措施，制定整改方案，抓紧整改工作，务必按照规定的时限整改到位。各市（州）、县（市、区）整改方案及时报省发展改革委和省扶贫局备案。整改进展情况及时报省扶贫开发工作领导小组办公室。

（三）履职尽责、落到实处

易地扶贫搬迁项目整改工作牵涉面广、涉及群众的切身利益，各市（州）党委政府要切实承担起形势研判、综合协调、督促整改的责任，各县（市、区）党委政府要切实履行整改工作的主体责任，主要领导要亲力亲为，落实整改。要调动县域内人力资源，压实责任，明确时限，认真细致地做好整改工作。要严格执行人均住房建设面积不超过25平方米的规定，新建住房再有超标的，发现一起处理一起，绝不手软留情。要及时制定易地扶贫搬迁住房管理办法，享受易地搬迁国家补助的住房，不得随意出售、转让，坚决杜绝套取国家建房补助资金、多建房、建人情房。

青海省人民政府办公厅文件

青海省人民政府办公厅
关于进一步加强控辍保学提高义务教育
巩固水平的通知

青政办〔2018〕23号

各市、自治州人民政府，省政府各委、办、厅、局：

义务教育是国家统一实施的所有适龄儿童少年必须接受的教育，是教育工作的重中之重，是国家必须予以保障的基础性、公益性事业。省委省政府高度重视义务教育工作，在促进教育公平、保障适龄儿童少年平等接受义务教育方面作出了一系列部署，特别是近年来建立了城乡统一、重在农牧区的义务教育经费保障机制，义务教育入学率、巩固率持续提高。但受办学条件、地理环境、家庭经济状况和思想观念等多重因素影响，我省一些地区特别是民族聚居地区仍不同程度存在失学辍学现象，小学毕业年级和初中学生辍学、流动和留守儿童失学辍学问题仍然较为突出。为贯彻《国务院办公厅关于进一步加强控辍保学提高义务教育巩固水平的通知》(国办发〔2017〕72号)精神，落实《青海省人民政府关于统筹推进城乡义务教育一体化改革发展的实施意见》(青政〔2017〕26号)部署，切实解决义务教育学生失学辍学问题，经省政府同意，现就进一步加强控辍保学、提高义务教育巩固水平有关工作通知如下：

一、坚持依法控辍，建立健全控辍保学工作机制

1. 履行政府控辍保学法定职责。各地要认真履行义务教育控辍保学法定职责，严格落实《义务教育法》《未成年人保护法》等法律法规，保障适龄

儿童少年接受义务教育的权利。加强省级统筹，全面落实义务教育以县为主的管理体制。各市（州）人民政府要全面负责区域内义务教育控辍保学工作，完善政策措施，健全控辍保学目标责任制，突出重点地区、重点学段，加强分类指导，制定专项督查办法，依法解决适龄儿童少年入寺、打工、早婚等问题，督促各县（市、区）做好义务教育各项工作，切实保障适龄儿童少年接受义务教育权利，确保到2020年实现全省各县（市、区）九年义务教育巩固率达到95%以上的目标。县级人民政府要履行控辍保学主体责任，组织和督促适龄儿童少年入学，帮助他们解决接受义务教育的困难，采取措施防止辍学。要积极配合各级人民代表大会及其常务委员会加强对义务教育控辍保学工作的监督及执法检查。

2. 完善行政督促复学机制。各地要全面掌握辖区内适龄儿童少年情况，加强宣传教育，督促父母或者其他法定监护人依法送适龄儿童少年入学并完成义务教育。学校要建立和完善辍学学生劝返复学、登记与书面报告制度，及时将辍学学生信息报送乡镇政府（街道办事处），加强家校联系，配合政府部门做好辍学学生劝返复学工作。落实家长责任，父母或者其他法定监护人应当依法送适龄儿童少年按时入学接受并完成义务教育，无正当理由未送适龄儿童少年入学接受义务教育或造成辍学的，由当地乡镇政府（街道办事处）或者县级教育部门给予批评教育，责令限期改正；逾期不改的，由司法部门依法发放相关司法文书，敦促其保证辍学学生尽早复学；情节严重构成犯罪的，依法追究法律责任。

3. 建立义务教育入学联控联保工作机制。各级综治委校园及周边治安综合治理专项组，工商（市场管理）、公安等部门要加强文化市场管理和校园周边环境综合治理，禁止在学校周边开办不利于儿童少年身心健康的娱乐活动场所，禁止营业性歌舞厅、电子游戏厅、网吧等接纳未成年学生。司法部门要做好控辍保学相关法治宣传教育和法律援助工作。民政部门要将符合条件的家庭经济困难学生纳入社会救助政策保障范围。用人单位不得违法招用未满16周岁的未成年人。人力资源社会保障部门和工商（市场管理）部门要加大对违法招用未成年人的单位或个人的查处力度，情节严重的由工商（市场管理）部门吊销相关单位或个人的营业执照。宗教事务部门要依法加强对宗教活动场所和教职人员的管理，对宣扬女童弃学、为义务教育适龄儿童少年举办婚礼宗教仪式的教职人员，要依法予以惩处；严禁寺院接收九年义务教育阶段适龄儿童少年为宗教教职人员，因特殊情况确需接收的，应当严格审批；严禁寺院等各类宗教组织举办九年义务教育阶段适龄儿童少年学习班等，进行宗教教育。社会组织和个人要在控辍保学工作中发挥各自的作用，为适龄儿童少年接受义务教育创造良好的环境。落实举报监督机制，充分发挥好社会监督作用，对违反《义务教育法》导致学生辍学的，任何社会组织或者个人有权向有关国家机关提出检举或控告。

二、提高质量控辍，避免因学习困难或厌学而辍学

4. 提升农牧区学校教育质量。落实义务教育学校管理标准，全面提高农牧区学校管理水平，开齐开足开好国家规定的课程，科学合理安排学生在校学习时间、体育锻炼时间、在校活动内容和家庭作业，健全学生体育锻炼制度，切实保证学生每天一小时校园体育活动落到实处，不得随意加深课程难度、增加课时、赶超教学进度或提前结束课程，布置有效作业，严格控制作业量。发挥共青团、少先队组织作用，积极开展文体活动和社会实践活动，丰富校园文化生活。加强教研机构建设，强化对农牧区学校教育教学工作的研究和指导，鼓励教研员采取蹲点等形式帮助农牧区学校提高教学质量。推进城乡学校结对帮扶，建立学区集体教研和备课制度。加快有特色而有质量的乡村小规模学校（含教学点，下同）建设，完善对中心学校和乡村小规模学校一体化办学的评价标准和考核机制，加强中心学校对村小学、教学点的指导管理。发挥乡村小规模学校小班化教学优势，积极开展启发式、参与式教学，充分运用信息化手段，利用在线课堂等信息技术，推动优质教育资源共享，提高义务教育质量和吸引力，让孩子们从小愿意上学。落实乡村教师支持计划，执行好乡村教师生活补助政策，加强校长、教师轮岗交流，统筹调配编内教师资源，推动城乡间教师交流，有计划地组织选派西宁、海东等地的优秀教师到青南边远地区支教。加强乡村教师培训，中小学教师国家级培训计划（国培计划）和省级培训计划（省培计划）优先支持艰苦边远地区乡村教师培训。民族地区要科学稳妥推行双语教育，健全双语教育督导评估和质量监测机制，全面提高民族地区教育教学质量。统筹财政教育支出，倾斜支持特殊教育，全面改善特殊教育学校办学条件，配备专业教师，并发挥特殊教育资源中心作用，提高普通学校随班就读质量，完善不能到校学习的重度残疾儿童送教

上门制度，为每一位残疾儿童少年提供合适的教育。

5. 因地制宜促进农牧区初中普职教育融合。各地要结合区域内教育和农牧区经济发展实际，加强普通教育、职业教育统筹，通过在普通初中开设职业技术课程、组织普通初中学生到当地中等职业学校（含技工学校）选修职业教育专业课程等多种方式，积极促进农牧区初中普职教育融合，确保初中学生完成义务教育，为中职招生打下基础，提供多种成才渠道，使他们升学有基础、就业有能力，有针对性地防止初中生辍学。中等职业学校（含技工学校）应着眼于促进学生在本乡本土生活和工作，在专业和课程设计开发过程中要紧密结合农牧区生产生活实际。鼓励因地制宜为农牧区普通初中配备一定数量的专、兼职职业技术教师。

6. 建立健全学习困难学生帮扶制度。各地各校要把对学习困难学生的帮扶作为控辍保学的重点任务，建立健全学习帮扶制度，着力消除因学习困难或厌学而辍学的现象。要按照因材施教的原则，针对学习困难学生学习能力、学习方法、家庭情况和思想心理状况，切实加大帮扶力度，使他们增强学习兴趣，改进学习方法，养成良好学习习惯，不断提升学习能力和学习水平，切实增强学习的自信心、有效性和获得感。积极推进考试招生制度改革，强化对学生的发展性评价、多元评价，促进学生全面发展，把对学习困难学生的发展性评价作为考核学校教育工作和教师教育教学工作实绩的重要内容。

三、落实扶贫控辍，避免因贫失学辍学

7. 精准确定教育扶贫对象。各地要认真贯彻落实省委省政府关于打赢脱贫攻坚战的决策部署，把控辍保学工作作为脱贫攻坚的硬任务，压实工作责任。要聚焦贫困地区和贫困人口，把建档立卡等家庭经济困难学生（含非建档立卡的家庭经济困难残疾学生、农牧区低保家庭学生、农牧区特困救助供养学生，下同）作为脱贫攻坚重点对象，特别是把残疾儿童、残疾人子女、服刑人员未成年子女、随迁子女、留守儿童作为重中之重，坚持优先帮扶、精准扶贫，切实提高扶贫成效，到2020年全面完成"发展教育脱贫一批"任务，阻断贫困代际传递。各地教育部门要会同财政、扶贫、民政等部门和安置帮教机构、残联组织，加强排查，摸清情况，针对家庭经济特殊困难学生，按照"一家一案、一生一案"制订扶贫方案，统筹各类扶贫、惠民政策，建立特殊关爱机制，确保孩子不因家庭经济困难而失学辍学。每年入学季，县级政府要组织教育

部门、扶贫部门和乡镇政府（街道办事处）深入乡村一线，对适龄儿童入学情况进行现场调研和数据核查对接，确保建档立卡贫困户子女入学无一遗漏。

8. 全面落实教育扶贫和资助政策。各地要完善义务教育扶贫助学工作机制，认真落实义务教育"两免一补"、农牧区义务教育学生营养改善计划、贫困家庭子女享受 15 年免费教育等惠民政策。加大对残疾学生就学支持力度，对符合资助政策的残疾学生和残疾人子女优先予以资助，建立完善残疾学生特殊学习用品、教育训练、交通费等补助政策。加大对家庭经济困难学生资助力度，免除公办普通高中就学的建档立卡等家庭经济困难学生学杂费、教科书费，继续实施高校面向农牧区和贫困地区定向招生专项计划，探索建立扶贫、涉藏地区、生态保护专项招生计划，畅通绿色升学通道，提高贫困地区义务教育学生升学信心。

四、强化保障控辍，避免因上学远上学难而辍学

9. 统筹城乡义务教育学校规划布局。以县为主规划调整义务教育学校布局，加强区域内教育发展规划，根据城镇建设规划和老城区改造，结合人口、地理、交通等实际情况，充分考虑户籍制度改革、计划生育政策调整、人口及学生流动等因素，合理规划布局城乡义务教育学校。重视农牧区学校规划建设，保留并办好必要的教学点，切实保障学生就近上学的需要。健全农牧区义务教育寄宿制学校保障机制和管理机制，优先满足留守儿童住宿需求。根据学生年龄特点及各地实际，切实处理好坚持就近入学为主与合理集中寄宿的关系，巩固涉藏地区寄宿制学校成果，着力扩大东部农业区寄宿制学校规模。严格规范学校撤并程序，充分听取群众意见，避免因学校布局不合理和学生上学交通不方便造成学生失学辍学。要因地制宜通过增加寄宿床位、增加公共交通线路和站点、供应午餐、提供校车服务等多种方式，妥善解决农牧区学生上学远和寄宿学生家校往返交通问题。通过在城镇新建和改扩建学校，有序扩大城镇学位供给。全面建立以居住证为主要依据的随迁子女入学政策，为随迁子女平等接受义务教育提供条件。

10. 改善乡村学校办学条件。要强化各级政府责任，优化财政支出结构，优先发展义务教育；省级财政要调整优化教育支出结构，统筹中央资金，加大倾斜支持力度，重点保障义务教育。各地要加强市（州）级统筹，落实县级主体责任，完善乡镇寄宿制学校、乡村小规模学校办学标准，完善配套设施，

科学推进学校标准化建设。落实城乡统一、重在农牧区的义务教育经费保障机制，适当提高寄宿制学校、小规模学校公用经费补助水平，保障学校正常运转。严格落实对学生规模不足 100 人的村小学和教学点按 100 人核定公用经费政策，确保经费落实到学校（教学点）。加强教育审计和问责，对挪用和挤占村小学和教学点公用经费的单位与个人要严肃问责。加快"三通两平台"（"宽带网络校校通、优质资源班班通、网络学习空间人人通"和教育资源公共服务平台、教育管理公共服务平台）建设与应用，提升省级教育信息化平台服务能力，促进农牧区学校共享优质教育资源。

11. 建立控辍保学动态监测机制。各地各校要利用中小学生学籍信息管理系统（以下简称学籍系统）做好辍学学生标注登记工作，对学生和学籍相分离的逐一核实，确保学籍系统信息与实际一致。各级政府及教育部门和学校要加强学生失学辍学情况监测，把农牧、边远、贫困、民族地区和流动人口相对集中地区等作为重点监测地区，把小学毕业年级和初中作为重点监测学段，把流动、留守、残疾、家庭经济困难适龄儿童少年与服刑人员未成年子女作为重点监测群体，对排查发现的辍学和疑似辍学学生建立登记台账，并主动开展劝返复学工作，劝返无果的，要及时启动行政复学机制，落实辍学学生劝返职责。各级教育、公安、卫计、民政、扶贫、残联等部门要建立学籍系统和其他基础信息库比对核查联动机制，充分发挥各种大数据信息库作用，开展数据分析，及时发现未入学适龄少年儿童。公安部门要督促无户籍少年儿童办理入户手续。各级教育部门和残联组织、安置帮教机构要共同核查未入学适龄残疾儿童少年、服刑人员未成年子女数据，安排他们以合适形式接受义务教育并纳入学籍管理，同时防止空挂学籍和中途辍学。建立学生学籍核查协作制度，对学生流向进行查证和通报。严格学籍管理，及时录入和变更学籍信息，对劝返复学学生要及时补登学籍信息，加强学籍信息工作人员培训，稳定队伍。

五、加强组织领导，狠抓工作落实

12. 强化组织实施。各级政府要高度重视控辍保学工作，坚持"政府负责、分级管理、以县为主"的体制，逐级建立由政府主要领导为组长，相关部门负责同志为成员的控辍保学领导小组，对控辍保学工作负总责。实行"双线"目标责任制，县（市、区）政府与乡镇政府（街道办事处）、乡镇政府（街道办事处）与村（社区）、村（社区）与村民（居民）为一线，履行行政控辍职责；县级教育部门与学校、学校与教师、教师与家长为一线，履行劝返复学、登记和书面报告职责。严格落实市（州）政府督查责任、县（区）政府主体责任和乡镇政府（街道办事处）具体责任。要不断完善控辍保学督导机制和考核问责机制，将义务教育控辍保学工作纳入对市（州）、县（市、区）、乡镇政府（街道办事处）目标责任考核体系，作为对地方政府及其主要领导考核的重要指标，加大考核权重。每年春秋两季开学初，各级教育督导部门要对义务教育控辍保学工作和巩固水平开展专项督导，把控辍保学作为责任督学日常督导工作的重要内容，对义务教育辍学高发、年辍学率超过控制线的县（市、区），不得评估认定为县域义务教育发展基本均衡县，已经评估认定的，列为监测复查指标，进行动态管理。切实加强对控辍保学的工作指导，督促县级人民政府进一步摸清学生辍学情况、制定控辍保学工作方案，因地、因户、因人施策，排查政策措施空白点和工作盲点，把控辍保学工作做深做细做实。建立控辍保学约谈制度和通报制度，实行控辍保学督导检查结果公告、限期整改和责任追究制度。

13. 加大宣传力度。各地要通过多种方式，加大对《义务教育法》《未成年人保护法》以及我省实施义务教育法办法和未成年人保护条例等法律法规的宣传力度，广泛宣传控辍保学的典型经验和有效做法，不断提高全社会对义务教育控辍保学工作重要性的认识。要充分调动社会和学校的积极性，持续发力，久久为功，真正把控辍保学的各项政策落实到每个家庭、每个学生。县级教育部门和学校要完善义务教育入学通知书制度，在通知书中加入有关法律规定和违法追责说明，切实强化家长和适龄儿童少年的法律意识，营造适龄儿童少年依法接受义务教育的良好氛围。

本通知自印发之日起施行。

2018 年 2 月 28 日

青海省人民政府办公厅文件

青海省人民政府办公厅印发
《关于进一步深化省内东部地区对口支援
青南地区教育工作的实施方案》的通知

青政办〔2018〕65 号

各市、自治州人民政府，省政府各委、办、厅、局：

《关于进一步深化省内东部地区对口支援青南地区教育工作的实施方案》已经省政府常务会议审议通过，现印发给你们，请结合实际，认真组织实施。

关于进一步深化省内东部地区
对口支援青南地区教育工作的实施方案

为健全完善省内东部地区对口支援青南地区教育工作长效机制，更好推动青南地区提高教育教学质量，促进全省区域间教育均衡发展，为打赢脱贫攻坚战、深化民族团结进步先进区创建提供坚实保障，现制定本实施方案。

一、工作目标

全面贯彻党的十九大和省第十三次党代会精神，落实中共中央、国务院《关于全面深化新时代教师队伍建设改革的意见》，按照"五四战略"和"未来五年两步走"目标的总体部署，围绕青南地区教育教学质量提升和中小学教师能力建设，健全完善对口支援青南教育工作常态化机制，实行教学支教和教研支教相结合，对口支教和置换研修相结合，以点带面，抓点促面，点面结合，提升一批学校，带出一批教师，培养一批教研骨干，通过"传帮带"增强青南教育内生动力，着力缩小青南地区与省内东部地区教育差距，促进全省区域间教育均衡发展。

二、主要任务

（一）建立结对关系

省内东部地区对口支援青南地区教育工作的支援方为西宁市及四区三县、海东市两区两县（平安区、乐都区、民和县、互助县）和部分省属学校（青海师范大学所属各附属中学、青海油田教育管理中心所属各学校和青海省三江源民族中学）。受援方为黄南州、果洛州、玉树州中小学教研室、13 所高中、16 个县（市）的中小学教研室、县城所在地的 17 所初中、30 所小学。东部地区按照 1 至 5 所学校组团对口支援青南 1 所小学、初中、高中或州、县教研室，其中确定 1 所学校为对口支援组长学校。

（二）招聘补充教师

为进一步扩大支教规模，加大支教力度，减轻支援方教师不足压力，调剂 500 名支教周转编制专项用于青南支教工作，其中：从全省事业编制总量内调剂 300 名全额拨款事业编制，另从青南三州按照中小学教师编制总量的 2% 调剂 200 名编制（黄南州 67 名、果洛州 44 名、玉树州 189 名）。调剂的 500 名编制统一由省编办实行动态管理支教任务结束后分别收回返还。按照各地和省属学校承担的支教任务，分别为西宁市、海东市和有关省属学校下达全额预算事业编制 302 名、153 名、45 名，实行专项管理。

西宁市、海东市和省属学校将教师招聘计划上报省人力资源社会保障厅、省教育厅审核。由西宁市、海东市和省直有关单位纳入年度例行招聘并参加全国事业单位 2018 年上半年统一考试。500 名新聘教师按照在编教师相关制度统一管理，人员工资和经费纳入同级财政预算。

（三）边选支教教师

每年 7 月前，西宁市、海东市教育行政部门和省属学校共选出 500 名前往青南地区受援学校、教研室支教的教师，开展不少于 1 年的支教工作。鼓励支教教师分别按照初小、高小、初中、高中各 3 年的教学周期自愿开展为期 3 年的支教工作。支教教师应符合下列条件：

1. 政治素质好、师德修养高，业务能力强、作风扎实，身体健康，年龄一般不超过 45 岁。

2. 教龄一般不得少于 5 年，特殊情况可放宽至 3 年，其中担任支教教研员的一般应具有中级及以上专业技术职务。

（四）派出支教团队

从 2018 年秋季学期开始，西宁市、海东市教育行政部门和省属学校主管单位每年从所属学校按照结对关系向青南各州所属中小学、教研室派出由 500 名教师组成的 79 支支教团队，于受援地学校秋季学期开学前到岗，支教期限为 1 学年。每所受援中学至少由 9 名支教教师（主要是语文、数学、英语、思想政治、物理、化学、生物、历史、地理 9 门课程的教师）组成教学支教团队，每所受援小学由 4 名支教教师（主要是语文、数学、英语、科学 4 门课程的教师）组成教学支教团队，其中 1 人分别兼任受援中、小学副校长。每个受援州、县中小学教研室由 5 至 6 名支教教师组成教研支教团队，其中 1 人兼任州、县教研室主任或副主任。

（五）开展支教活动

教学支教团队主要帮助受援学校制定教学发展方案或计划，加强学校管理，健全规章制度，开展教研、培训和教学改革工作。同时，承担省教育厅或省教研部门根据工作需要直接安排的其他教研任务。受援学校要注重充分发挥支教团队作用，制定学期校本培训计划，在支教团队的帮助下，组织开展集体备课、观课磨课、教学竞赛、集体研讨、小课题研究、教研研修等活动，并支持教学支教团队完成所承担的省级教研任务。每名支教教师承担与当地教师相当的教学教研工作，同时每学期应讲授不少于 8 节公开课或示范课，每学期与受援学校教师共同完成 1 项教学研究小课题。

教研支教团队主要帮助州、县教研室编制州县域内教学发展方案或计划，组织开展州、县域内教研活动，组织实施教学质量监测评价分析和教学指导等工作，促进州、县域内教师专业成长和教育教学发展。同时，承担省教育厅或省教研部门根据工作需要直接安排的其他教研任务。受援地州、县教育行政部门要充分发挥教研支教团队作用，结合实施教学质量提升计划编制教学发展规划或方案，制定年度教研工作计划，明确重点内容和量化指每学期开展区域内学校教学竞赛、教学质量监测分析、教材课标培训、教学观摩和课堂教学指导、教学课题研究等工作,并支持教研支教团队完成所承担的省级教研任务。东部有关地区教育行政部门、各对口支援学校要整合相关力量和资源,为支教团队、教师开展支教工作提供技术支持和帮助。同时,可根据受援教研室、学校需求,在援受双方协商一致,主管教育行政部门或单位同意的前提下,补充开展多种形式的支援、支教和教育教学交流活动。

(六)开展置换研修

受援地区按照不低于受援人数 20% 的比例,每学期置换出可培养、有潜力的优秀校长、教研员和骨干教师到东部地区学校接受不少于 2 个月的跟岗研修,安排到相对应的教学管理、教学研究和课程教学岗位,参与各项教育教学、教研和管理活动,撰写学习笔记、心得体会和培训总结,提高业务能力。

三、保障措施

(一)加强组织领导

省教育厅、省编办、省财政厅、省人力资源保障厅联合成立省内东部地区对口支援青南地区教育工作领导小组,制定有关政策措施,研究解决存在问题,加强工作指导,开展检查评价,共同推进工作。西宁市、海东市和青南三州各级教育、财政、人力资源社会保障、机构编制部门相应成立领导小组,负责做好本地区对口支教工作,及时解决存在的具体问题,落实好各项支教任务。

(二)落实支教教师待遇

支教期间,支教教师关系保留在原单位,工资及福利等由原单位按待遇不变的原则核发,受援地按本地标准为支教教师发放艰苦边远地区津贴和青海津贴的差额部分。支教教师选派工作经费由省级财政以每年人均 2 万元为基础,按不同支教期限统筹安排,主要用于向教师发放补助、交通差旅费及购买保险等。其中,一年期支教的标准为年人均 2 万元;支教一年期满后,在支教考核合格、本人自愿申请、援受双方同意的前提下,继续支教一年的,提高至年人均 2.3 万元;在前两年支教的基础上,申请继续支教的,提高至每年人均 2.6 万元。3 年后,自愿继续支教的,待遇保持不变。受援地在省级工作经费基础上还可根据实际自筹经费为支教教师发放一定数额的补助经费。

（三）强化工作激励

受援地教育行政部门和学校在组织面向教师的各类评选活动时，应将正在支教的教师纳入本地本校评选范围，对表现突出、作用发挥好的支教教师通报表扬，颁发相应证书。东部地区教育行政部门、学校可将教师支教期间在受援地的获奖情况，作为职称申报的参考条件。支教考核合格、符合相关条件的青南支教教师，同等条件下学校要优先推荐申报高级教师评审，优先评选为省、市（州）和县（市、区）优秀教师、骨干教师。援受双方市（州）和县级教育行政部门每年开展一次支教优秀评比和宣传活动。省教育厅每年表彰一次优秀支教教师，宣传优秀支教教师的先进事迹。

（四）加强日常管理

支教教师应参加受援学校、教研室的各项活动，遵守受援单位的各项规章制度。西宁市、海东市、青南三州各级教育行政部门和援受双方单位要切实做好支教教师的服务保障工作，及时帮助解决实际困难，为支教教师创造安全、健康的工作生活条件，切实维护支教教师合法权益，做到常态化关怀，鼓励支教教师为青南地区教育发展做出贡献。对因身体健康等原因不适应支教工作的教师，援受双方要密切协调沟通，随时调整。支教教师的食宿由受援学校、教研室的主管教育部门统一安排解决。受援地区和单位要结合实际创造必要的条件，丰富支教教师业余生活。受援学校一般不得安排支教教师承担维稳应急处置和值班等工作。受援地教育部门不得安排教研支教团队承担教育行政工作任务。青南地区选派到东部地区学校跟岗研修的教学管理人员、教师、教研员接受研修单位的管理。

（五）强化考核评价

省教育厅会同有关部门制定对口支援工作管理办法，明确各方职责任务，指导援受双方加强考核工作。支教期满的教师由受援单位进行考核评价，考核结果向派出学校及其主管教育部门反馈，作为教师聘用考核、晋级评优的重要依据。支援学校落实支教任务、受援学校和教研室发挥支教团队作用的情况由主管教育行政部门分别纳入对援受学校、教研室年度考核目标。省属学奖支教任务纳入主管单位年度考核目标。跟岗研修人员的研修情况由跟岗研修单位作出评价结论，并反馈研修人员派出单位备案。

青海省人民政府办公厅文件

青海省人民政府办公厅
关于开展消费扶贫促进精准脱贫的实施意见

青政办〔2019〕81号

各市、自治州人民政府，省政府各委、办、厅、局：

《青海省开展消费扶贫促进精准脱贫的实施意见》已经省政府研究同意，现印发给你们，请认真组织实施。

青海省人民政府办公厅

2019年7月5日

青海省开展消费扶贫促进精准脱贫的实施意见

为贯彻落实《国务院办公厅关于深入开展消费扶贫助力打赢脱贫攻坚战的指导意见》（国办发〔2018〕129号）和《中共青海省委青海省人民政府关于打赢脱贫攻坚战三年行动计划的实施意见》（青发〔2018〕27号）精神，引导鼓励社会各界通过消费促进我省贫困地区和贫困人口稳定脱贫增收，经省政府同意，现提出如下实施意见。

一、总体要求

以习近平新时代中国特色社会主义思想为指导，深入贯彻落实习近平总书记关于扶贫工作重要论述和省第十三次党代会及十三届四次、五次全会精神，坚持新发展理念，坚持精准扶贫精准脱贫基本方略，围绕促进贫困人口稳定脱贫和贫困地区长远发展，着力激发全社会参与消费扶贫的积极性，着力拓展贫困地区产品和服务消费渠道，着力提升贫困地区特色产品供应水平和质量，着力推动贫困地区休闲农业和乡村旅游发展，推动贫困地区产品和服务融入市场，助力打赢脱贫攻坚战，推进实施乡村振兴战略，不断开创富裕文明和谐新青海。

二、重点行动

（一）广泛开展社会消费行动

1. 推进定点帮扶消费。将消费扶贫纳入省内各级党政机关企事业单位定点扶贫和结对帮扶工作内容。鼓励帮扶双方建立长期定向采购合作机制和直供直销的产销对接关系，支持定点扶贫和结对帮扶单位优先采购贫困地区产品，通过长期定向认购、临时团购、订单式生产认购、个人爱心认购等模式参与消费扶贫。引导鼓励省垣高校、医院、机关食堂及市（州）、县职业院校、中小学，在保障质量安全的前提下，与贫困地区建立农产品定向直供直销关系。组织开展"献爱心、促扶贫"消费扶贫公益活动，引导干部职工自发购买贫困地区产品和到贫困地区旅游。驻村第一书记、帮扶责任人和驻村工作队要把消费扶贫作为帮扶的重要举措，通过做好产品信息发布宣传、把关产品质量价格、对接电商物流等，帮助打通消费扶贫"最后一公里"。［责任单位：省扶贫局、省农业农村厅、省商务厅、省教育厅、省卫生健康委，各市（州）人民政府］

2. 推动东西部协作和援青协作消费。积极对接东西扶贫协作和援青单位、地区与受援地区建立长期稳定的消费扶贫协作关系。瞄准东部一线城市庞大的消费市场和消费群体，搭建贫困地区农畜产品展销平台，积极参加或举办贫困地区特色农畜产品对接促销会，推介精品旅游线路和景点，举办劳务对接洽谈会，扶持和鼓励各市（州）在对口省市建立 1 至 2 个特色产品展销窗口平台。［责任单位：省发展改革委、省商务厅、省农业农村厅、省文化和旅游厅，各市（州）人民政府］

3. 动员社会力量消费。发挥省内行业协会、商会、慈善机构等社会组织作用，采取以购代捐、以买代帮和就业安置、项目开发、客源输送、定点采购等多种方式参与消费扶贫，积极推广我省乡村特色美食、美景和优秀传统文化产品。倡导社会组织、爱心企业、城市人群到农畜产品原产地，认领贫困群众"种养加"项目，体验消费扶贫。[责任单位：省工商联、省商务厅、省民政厅、省农业农村厅、省扶贫局，各市（州）人民政府]

（二）大力实施渠道畅通行动

1. 构建农畜产品供应全链条。推动西宁、海东、格尔木及州县政府驻地农畜产品批发市场和农畜产品销售终端基础设施建设，支持城镇农畜产品批发市场、连锁超市和贫困地区合作社、农牧户开展"农批零对接""农超对接""农社对接""农校对接"等产销对接活动。鼓励有条件的龙头企业、合作社、能人大户开设消费扶贫专营店。在西宁、海东等重点农畜产品生产基地和重点营销企业中扶持一批消费扶贫示范企业，整合物流设施资源，建立从产地到餐桌的物流服务体系。鼓励省内发展经营较好的电商企业，运用大数据等信息化技术，积极发展定制型消费扶贫。[责任单位：省商务厅、省供销联社、省市场监管局、省工业和信息化厅、省农业农村厅、省扶贫局、中国邮政公司青海分公司、各市（州）人民政府]

2. 拓展农畜产品销售途径。积极推动利用好省内外新闻媒体刊播青海扶贫公益广告合作机制，继续发挥好与中央电视台合作建立的精准扶贫广告平台作用，扩大我省贫困地区特色农牧产品宣传效应。鼓励阿里巴巴、京东、苏宁等大型电商企业为我省贫困地区设立青海扶贫专卖店、电商扶贫馆和扶贫频道。扩大电子商务进农村综合示范覆盖面，完善贫困地区互联网基础设施和公共服务平台，为农村电商经营者提供产品开发、包装设计、网店运营、产品追溯、人才培训等专业服务。鼓励在商超、景区、游客集散中心、车站机场等地开设贫困地区特色农畜产品销售专区。[责任单位：省商务厅、省农业农村厅、省供销联社、省发展改革委、省扶贫局、省交通运输厅、省文化和旅游厅，各市（州）人民政府]

3. 完善流通服务基础设施。加大贫困地区流通网点、仓储设施等建设力度，优化整合贫困地区产地物流设施资源，增强仓储、分拣、包装、初加工、运输等综合服务能力。持续推进贫困地区快递下乡工程，支持快递企业与电商企业深化合作，在贫困地区共建县、乡、村电商快递物流网络，扶持和鼓励快递企业在贫困地区特色农畜产品生产加工基地开展专项服务，增加农产品进城、上线渠道，扩大特色产品销售量，增加收入。[责任单位：省商务厅、省农业农村厅、省发展改革委、省交通运输厅、省供销联社、中国邮政公司青海分公司，各市（州）人民政府]

（三）深入实施质量提升行动

1. 加快农畜产品标准化体系建设。加强贫困地区牦牛、青稞、枸杞等特色农畜产品原产地保护，推进地理标志保护农畜产品、特色农畜产品地方标准制定工作。开辟贫困地区绿色食品、有机食品、地理标志农畜产品认证或登记的绿色通道，引导各类农牧业新型经营主体开展认证。加强贫困地区农畜产品质量安全工作，强化产地与消费地监管信息共享、认证结果互认，健全与市场准入相衔接的食用农畜产品检测与产地准出制度，将省内重点农牧业龙头企业、生产基地、专业合作社和特色优势产品优先纳入省级农畜产品质量安全监管追溯平台，构建全链条农畜产品质量安全追溯体系和信用体系。[责任单位：省农业农村厅、省卫生健康委、省市场监管局、省科技厅，各市（州）人民政府]

2. 推进规模化产业化生产经营。依托贫困地区特色资源禀赋，培育壮大新型经营主体，培育打造500家示范农民合作社和2000家示范家庭农场，引导土地经营权向新型经营主体流转，提升土地适度规模经营水平。支持贫困地区农户、家庭农场、合作社建设贮藏、保鲜、烘干等农畜产品产地初加工设施，提高贫困地区农畜产品初加工率。以提升加工能力、扶持优势企业、加强品牌建设、发挥集聚效应为重点，促进产业升级，打造牦牛青稞等特色产品重点龙头企业、规范化合作社。[责任单位：省农业农村厅、省工业和信息化厅、省商务厅、省发展改革委、省扶贫局，各市（州）人民政府]

3. 打造区域性特色农畜产品品牌。推动贫困地区农牧业由增产导向提质导向转变，持续实施农牧业质量提升行动。大力实施青海特色优势产品品牌培育行动，加大对我省贫困地区特色农畜产品、民族手工艺品品牌的展示和推介力度，提升品牌价值，不断提升"青字号"品牌知名度。强化产品质量监管，对经营异常企业和严重违法失信企业，依法列入相关名录名单，并通过全国信用信息共享平台（青海）和国家信用信息公示系统（青海）向社会公示。[责任单位：省农业农村厅、省商务厅、省发展改革委、人行西宁中心支行、省市场监管局，各市（州）人民政府]

（四）强力推进乡村旅游行动

1. 强化基础设施。结合农村牧区人居环境整治，推进贫困地区旅游扶贫重点村村容村貌整治，改善供电、供水、通信、消防、厕所、环境卫生等基础条件，提高交通通达性和游客便利度，全面提升支撑保障能力。[责任单位：省文化和旅游厅、省水利厅、省农业农村厅、省交通运输厅、省发展改革委、省林草局、省通信管理局、国网青海省电力公司，各市（州）人民政府]

2. 提升服务水平。结合贫困地区发展休闲农业和乡村旅游的实际，组织贫困人口及从业人员参加相关专业技能和业务培训，提升服务质量和水平。支持省内高校、职业院校加大贫困地区乡村旅游营销、服务和管理人才培训力度。编制全省贫困地区特色旅游产品目录，支持村企对接，提供整体营销方案，做大做强休闲观光农业、生态旅游、红色旅游、特色文化旅游和康养项目。[责任单位：省文化和旅游厅、省教育厅、省农业农村厅、省人力资源社会保障厅、省扶贫局，各市（州）人民政府]

3. 加强规划设计。结合全省旅游发展规划，加强对贫困地区休闲观光农业和乡村旅游资源调查，深入挖掘绿色生态、红色传统、历史遗存、民族特色、民俗文化等资源，加强顶层设计，因地制宜明确重点发展方向和区域，为贫困地区旅游线路设计、产品开发、品牌宣传等提供专业指导。[责任单位：省文化和旅游厅、省住房城乡建设厅、省农业农村厅，各市（州）人民政府]

4. 加大推介力度。支持贫困地区开展休闲观光农业和乡村旅游相关主题活动，通过文字图片、音频视频等形式，宣传推介贫困地区休闲观光农业和乡村旅游精品景点线路。大力发展"乡村旅游+互联网"模式，设置旅游扶贫专栏，集中推介乡村旅游产品及活动。[责任单位：省农业农村厅、省文化和旅游厅、省广电局、省商务厅、省交通运输厅，各市（州）人民政府]

三、支持政策

（一）落实财税支持政策

各级财政加大对贫困地区消费扶贫支持力度，完善贫困县涉农资金整合长效机制，按照突出重点、应整尽整原则，重点支持特色农牧业发展、农牧业新型经营主体培育、一二三产融合发展和科技服务、农畜产品检验检疫、冷链物流、农村人居环境整治、生态保护等。大力支持服务机构、劳务经纪人等组织贫困劳动力开展职业培训，扶持企业、农民专业合作社和扶贫车间等吸纳贫困劳动力就业并开展以工代训，对组织劳务输出的，按照相关政策给予补贴补助。[责任单位：省财政厅、省扶贫局、省人力资源社会保障厅、省农业农村厅、省住房城乡建设厅、省商务厅、省生态环境厅、省供销联社，各市（州）人民政府]

（二）加大金融支持力度

在禁止形成政府隐性债务的前提下，加大对贫困地区从事农畜产品加工、仓储物流、休闲观光农业、乡村旅游企业市场化金融支持力度，鼓励涉及消费扶贫企业依法合规按照市场化运作的方式进行企业性质融资。引导金融机构特别是涉农金融机构创新金融产品和服务方式，支持信用农户信贷需求，改善农村信用环境，增加消费扶贫信贷投放量。加快推进省级农业信贷担保机构向贫困县延伸，促进贫困地区担保资源整合，构建完善有利于消费扶贫的政策性信贷担保体系。[责任单位：省地方金融监管局、人行西宁中心支行、省财政厅、省农业农村厅、省发展改革委，各市（州）人民政府]

（三）完善用地支持政策

加大对贫困地区农畜产品加工、仓储物流和休闲观光农业、乡村旅游发展等用地支持力度。大力推进闲置宅基地整治，拆旧复垦腾退出的建设用地向农畜产品加工、仓储物流和休闲观光农业、乡村旅游等用地需求倾斜。深度贫困县增减挂钩节余指标可在省域内有偿使用，相关收益优先用于配套基础设施、公共服务设施建设和农村人居环境改善。将休闲观光农业和乡村旅游扶贫项目列为重点发展项目，在使用年度计划指标时给予优先保障。[责任单位：省自然资源厅、省农业农村厅、省扶贫局、省文化和旅游厅，各市（州）人民政府]

四、保障措施

（一）加强组织领导

各地各部门要结合自身职责，加强对消费扶贫工作的统筹协调，细化实化相关举措，切实抓好工作落实。各市（州）要根据产地、消费地的不同定位，建立工作机制，组织开展多种形式的农畜产品营销对接活动，指导贫困县开展消费扶贫工作。各县（市、区、行委）要用活各类合作组织、村级集体经济、龙头企业做好农畜产品认定、推荐工作，确保产品质量，积极组织和参加各类营销活动。充分发挥乡村两级干部和帮扶队伍作用，配合做好各项措施落地落实。[责任单位：省发展改革委、省扶贫局、省农业农村厅、省商务厅、省文化和旅游厅、省供销联社、省财政厅，各市（州）人民政府]

（二）完善利益联结

完善企业、合作社等与贫困户的利益联结机制，切实保障贫困人口分享收益。创新完善联贫助贫机制，通过股份合作、资产收益、长期订单、劳务合作等方式，推动贫困户与新型经营主体建立稳定、紧密、互利的利益联结关系，采取"企业＋合作社＋贫困户"等多种方式，带动贫困户融入产业发展链条。[责任单位：省扶贫局、省农业农村厅、省文化和旅游厅、省商务厅、省工业和信息化厅、省财政厅，各市（州）人民政府]

（三）搞好宣传引导

鼓励在报刊、广播、电视和知名网站宣传推广贫困地区产品和服务，推出一批消费扶贫公益广告优秀作品。及时总结和宣传推广消费扶贫工作中涌现出来的经验做法、工作成效和先进典型，营造全社会参与消费扶贫的良好氛围，为全省消费扶贫工作提供有力舆论支持。[责任单位：省广电局、省扶贫局、省商务厅、省工商联，各市（州）人民政府]

（四）强化督促落实

各地各部门要加强对消费扶贫工作的督促指导，及时跟踪进展情况，协调解决工作推进中存在的问题。建立消费扶贫台账，重点统计购买建档立卡贫困村、贫困户和助贫成效突出企业、合作社的相关数据。将消费扶贫纳入年度脱贫攻坚工作计划和考核内容，积极探索创新方式方法，加大工作力度，推动消费扶贫各项任务和政策落到实处。[责任单位：省发展改革委、省扶贫局、省农业农村厅、省商务厅、省文化和旅游厅、省供销联社、省财政厅、省考核办，各市（州）人民政府]

青海省扶贫开发领导小组文件

青海省扶贫开发领导小组
2016 年脱贫攻坚工作督查方案

青扶组〔2016〕2 号

各市（州）、县（市、区）党委和人民政府，省直各部门、各单位，各人民团体：

为全面贯彻落实《打赢脱贫攻坚战提前实现整体脱贫的实施意见》（以下简称《实施意见》），掌握各地脱贫攻坚进程，及时发现总结成功经验，解决工作中遇到的困难和问题，现提出如下工作方案。

一、建立脱贫攻坚月通报制度

省扶贫开发工作领导小组办公室每月通报各地脱贫攻坚进展情况，选择先进典型，加大媒体宣传。通报内容：

（一）资金拨付到位、分配、县级平台整合使用情况、市（州）、县配套情况；

（二）项目落地、选择（选址）、实施方案、审定批复、公示、开工建设情况；

（三）各行业落实部门职责，跟进整村推进、易地搬迁项目平台、配套基础设施及公共服务项目、贫困户家庭落实公益性岗位、社会保障政策落实建档立卡贫困户情况；

（四）结对帮扶，各定点帮扶单位落实帮扶责任人、制定年度帮扶工作计划情况；

（五）开展雨露计划培训、扶贫系统干部、乡村干部、扶贫专干开展培训情况；

（六）工作推进中存在的突出问题。

二、省扶贫开发工作领导小组办公室每季度召开一次分析会

省扶贫开发工作领导小组办公室每季度召开一次分析会，交流各成员单

位和各地工作推进情况，主要围绕三项内容：

一是各地区各部门推进脱贫攻坚进程行之有效、可推广、可借鉴的措施、办法和经验；

二是各地区各部门在工作推进中存在的突出问题；

三是针对突出问题和弱项，研究制定整改措施和对策思路。

三、适时召开脱贫攻坚现场观摩会或推进会

（一）召开整村推进现场观摩会。选择特色产业发展好、贫困户利益联结机制健全、项目户参与度高、基础设施和公共服务跟进配套、驻村工作开展扎实有效、村两委班子落实任务得力的整村推进项目村召开现场观摩会；

（二）召开易地搬迁扶贫现场观摩会。

四、每半年向省扶贫开发工作领导小组报告工作进展情况

6月20日前，各地区以及承担扶贫开发任务的扶贫开发领导小组成员单位，向省扶贫开发领导小组书面报告半年工作推进情况，重点报告《实施意见》的贯彻落实情况、发展特色产业、易地搬迁、劳务输出、生态保护、教育扶贫、医疗救助、低保兜底、资产收益以及行业扶贫专项方案落实情况、开展精准扶贫、精准脱贫的做法成效、落实和执行政策中存在的主要问题和困难、下半年重点任务和举措。

五、年终召开脱贫攻坚总结大会

总结2016年扶贫开发工作，依据考核结果，以省扶贫开发工作领导小组名义，表彰奖励成绩突出、成效明显的先进集体（市、县和省直部门）、对工作推动不力、任务完成不好的单位予以通报；宣布2016年贫困村退出、贫困县摘帽名单；签订2017年脱贫目标责任书，安排部署2017年重点工作。

六、全面落实扶贫开发巡查制度

根据省委《坚决打赢脱贫攻坚战提前实现整体脱贫实施意见》，全面落实扶贫开发巡查工作制度，从退休干部、社会人员中聘请8名工作热情、有责任心、讲原则的巡查员组成巡查组，按照扶贫开发工作领导小组统一安排，每2月到8个市（州）开展一次巡查工作，围绕项目推进、工作落实、制度建设、县级政府主体责任及行业部门责任开展巡查；建立巡查工作制度，明确巡查工作任务、职责。巡查工作由省扶贫开发工作领导小组领导，工作经费纳入省级财政预算管理。

七、每年组织委托第三方开展脱贫成效评估工作

建立第三方评估机制，加强对扶贫工作绩效的社会监督，每年对扶贫政策落实情况和扶贫成效开展评估。

八、分级开展扶贫系统干部培训

结合脱贫攻坚任务，有针对性地开展扶贫系统干部培训，紧紧围绕中央扶贫开发会议、省委十二届九次全会、全省扶贫开发工作会议精神以及中央《决定》、省委《实施意见》开展分级培训。省上负责对市（州）、县扶贫干部的培训，县级负责对乡（镇）、村干部培训。建立完善培训评估机制。

2016 年 1 月 12 日

青海省扶贫开发领导小组文件

青海省扶贫开发领导小组
青海省贫困县脱贫攻坚绩效考核办法（试行）

青扶组〔2016〕5号

各市（州）扶贫开发工作领导小组：

为确保到 2019 年现行标准下的所有贫困人口如期脱贫，贫困县全部摘帽，贫困村全部退出，解决区域性贫困问题，到 2020 年，贫困地区与全国同步全面建成小康社会。根据《中共青海省委青海省人民政府关于打赢脱贫攻坚战提前实现整体脱贫的实施意见》，制定本办法。

一、考核对象

考核对象为全省有脱贫攻坚任务的 39 个县（市、区）党政领导班子和领导干部。包括六盘山片区内的湟中、湟源、民和、乐都、互助、化隆、循化等 7 县（区），涉藏地区 6 州 30 个县（市），及片区外大通、平安两个国家扶贫开发工作重点县。

二、考核内容

按照百分制，分脱贫攻坚和综合保障两大指标进行考核评价。

（一）脱贫攻坚（权重 70%）

设置精准扶贫和县域扶贫两个一级指标。精准扶贫（权重 35%）。主要考核年度减贫任务、精准识别、易地搬迁、转移就业、发展教育、低保兜底、医疗保险和救助以及金融扶贫等。县域扶贫（权重 35%）。主要考核农牧民人均可支配收入、基础设施建设、公共服务发展、电子商务和市场体系建设、危旧房改造、县级财政安排扶贫专项资金、互助资金组织运行、生态保护、落实党政主要领导脱贫攻坚第一责任人情况等。

（二）综合保障（权重30%）

分两类县考核，其中Ⅰ类县考核生产总值、产业增加值、财政收入和绩效管理、固定资产、社会消费、招商引资、旅游业、深化改革、依法治理等指标；Ⅱ类县考核增加值、财政收入和绩效管理、固定资产、社会消费、旅游业、深化改革、依法治理等指标。

三、考核方式

各县（市、区）脱贫攻坚绩效考核与全省领导班子和领导干部年度目标责任（绩效）考核同步进行，专项考核。

四、考核方法和程序

（一）县（市、区）自评

贫困县（市、区）每年末对照年度目标任务、考核内容和评价标准，对年度脱贫攻坚目标任务完成情况进行自评，形成书面自评报告，经市（州）党委、政府审核后，报省考核办。

（二）综合考评

由省考核办从各有关部门、单位抽调人员组成综合考核组，考核组依据考核指标和评价标准，采取听取汇报、抽查核实、实地查看和查阅资料等方式，对贫困县（市、区）年度脱贫攻坚绩效进行综合考核评估，形成考核报告报省考核办、省扶贫开发工作领导小组办公室。

对被纪检监察机关、审计部门发现并查处扶贫开发领域重大违规违纪行为的，或被媒体曝光、造成恶劣影响的，视情节轻重扣减考核得分。

五、考核等次确定

考核分为优秀、良好、一般、较差4个等次。考评综合得分在90分以上的为优秀等次，80—89分为良好，70—79分为一般，69分及以下为较差。

六、考核结果运用

（一）贫困县（市、区）脱贫攻坚绩效考核结果作为扶贫资金分配的重要依据，对考核评为优秀的县（市、区）在财政专项扶贫资金分配和项目安排时给予奖励和倾斜。

（二）考核结果作为加强县（市、区）领导班子建设和领导干部选拔任用、培养教育、管理监督、激励约束的重要依据。脱贫攻坚成效显著，评为优秀的县（市、区），由省委、省政府予以表彰奖励，党政正职和负责扶贫开发工作的同志优先提拔使用；评为一般等次的县（市、区），对党政正职和分管扶贫开发工作的同志进行诫勉谈话，一年内不得提拔使用或平职交流到重要岗位任职；评为较差等次的县（市、区），对党政正职和分管扶贫开发工作的同志采取降职、免职等组织调整措施。

（三）考核结果与干部管理问责挂钩。对脱贫攻坚重视不够、作风不扎实、成效不明显的县（市、区）党政正职进行组织调整和问责；对完不成阶段性任务的，要视情况进行约谈提醒，督促整改，对整改落实不力的，按干部管理权限进行组织调整；对脱贫攻坚中出现弄虚作假、挤占挪用、虚报冒领、截留骗取和贪污扶贫款项等违纪违规问题的，取消评优资格，并严肃追究相关责任人的责任。

（四）建立约束、退出机制。贫困县应严格遵守《国务院扶贫开发领导小组关于建立贫困县约束机制的通知》（国开发〔2014〕12 号）中规定的贫困县限制、禁止作为事项，对于违反约束机制的贫困县，取消优秀等次评定资格。制定出台我省贫困人口、贫困村、贫困县退出办法，凡按期退出贫困行列的县，原有支持政策不变、扶持力度不减，并从退出的次年起给予适当的项目资金奖励。

七、组织实施

（一）考核组织

考核工作由省领导班子和领导干部年度目标责任（绩效）考核工作领导小组组织实施。考核年限为 2016 年至 2019 年，每年考核一次。

（二）工作要求

贫困县党委、政府要加强组织领导，强化工作落实，建立绩效考核机制，设立精准扶贫精准脱贫台账，加强动态监测，切实做到考实考准，确保考核工作顺利进行。

八、其他

（一）脱贫验收通过的贫困县（市区）不再进行脱贫攻坚考核。

（二）本办法自发布之日起执行，原《青海省扶贫开发工作考核办法（试行）》不再执行。

（三）本办法由省委组织部和省扶贫开发局负责解释。

2016 年 6 月 12 日

青海省扶贫开发工作领导小组文件

青海省扶贫开发工作领导小组
关于印发《2016 年度市（州）党委政府脱贫攻坚目标责任考核及贫困退出省级抽查验收方案》的通知

青扶组〔2016〕9 号

各市（州）、县（市、区）扶贫开发工作领导小组，省扶贫开发工作领导小组各成员单位：

为深入贯彻落实省委、省政府《关于打赢脱贫攻坚战提前实现整体脱贫的实施意见》精神，进一步落实市（州）党委和政府脱贫攻坚责任，确保按期完成全省年度脱贫攻坚目标任务，实现"十三五"脱贫攻坚"开门红"，全面做好中央对省级党委和政府扶贫开发成效考核各项基础工作，经省扶贫开发工作领导小组同意，现将《2016 年度市（州）党委政府脱贫攻坚目标责任考核及贫困退出省级抽查验收方案》印发给你们，请结合实际认真贯彻执行。

附：《2016 年度市（州）党委政府脱贫攻坚目标责任考核及贫困退出省级抽查验收方案》

2016 年 12 月 13 日

2016 年度市（州）党委政府脱贫攻坚
目标责任考核及贫困退出省级抽查验收方案

　　根据省委省政府《关于打赢脱贫攻坚战提前实现整体脱贫的实施意见》《青海省市（州）党委和政府脱贫攻坚目标责任考核办法》（青办字〔2016〕74 号）和《青海省建档立卡贫困人口和贫困村退出及贫困县脱贫摘帽实施方案》（青办发〔2016〕29 号）等规定和要求，制定本方案。

　　一、考核验收的目的

　　通过考核验收，全面检查各市（州）党委和政府年度脱贫攻坚目标责任落实以及年度贫困退出目标任务完成情况，夯实市（州）党委和政府脱贫攻坚责任，为中央对省级党委和政府扶贫开发成效考核、进一步完善脱贫攻坚政策措施提供重要依据。

　　二、考核对象和验收范围

　　（一）脱贫攻坚目标责任考核对象

　　全省 8 个市（州）党委和政府。

　　（二）贫困退出验收范围

　　2016 年计划摘帽的黄南州河南县，海南州同德县，海西州都兰县和大柴旦、冷湖、茫崖行委；经省级备案的 404 个建档立卡贫困村；标注年度计划脱贫的 11 万建档立卡贫困人口。

　　三、组织领导

　　市（州）党委政府脱贫攻坚目标责任考核和贫困退出抽查验收工作，在省扶贫开发工作领导小组的统一领导下，由省扶贫开发工作领导小组办公室牵头，会同省扶贫开发工作领导小组成员单位组织实施。

　　四、考核验收内容

　　（一）脱贫攻坚目标责任考核

　　1. 责任落实。主要考核市（州）党委政府对年度脱贫攻坚工作的重视程度、工作计划安排、本级财政扶贫资金投入、扶贫干部队伍建设等情况。

2.工作管理。主要考核市（州）党委政府对年度脱贫攻坚工作的监督检查、扶贫资金使用管理、动员社会力量参与、开展宣传报道、完成省扶贫开发工作领导小组办公室安排部署的有关任务情况。

3.减贫成效。主要考核市（州）党委政府年度贫困人口脱贫、贫困村退出、贫困县摘帽计划完成以及贫困人口收入增长等情况。

（二）贫困退出验收

1.贫困户脱贫。主要验收脱贫户年度人均可支配收入、安全住房、义务教育阶段学生无因贫辍学、参加城乡居民基本养老保险、参加城乡居民基本医疗保险、有意愿的劳动力（含两后生）参加职业教育或技能培训等情况。

2.贫困村退出。主要验收退出贫困村贫困发生率、村级集体经济发展、贫困村道路通畅、安全饮用水、生产生活用电、村级卫生室和综合办公服务中心建设等情况。

3.贫困县摘帽。主要验收摘帽贫困县农牧民年人均可支配收入、九年义务教育巩固率、城乡居民基本医疗保险参保率、城乡居民基本养老保险参保率、贫困村退出率和贫困发生率等情况。

五、考核和验收方法

（一）市（州）党委政府脱贫攻坚目标责任考核

1.市（州）自查。各市（州）党委和政府对照脱贫攻坚目标责任考核办法，对本地区落实脱贫攻坚目标责任情况进行自查，并将自查报告以正式文件提交考核验收组和省考核办。

2.实地考评。在各市（州）自查的基础上，考核验收组结合贫困退出省级抽验工作，通过听取汇报、查阅资料、实地核查等方式，对各市（州）党委和政府落实脱贫攻坚目标责任情况进行评分。

（二）贫困退出省级验收

1.验收对象。对年度确定的摘帽贫困县和退出贫困村实行全覆盖；脱贫户的抽查验收在县级扶贫开发综合信息系统中按不低于10%的比例随机抽取，其中非贫困村中的年度脱贫户抽取占比不得低于50%，如抽取的贫困户因故不能参加验收，则就近另外抽取贫困户。对有年度脱贫人口的乡镇必须做到省级抽验工作全覆盖。

2.验收方式。考核验收组通过听取市（州）和县（市、区）扶贫开发领导小组汇报、查阅相关资料、进村入户核查、召开座谈会等方式，全面掌握贫困户脱贫和贫困村退出的真实情况，并听取贫困群众及驻村第一书记的意见建议，对贫困户脱贫、贫困村退出及贫困县摘帽进行综合评定。

考核验收组根据对各市（州）党委和政府脱贫攻坚目标责任考核和贫困退出省级验收情况，按照 8 个市（州）分别向省扶贫开发工作领导小组办公室提交考核验收报告，主要包括考核验收的基本情况、脱贫攻坚的责任落实情况、贫困退出抽验情况、存在的问题、贫困户和贫困村未脱贫退出的原因分析及意见建议等。

六、时间安排

2016 年 12 月 16 日至 2016 年 12 月 31 日。

七、人员安排及保障

（一）人员安排

全省考核验收分 8 个工作组进行，分别由省交通厅、省住建厅、省民政厅、省教育厅、省水利厅、省农牧厅、省国土资源厅、省扶贫局等单位为组长单位，各选派 1 名副厅级领导担任组长，省扶贫开发局相关领导担任副组长；每个考核验收工作组根据考核验收任务，分小组包县开展省级贫困退出验收工作，每个验收小组由省扶贫开发工作领导小组相关成员单位 1 名副厅级领导带队，成员由其他单位抽调副处级以上干部组成，省扶贫开发局工作人员配合工作。

为进一步促进地区之间相互交流和学习借鉴，采取市（州）之间交叉方式抽调人员参与贫困退出省级抽验。同时，各县（市、区）根据工作任务选调不少于 10 名熟悉业务的干部或第一书记配合开展省级抽验工作。

（二）工作保障

1. 参加考核验收工作的省扶贫开发工作领导小组各成员单位各调派 1 台车辆，用于保障考核验收工作，费用由派出单位承担。参与省级验收的县属干部或第一书记车辆由被抽验县负责安排。

2. 考核验收组人员的食宿和差旅补助由各选派单位按规定报销，抽调的县属配合工作人员食宿和差旅补助由被抽验县承担。

八、有关要求

（一）提高认识，加强协调

各市（州）和县（市、区）扶贫开发工作领导小组，要高度重视并全力配合脱贫攻坚目标责任考核和贫困退出省级抽查验收工作，加强统筹协调，认真落实好相关人员的选派和各项准备工作，实事求是提供有关情况。

（二）强化责任，抓好落实

考核验收组实行组长负责制，由组长负总责，将具体责任明确落实到人，坚持"谁考核、谁验收、谁签字、谁负责"的原则，确保考核抽验结果可查证。各成员单位和市（州）、县（市、区）扶贫开发工作领导小组，要选派工作能力较强和基层工作经验丰富的干部参与考核或配合验收工作。各考核验收组按照要求，确保按时完成任务，并于 2017 年 1 月 15 日前将市（州）党委政府脱贫攻坚目标责任考核和贫困退出省级抽查验收报告及所有原始资料、表格一并报省扶贫开发工作领导小组办公室，作为脱贫攻坚档案资料统一归档。

（三）坚持标准，求真务实

各考核验收组要严格执行脱贫攻坚目标责任考核和贫困退出验收标准，按照客观公正、实事求是的原则，据实评分，力戒形式主义，坚决杜绝弄虚作假、数字脱贫和被脱贫现象的发生。

（四）遵守纪律，严格要求

考核验收组要严格遵守中央八项规定和省委二十一条措施以及有关廉政的要求，遵守工作纪律，树立良好形象。考核验收期间要加强人员管理，确保安全。

各考核验收组组长单位和各市（州）政府办公室确定 1 名联络员。

联络员名单、成员单位抽调人员名单、调派车辆牌号和司机姓名等于 12 月 14 日前报省扶贫开发局。

联系人：李晓林

电话（传真）：0971—8244971　手机：13909728250

2016 年 10 月 10 日

青海省扶贫开发工作领导小组文件

青海省扶贫开发工作领导小组
关于印发《青海省广泛引导和动员
社会组织参与脱贫攻坚的实施方案
（2018—2020 年）》的通知

青扶组〔2018〕14 号

各市州人民政府，省委各部委，省直各机关单位，各人民团体：

《青海省广泛引导和动员社会组织参与脱贫攻坚的实施方案（2018—2020年）》已经省扶贫开发工作领导小组同意，现印发给你们，请结合实际认真贯彻落实。

2018 年 11 月 26 日

青海省广泛引导和动员社会组织
参与脱贫攻坚的实施方案（2018—2020 年）

为深入贯彻落实党的十九大精神，贯彻落实省委十三届三次、四次全体会议精神，根据《国务院扶贫开发领导小组关于广泛引导和动员社会组织参与脱贫攻坚的通知》（国开发〔2017〕12 号）要求，紧紧围绕全省工作总目标，聚焦全省脱贫攻坚主战场，充分发挥社会组织在"四位一体"大扶贫格局中的重要作用，广泛引导和动员社会组织积极参与脱贫攻坚，制定本实施方案。

一、指导思想

以习近平新时代中国特色社会主义思想为指导，深入贯彻落实党的十九大和十九届二中、三中全会精神，贯彻落实习近平扶贫开发战略思想和"四个扎扎实实"的重大要求，按照省委省政府部署要求，坚持精准扶贫精准脱贫基本方略，广泛引导和动员社会组织参与脱贫攻坚，牢固树立"四个意识"，创新社会扶贫工作体制机制，加强政策和服务保障，打造扶贫公益品牌，促进社会帮扶资源进一步向贫困地区、贫困人口汇聚，在承担公共服务、提供智力支持、实施帮扶项目、协助科学决策等方面主动作为，形成政府、市场、社会协同推进的大扶贫格局。强化抓党建促脱贫，发挥社会组织党组织的政治核心和政治引领作用，有力助推 1625 个贫困村、52 万贫困人口如期脱贫，贫困县全部摘帽、解决区域性整体贫困。

二、重点任务

（一）大力开展产业扶贫

支持有条件的社会组织特别是行业协会商会、农村专业技术协会参与贫困地区特色产业发展，围绕市场需求踊跃参与贫困地区特色产业发展、培育农牧民专业合作组织、引进龙头企业、搭建产销平台、推进电商扶贫工程、促进休闲农业和乡村旅游有序开发、支持农民工返乡创业等。鼓励社会组织组织专业人才为贫困地区发展特色优势产业提供智力和技术支持，提高贫困人口脱贫增收能力，促进贫困地区经济社会发展。

（责任单位：省农业农村厅、省发改委、省工业和信息化厅、省民政厅、省自然资源厅、省林业和草原局、省商务厅、省文化和旅游厅、省地方金融监督管理局、省扶贫开发局、省工商局、省供销社、省工商联、人行西宁中心支行、农行青海分行、农发行青海分行、邮储银行青海分行、省农村信用社，责任单位中第一个单位为牵头单位，下同）

（二）深入开展教育扶贫

鼓励社会组织特别是基金会参与教育扶贫及结对帮扶、扶贫助学助困等项目。鼓励社会组织通过增强贫困地区教育培训机构能力和师资水平，开展科学普及，提升贫困地区教育水平，帮助扶贫对象(含建档立卡贫困人口、农村低保对象、特困人员、贫困残疾人)学习掌握职业技能、致富技术，提供职业指导，增强就业能力。鼓励社会组织有序组织大学生、退休教师、社会人士到贫困地区开展扶贫支教。鼓励民办学校加大对贫困学生资助力度。

（责任单位：省教育厅、省委宣传部、省民政厅、省文化和旅游厅、省工商联、农发行青海分行）

（三）注重开展健康扶贫

鼓励社会组织参与全省健康扶贫工程，通过提供医疗技术支持、卫生人才培训和紧缺设备援助等，帮助贫困地区提高医疗水平，改善服务设施。支持社会组织针对贫困人口实施儿童营养改善、新生儿疾病筛查、小儿先心病治疗、妇女两癌筛查、白内障治疗、包虫病防治、失能失智老人照护等健康项目，帮助解决大病、地方病、慢性病等问题，做好疾病预防宣传、早发现、早治疗等工作。动员有条件的社会组织对贫困人口开展义诊、免费体检等公益活动。鼓励支持相关公益慈善组织通过设立专项基金等形式，开展贫困人口重特大疾病专项救助。依托慈善组织互联网公开募捐信息平台向社会公众进行募捐，加大慈善医疗救助力度，精准对接特殊困难家庭，减轻贫困人口医疗费用负担。鼓励非营利性民办医院对贫困人口开展一对一帮扶和义诊等活动。

（责任单位：省卫生计生委、省民政厅、省人社厅、省工商联、农发行青海分行）

（四）积极参与易地扶贫搬迁

鼓励社会组织积极参与易地扶贫搬迁工作，促进帮扶资源与建档立卡搬迁户精准对接，帮助搬迁群众发展产业、转移就业，实现增收脱贫。支持社会组织发挥专项建设规划、心理疏导、关系调适等方面的优势，促进搬迁群众融合适应，形成现代文明理念和生活方式，为"搬得进、稳得住、能脱贫"创造条件。

（责任单位：省扶贫开发局、省发改委、省民政厅、省工商联、国开行青海分行、农发行青海分行）

（五）着力开展志愿扶贫

支持贫困地区培育发展志愿服务组织，鼓励志愿服务组织到贫困地区开展扶贫志愿服务。推动社会工作服务机构为贫困人口提供心理疏导、生活帮扶、能力提升、权益保障等专业服务，为贫困妇女、贫困残疾人、青年提供健康知识、技能培训、能力提升、就业援助、生计发展等服务。支持社会组织参与贫困村农村社区服务体系建设，开展贫困村老人、残疾人、留守儿童、低保家庭、特困人员等关爱保障工作，帮助化解生活、学习等方面的困难。

（责任单位：省委宣传部、省发改委、省民政厅、省财政厅、省卫生计生委、省扶贫开发局、省总工会、省妇联、团省委、省残联、省工商联）

（六）支持社会组织参与其他扶贫行动

发挥产业信息汇集、行业资源聚集、专业人才密集等优势，助推劳务输出就业扶贫；发挥服务专业、成本低廉、运作高效等优势，助力贫困地区水利交通建设、电力能源开发、危房改造、文化建设等工作。鼓励社会组织积极参与省级第三方评估、反映贫困人口需求等。

（责任单位：省民政厅、省卫生计生委、省扶贫开发局、省总工会、省妇联、团省委、省残联、省工商联）

（七）构建社会扶贫信息服务数据保障平台

以精准扶贫大数据平台和社会扶贫网为依托，建立定点帮扶、扶贫协作、对口帮扶、社会组织帮扶、邻里帮扶以及爱心人士帮扶等供需信息和帮扶成果展示平台，动态收集录入帮扶供需信息和帮扶成效，建立帮扶供需对接机制，为帮扶方和受助方提供及时准确的扶贫政策导航、信息查询、信息互动和投诉举报服务。

（责任单位：省扶贫开发局、省民政厅、省卫生计生委、省总工会、省妇联、团省委、省残联、省工商联）

（八）强化脱贫攻坚社会宣传动员

进一步加强各项社会救助制度和扶贫政策的宣传工作，创新宣传形式，充分利用报纸、广播、电视等传统媒体与网站、微博、微信等新兴媒体，宣传有关措施及工作程序，增强工作的透明度，扩大社会的参与度；全面报道定点扶贫、扶贫协作、对口帮扶及民营企业、社会组织、爱心人士参与扶贫济困情况，广泛宣传先进典型、推广先进经验，通过典型引路，激发全社会关注扶贫、参与扶贫的热情和潜力，形成全社会共同参与打赢脱贫攻坚战的良好氛围。充分利用"全国扶贫日"等平台动员和组织社会组织开展扶贫捐赠、宣传扶贫政策等活动。

（责任单位：省委宣传部、省民政厅、省文化和旅游厅、省扶贫开发局、

省广播电视局、省总工会、省妇联、团省委、省残联、省工商联）

三、充分发挥全省性社会组织示范引领作用

全省性社会组织是社会组织参与脱贫攻坚的主力军。倡导全省性社会组织结合自身专长、优势和活动地域，每年至少面向贫困地区开展一次扶贫活动；主办、承办的博览会、展销会、年会、专题会等，积极与贫困地区经济发展、招商引资、扶贫开发等相结合，并对贫困地区参展参会给予费用减免等优惠。支持全省性社会组织通过实施扶贫项目、结对帮扶、捐赠款物、消费扶贫、资助贫困地区公益慈善组织等方式，参与贫困地区脱贫攻坚工作。要鼓励公益慈善类社会组织、科技类社会组织、行业协会商会和民办教育、培训、养老、卫生等社会服务机构，进一步提高业务活动成本中用于脱贫攻坚的比例。

社会组织业务主管单位、行业管理部门和登记管理机关要按照管理权限，引导实行双重管理的社会组织、脱钩后的行业协会商会，主动对接政府扶贫工作计划和扶贫工作部署，按要求定期上报参与脱贫攻坚的情况，配合做好工作检查和信息统计，并通过互联网等多种途径及时、全面地公开"在哪里扶贫""扶了谁""扶了多少""扶贫效果怎么样"等情况，接受社会各方监督。

社会组织业务主管单位、行业管理部门和登记管理机关要引导全省性社会组织，按照其宗旨和业务范围，结合上述要求及全省"十三五"脱贫攻坚规划和脱贫攻坚重点，制定2020年前参与脱贫攻坚工作规划和年度工作计划，明确工作目标，细化任务措施。工作规划和实施情况于年底前分别报送业务主管单位、登记管理机关和扶贫部门备案。2019年至2020年年度工作计划和上一年度参与脱贫攻坚工作情况，随当年年检年报工作相关材料报送业务主管单位、登记管理机关和扶贫部门备案。

四、建立健全社会组织参与脱贫攻坚长效机制

省扶贫开发工作领导小组各成员单位要通过思想动员、政策支持、典型宣传等方式，支持引导社会组织积极参与脱贫攻坚。要推动社会组织资源供给和扶贫需求实现有效对接，努力为社会组织提供信息服务。要建立健全政府向社会组织购买扶贫服务制度，落实社会组织参与扶贫济困活动的税收减免、信贷支持、行政事业性费用减免等政策，努力为社会组织提供优惠政策服务。要定期开展相关扶贫政策和业务知识培训，努力为社会组织提供能力建设服务。民政部门、扶贫部门要建设共享合作平台和信息服务网络，建立

健全社会组织参与脱贫攻坚信息核对和抽查机制，确保"真扶贫""扶真贫"。

扶贫部门要将社会组织参与脱贫攻坚纳入重要议事日程，建立相应机制，积极协调本级扶贫开发工作领导小组成员单位为社会组织参与脱贫攻坚提供方便、创造条件。定期与社会组织沟通工作，切实加强业务指导，逐步加大政府向社会组织购买服务的力度，凡适合社会组织承担的，都可以通过委托、承包、采购等方式交由社会组织承担，对到贫困地区参与脱贫攻坚的社会组织给予必要的资金和项目支持。

民政部门要做好社会组织依法登记、年检年报、评估、慈善组织认定、公募资格审定、慈善信托的备案和监督等工作，支持、规范社会组织参与脱贫攻坚。要会同同级扶贫部门牵头建立协调服务机制，明确专门机构和人员负责组织协调服务工作，及时解决社会组织参与脱贫攻坚遇到的困难和问题。社会组织业务主管单位应于每年12月底前，统计并公布本单位、本部门、本系统社会组织参与脱贫攻坚的情况，并将检查情况和统计信息通报给同级登记管理机关和扶贫部门。

社会组织业务登记管理机关、行业管理部门等相关部门应当定期或不定期检查社会组织参与脱贫攻坚工作的情况，依法对社会组织参与脱贫攻坚中弄虚作假的行为进行公开曝光批评；对挪用、截留扶贫资金或擅自改变用途，以及假借扶贫开发名义，违法募集、套取资金的，对没有公开募捐资格或未获得互联网公开募捐信息平台指定，擅自开展在线扶贫募捐的，要严肃予以查处；对未经登记、擅自以社会组织名义进行扶贫开发的非法社会组织，要坚决予以取缔；对于假借扶贫名义，搞各种违法犯罪活动的，要坚决予以打击。

建立激励表彰机制，每年由省扶贫开发局、民政厅及各业务主管单位对社会组织参与脱贫攻坚帮扶情况进行一次综合评定，评定结果纳入社会组织等级评估。对参与脱贫攻坚贡献突出的社会组织负责人推荐作为各级人大、政协代表候选人选。结合每年全省的脱贫攻坚表彰对贡献突出的社会组织进行表彰，让积极参与脱贫攻坚的社会组织政治上有荣誉、事业上有发展、社会上有尊重。

各市州扶贫开发工作领导小组可按本通知精神，制定本市州引导社会组织参与脱贫攻坚具体规定，督促指导贫困地区县级民政部门会同扶贫部门建立健全各级、各类参与本行政区域内脱贫攻坚活动的社会组织信息统计制度，定期向社会公布，并于每年年底联合向上级民政部门和扶贫部门报送相关数据。工作中遇到的重大问题请及时向当地党委政府报告，并通报省民政厅和省扶贫开发局。

青海省扶贫开发工作领导小组办公室 2018 年 11 月 26 日

青海省扶贫开发工作领导小组文件

青海省扶贫开发工作领导小组
关于开展扶贫扶志行动的实施意见

青扶组〔2019〕3 号

各市（州）、县（市、区）扶贫开发工作领导小组，省扶贫开发工作领导小组成员单位：

加强扶贫扶志，激发贫困群众内生动力，是中国特色扶贫开发的显著特征，是打赢脱贫攻坚战的重要举措。为深入贯彻落实《中共青海省委、青海省人民政府关于打赢脱贫攻坚战三年行动计划的实施意见》精神，根据国务院扶贫办、中央组织部、中央宣传部、中央文明办、国家发展改革委等 13 个部委《关于开展扶贫扶志行动的意见》，结合我省实际，现就开展扶贫扶志行动提出如下实施意见。

一、把握总体要求，强化目标导向

（一）指导思想

以习近平新时代中国特色社会主义思想为指导，深入贯彻党中央、国务院和省委、省政府脱贫攻坚决策部署，坚持精准扶贫精准脱贫基本方略不动摇，坚持脱贫攻坚目标和现行扶贫标准，更加注重培育贫困群众主体意识，更加注重提高贫困群众脱贫能力，更加注重改进帮扶方式，更加注重营造健康文明新风，激发贫困群众立足自身实现脱贫的信心和决心，形成有劳才有得、多劳多得的正向激励，树立勤劳致富、脱贫光荣的价值取向和政策导向，凝聚打赢脱贫攻坚战的强大精神力量，不断增强贫困群众自我发展能力，确保贫困群众持续稳定脱贫。

（二）目标任务

通过开展扶贫扶志行动，进一步增强广大贫困群众的主体意识、参与意识，使主动脱贫的志气、信心和观念得到明显转变，摆脱贫困的技能和方法有效提高，自我发展能力全面提升，精神面貌焕然一新，促进稳定脱贫和可持续发展，不断巩固提升脱贫质量和成果。

（三）基本原则

坚持思想引导为主，正确处理外部帮扶和贫困群众自身努力的关系，培育脱贫典型，讲好减贫故事，营造良好氛围，以身边人身边事激励贫困群众自力更生、艰苦奋斗。坚持群众主体地位，尊重贫困群众意愿，引导积极参与脱贫攻坚项目建设、管理和监督过程，通过生产奖补、劳务补助、以工代赈等方式，激发通过自身努力实现脱贫的积极性和主动性。坚持因人因户施策，精准实施产业扶贫、就业扶贫等系列帮扶措施，帮助贫困群众拓宽增收渠道，树立勤劳致富的决心和信心。坚持多方统筹推进，进一步整合各类资源形成部门合力，推动各项帮扶举措齐头并进、综合发力，形成开展扶贫扶志行动的强大合力。

二、坚持多措并举，增强脱贫信心

（一）保持正确方向

坚持现行扶贫标准不动摇，严格落实"两不愁三保障"要求，认真做好教育扶贫、健康扶贫、易地扶贫搬迁、危旧房改造、饮水安全、综合保障性扶贫等工作，确保贫困群众不愁吃、不愁穿，保障贫困家庭子女接受九年义务教育、贫困人口基本医疗需求和基本住房安全。加强对脱贫攻坚工作中出现的苗头性、倾向性问题指导，做到既不拔高标准、吊高胃口，也不降低标准、虚假脱贫，防止和纠正扶贫工作中过高承诺、过度保障等问题。

（二）开展扶志教育

组织贫困群众认真学习习近平总书记关于扶贫工作的重要论述，开展思想、文化、道德、法律、感恩教育，帮助贫困群众摆脱思想贫困、树立主体意识。建好用好新时代文明实践中心、农民夜校和讲习所，运用农村"大广播、小喇叭"、村内宣传栏、微信群、移动客户端和农村远程教育等平台，发挥基层干部、驻村第一书记和工作队贴近群众的优势，结合扶贫工作实际，宣传脱贫攻坚目标、现行扶贫标准和政策举措，让贫困群众知晓政策、更好地参与政策落实并获得帮扶。组织党员干部、技术人员、致富带头人、脱贫模范等开展讲习、传授经验，提高扶志教育针对性、及时性、便捷性和有效性。在贫困地区中小学校开展好习惯、好行为养成教育，带动学生家长共同转变观念习惯。（责任单位：省委宣传部、省文明办、省教育厅、省扶贫开发局，各级党委政府）

（三）强化技能培训

围绕贫困群众发展产业和就业需要，组织贫困家庭劳动力开展实用技术和劳动技能培训，通过集中培训、科技下乡、送教上门、田间地头教学等多种方式，强化信息技术支持指导，确保每个贫困户中至少有 1 名具有劳动能力的成员掌握 1 门以上技术或技能，增强脱贫致富本领。增加市场急需、群众期盼的培训项目，不断增强技能培训的针对性、实用性。落实好就业扶贫政策，按规定为贫困群众免费提供培训，提高贫困群众培训就业的积极性、主动性。积极对接东西部扶贫协作和对口援青省市用工需求，逐年扩大贫困群众就业规模。加大"扶贫车间"建设力度，积极开发扶贫就业岗位，帮助更多贫困群众实现"家门口"稳定就业。组织贫困家庭劳动力参加劳动预备制培训、岗前培训、订单培训和岗位技能提升培训，支持边培训边上岗，提升培训针对性和就业稳定率。（责任单位：省人力资源和社会保障厅、省农业农村厅、省扶贫开发局、省发展改革委）

（四）注重典型示范

大力宣传脱贫致富先进典型，充分发挥省级励志资金作用，每年开展"脱贫光荣户"评选表彰活动，强化脱贫光荣的正向激励。总结推广脱贫致富成功经验，鼓励支持各地开展脱贫家庭星级评定，发布脱贫光荣榜，用身边事教育引导身边人，让贫困群众学有榜样、干有方向，形成典型引路、互帮互助、共同发展的鲜明导向。（责任单位：省委宣传部、省广电局、省扶贫开发局，各市州党委政府）

三、改进帮扶方式，提升脱贫能力

（一）巩固发展产业扶贫

支持贫困户因地制宜发展特色到户扶贫产业，跟进落实产业发展指导员制度，帮助解决生产经营中的问题。在实施以牦牛养殖加工、青稞种植加工、光伏扶贫项目、民族手工艺品加工、乡村旅游为重点的扶贫产业过程中，通过打造全产业链条等综合措施，增强经营主体带动作用，提高贫困群众发展生产的组织化、规模化、品牌化程度，确保有劳动力的贫困户至少有一项稳定脱贫项目。完善产业扶贫奖补措施，采取劳务补助、劳动增收奖励等方式，提倡多劳多得、多劳多奖。（责任单位：省农业农村厅、省扶贫开发局）

（二）加大以工代赈实施力度

大力推广自建、自管、自营等以工代赈方式，通过投工投劳建设美好家园。鼓励引导贫困群众积极参与生态、水利、交通等重大工程项目建设，实现劳务增收。在有贫困人口的行政村每村至少开发 5—10 个包括保洁、治安、护路、管水、扶残助残、养老护理等在内的公益岗位，优先安排最低收入群体务工增收。提高劳务报酬发放比例，推动以工代赈回归政策初衷。（责任单位：省发展改革委、省生态环境厅、省农业农村厅、省自然资源厅、省水利厅、省交通厅、省林草局、省扶贫开发局）

（三）减少简单发钱发物式帮扶

规范产业扶贫和光伏扶贫，财政资金和村集体资产入股形成的收益主要支持村集体开展扶贫。推广有条件现金转移支付方式，除现行政策明确规定以现金形式发放外，原则上不得无条件发放现金。不得包办代替贫困群众搞生产、搞建设，村集体收入由村集体以生产奖补、劳务补助、公益岗位报酬等形式二次分配，带动贫困劳动力增收。（责任单位：省扶贫开发局、各地党委政府）

（四）发挥贫困群众主体作用

尊重贫困群众的首创精神和主体地位，鼓励贫困群众向村两委签订脱贫承诺书，明确贫困群众脱贫责任。落实贫困群众知情权、选择权、管理权、监督权，引导贫困群众自己选择项目、实施项目、管理项目、验收项目，参与脱贫攻坚项目全过程。探索推广以表现换积分、以积分换物品的"爱心公益超市"等自助帮扶做法。鼓励贫困户之间或贫困户与非贫困户之间开展生产生活互助。（责任单位：各地党委政府）

四、强化移风易俗，树立文明新风

（一）提升乡风文明水平

以社会主义核心价值观为引领，持续推进贫困地区社会公德、职业道德、家庭美德、个人品德建设，引导贫困群众向上向善、孝老爱亲、重义守信、勤俭持家。组织开展文明村镇、文明家庭、星级文明户等创建活动，以道德模范、身边好人引领贫困地区新风尚，弘扬真善美，传播正能量。对积极参与村内公益事业、保持良好生活和卫生习惯、营造优良文明家风等行为给予奖励。发挥基层党员干部在讲文明、树新风等方面的示范作用。开展民族团结进步创建活动，引导建立各民族相互嵌入式的社会结构和社区环境，促进各民族交往交流交融。（责任单位：省文明办、省农业农村厅、省民宗委、省妇联、省创建办）

（二）加强公共文化供给

整合利用乡村基层公共文化资源，建好用好乡镇综合文化站、村级综合性文化服务中心、体育健身、广播影视等文化体育惠民工程，实现贫困地区乡村两级公共文化服务全覆盖，丰富群众文化体育生活。支持脱贫攻坚题材文艺创作生产，推出一批反映贫困地区本地文化、展现贫困群众自力更生精神风貌的文艺作品。挖掘贫困地区本土文化人才，扶持培育民间文艺团体，讲好富有地方特色、反映群众自主脱贫的故事。开展文化下乡活动，加快优秀文艺作品向贫困地区基层一线传播。开展城乡文化结对帮扶，引导社会各界人士投身贫困地区文化建设。（责任单位：省文化和旅游厅、省体育局、省广电局）

（三）深化村民自治实践

着力加强贫困地区村级组织建设，健全村党组织领导下的村民自治机制，全面推行村党组织书记通过法定程序兼任村民委员会主任和村级集体经济组织、合作经济组织负责人。创新民主决策、民主协商形式载体，保障贫困群众依法有序参与村级事务管理。加强村务监督委员会建设，强化民主监督。健全完善村规民约，倡导勤劳致富、互帮互助、移风易俗、共同发展的社会主义新风尚，大力推动农村精神文明建设。（责任单位：省委组织部、省民政厅、各市州党委政府）

（四）发挥宗教积极作用

充分发挥各宗教团体和教职人员在服务社会、服务群众等方面的积极作用，动员信教群众积极投入到脱贫攻坚决战中，帮助贫困群众解决生产生活方面存在的困难和问题。鼓励有条件的宗教团体积极开展扶贫济困、供养孤寡老人、捐资助学等慈善活动。严格宗教活动场所审批管理，禁止宗教活动场所改扩建中的摊派募捐行为。发挥宗教团体作用，教育引导简化宗教活动和宗教仪轨，完善寺规戒律，减少信教群众宗教开支。充分发挥宗教教职人员在移风易俗中的积极作用。严格落实朝觐活动有关规定，引导穆斯林群众理性朝觐，制止举债朝觐。严禁以宗教为名干预群众生产生活。（责任单位：省委统战部、省民宗委，各市州党委政府）

（五）严肃纠治不良行为

开展对高额彩礼、薄养厚葬、子女不赡养老人等行为的摸底调查，有针对性地开展专项治理，逐步建立治理长效机制。探索设立红黑榜，曝光攀比跟风、环境脏乱差、争当贫困户等不良行为。加强诚信监管，将有故意隐瞒个人和家庭重要信息申请社会救助、具有赡养能力却不履行赡养义务、虚报冒领扶贫资金、严重违反公序良俗等行为的，列入失信人员名单。加强平安乡村建设，强化法治宣传教育，引导贫困群众学法知法守法。对参与黑恶活动、黄赌毒盗和非法宗教活动且经劝阻无效的贫困人口，可取消其获得帮扶和社会救助资格。（责任单位：省文明办、省民政厅、省发展改革委、省公安厅、省司法厅）

五、建强基层组织，持续引领带动

（一）持续强化基层组织建设

充分发挥村级党组织组织群众、宣传群众、凝聚群众、服务群众的作用，加强对贫困人口、留守儿童和妇女、老年人、残疾人、"五保户"等人群的关爱服务。严格落实"四议两公开"民主决策制度，提高群众的集体意识、参与意识和奉献意识。实施村党组织带头人整体优化提升行动，有针对性地开展大规模轮训工作，村党组织书记每年至少进行1次县级以上集中培训。充分发挥驻村第一书记和工作队员视野宽、思路广的优势，驻村帮扶期间为贫困村培养一批种（养）大户、技术能手等能人典型。加强贫困地区致富带头人培育培养，综合运用贷款贴息、资金奖补、财税补贴、土地使用等优惠政策，支持复转军人、返乡创业青年、乡土能人带动贫困群众增收致富，鼓励大学生毕业后到贫困地区从事"三支一扶"。（责任单位：省委组织部、省扶贫开发局、省财政厅）

（二）发展壮大村集体经济

紧紧围绕"三年全覆盖、五年上台阶"的目标要求，持续推进全省村集体经济高质量"破零"。立足区位优势、资源禀赋，因地制宜探索推进"集体股份分红、盘活集体资产、利用集体资源、推进土地经营、兴办经济实体、发展物业经济、开展服务创收"等多种村集体经济发展路径，着力培育生态观光农牧业、绿色食品产业、优质农畜产品、林草经济等高原特色产业，加快发展电商产业经济、现代服务业，有效促进一二三产业融合发展。进一步优化资金投向，加大涉农资金整合力度，高效用好中央财政补助资金，发挥村集体经济发展基金撬动作用，引领培育一批村集体经济发展示范村。建立健全村集体经济收益分配、管理、监督制度，让各方利益主体平等享有村集体经济发展成果。（责任单位：省委组织部、省发展改革委、省农业农村厅、省财政厅，省扶贫开发局、省地方金融监督管理局）

六、加强工作保障，推动举措落实

（一）切实落实责任

各级各部门要高度重视扶贫扶志工作，加强统筹协调、督促推进和配合协作，按照责任分工抓好组织实施。注重发挥驻地部队、共青团、妇女组织、残联和社会组织等在扶贫扶志中的作用。

（二）强化督导检查

各地要建立扶贫扶志重点工作督办机制，建立工作台账。把扶贫扶志工作推进落实情况纳入脱贫攻坚督查巡查和精神文明创建活动内容，确保各项政策举措落实落地。

（三）鼓励探索创新

加强扶贫扶志工作理论创新和实践创新，鼓励各地结合实际探索好经验好做法，及时总结宣传推广，不断提升扶贫扶志工作水平。

青海省扶贫开发工作领导小组 2019 年 5 月 5 日

青海省扶贫开发工作领导小组文件

青海省扶贫开发工作领导小组
关于印发《青海省脱贫攻坚常态化提醒
约谈制度（试行）》的通知

青扶组〔2019〕7号

各市（州）、县（市、区）扶贫开发工作领导小组，省扶贫开发工作领导小组
各成员单位：

现将《青海省脱贫攻坚常态化提醒约谈制度（试行）》印发给你们，请认
真抓好贯彻落实。

青海省扶贫开发工作领导小组

2019年7月1日

青海省脱贫攻坚常态化提醒
约谈制度（试行）

为进一步压实脱贫攻坚责任，聚焦问题整改，推动脱贫攻坚责任落实、
政策落实、工作落实，改进扶贫工作作风，全面提升脱贫攻坚质量，根据国
务院扶贫开发领导小组《脱贫攻坚常态化约谈工作办法》，制订如下制度。

一、约谈主体

省扶贫开发工作领导小组组长、副组长,省扶贫开发工作领导小组办公室。

二、约谈对象

脱贫攻坚工作某方面存在突出问题的市(州)党委政府主要负责人或分管负责人、县(市、区)党委政府主要负责人或分管负责人,扶贫部门主要负责人,省直行业部门负责人。

三、约谈情形

(一)对脱贫攻坚的重要性认识不到位,对脱贫攻坚有关会议、文件精神学习贯彻不及时、措施不具体,对工作任务打折扣、政策执行不到位的。

(二)脱贫攻坚工作作风不实,存在"假脱贫""被脱贫""数字脱贫"的。

(三)精准扶贫项目资金实施程序不规范和监督管理不到位、政策落实存在较大偏差,造成重大损失或重大影响的。

(四)各行业部门之间统筹协调不到位,造成项目难落实、工作推进滞后的。

(五)脱贫攻坚重点项目推进不力,存在较大问题的。

(六)在国家及省级开展的督查、考核、评估、审计等工作中发现问题较多或较严重,且整改不力的。

(七)省扶贫开发工作领导小组办公室认为应该约谈的其他情形。

四、约谈层次

(一)在各级督查、考核、评估、审计等工作中发现一般问题或业务工作滞后等原因需要约谈的,由省扶贫开发工作领导小组办公室主任提醒约谈该县(市、区)党委政府分管负责人和扶贫部门主要负责人。

(二)在各级督查、考核、评估、审计等工作中发现较大问题或工作推进不力,严重滞后等原因需要约谈的,由省扶贫开发工作领导小组办公室主任约谈该县(市、区)党委政府主要负责人、扶贫部门主要负责人。

(三)在各级督查、考核、评估、审计等工作中发现重大问题、被国家点名批评、通报或工作出现重大失误、推进不力和省扶贫开发工作领导小组办公室约谈后问题仍整改不力等原因需要约谈的,由省扶贫开发工作领导小组组长或副组长约谈该市(州)党委政府主要负责人或分管负责人和县(市、区)党委政府主要负责人、扶贫部门主要负责人,省直行业部门负责人。

五、组织实施

约谈工作由省扶贫开发工作领导小组办公室组织实施。

（一）省扶贫开发工作领导小组办公室每季度末组织召开专题会议，全面研究分析全省脱贫攻坚形势，汇总研判确定需要约谈的对象，并于会后 10 个工作日实施完毕。

（二）被约谈省直行业部门，市（州）、县（市、区）应在被约谈后 2 个月内报送整改落实情况，省扶贫开发局相关业务处室负责监督落实，并通报整改落实情况。

六、结果运用

（一）约谈后及时向有关地区和部门通报相关情况。视情对外发布相关信息，接受社会监督。

（二）对被约谈省直行业部门，市（州）、县（市、区）相应扣减年度扶贫成效考核得分；年度内被约谈、点名通报批评的县（市、区），取消当年脱贫攻坚目标责任绩效考核评先评优资格。

（三）本制度由省扶贫开发工作领导小组办公室负责解释，自 2019 年 7 月 1 日起试行。

青海省扶贫开发工作领导小组办公室 2019 年 7 月 1 日

青海省扶贫开发工作领导小组办公室文件

青海省扶贫开发工作领导小组
关于印发《青海省脱贫攻坚奖评选表彰
管理办法》的通知

青扶组办〔2019〕9号

各市州扶贫开发工作领导小组，各有关单位：

为提升"青海省脱贫攻坚奖"表彰奖励制度化、规范化水平，切实发挥表彰奖励导向作用，现将《青海省脱贫攻坚奖评选表彰管理办法》印发给你们，请遵照执行。

附：青海省脱贫攻坚奖评选表彰管理办法

2019年2月19日

青海省脱贫攻坚奖评选表彰管理办法

第一条　为规范落实国家扶贫荣誉制度，充分调动社会各界参与扶贫、关注扶贫的积极性、主动性，助力全省精准扶贫精准脱贫进程，打赢打好脱贫攻坚战，根据国家和省委省政府评比表彰工作有关规定和全国评比达标表彰工作协调小组相关批复，制订本办法。

第二条 "青海省脱贫攻坚奖"评选表彰由省委、省政府主办，省扶贫开发工作领导小组办公室具体承办。

第三条 评选表彰工作遵循以下原则

（一）公开、公平、公正的原则。

（二）注重实绩、好中选优的原则。

（三）逐级评选推荐、重点面向基层的原则。

（四）以精神奖励为主的原则。

第四条 奖项及名额设置

根据全国评比达标表彰工作协调小组《关于青海省委、省政府申报项目的复函》（国评组函〔2017〕35号）的批复，"青海省脱贫攻坚奖"评奖周期为1年（"十三五"期间），表彰名额为先进集体8个、先进单位60个、先进个人100名。各奖项的具体分项及名额在每年的评选表彰方案中予以明确。

评选表彰要面向基层和工作一线，不评选副厅局级或者相当于副厅局级以上的单位和干部，不评选县级以上党委、政府，处级干部比例控制在20%以内。

第五条 评选表彰范围

先进集体从全省有脱贫攻坚任务的39个县（市、区）中评选产生；先进单位从中央定点扶贫单位、东西部扶贫协作单位、省级定点扶贫单位、省级行业扶贫单位、社会扶贫单位中评选产生；先进个人从全省第一书记、驻村工作队员、一线乡村干部、扶贫系统工作者、中央定点扶贫单位挂职（驻村）干部、东西部扶贫协作挂职干部中评选产生。

第六条 评选表彰条件

（一）基本条件

深入学习贯彻习近平新时代中国特色社会主义思想，认真践行习近平总书记关于扶贫的重要论述，坚决贯彻落实党中央国务院和省委省政府脱贫攻坚各项决策部署，积极投身脱贫攻坚，表现突出，成效显著，群众认可，社会公认。

（二）具体条件

脱贫攻坚先进集体：认真履行职责，深入调查研究，全面落实精准扶贫精准脱贫政策措施,业绩突出,全面完成年度脱贫攻坚任务。项目资金无延压、截留、挪用,扶贫项目全部高质量实施完成,脱贫成效明显。

脱贫攻坚先进单位:建立健全脱贫攻坚工作机制并全面落实,履行落实脱贫攻坚责任,帮扶措施扎实,帮扶成效显著。对贫困户脱贫、贫困村退出、贫困县摘帽贡献突出。

脱贫攻坚先进个人:认真贯彻落实党中央国务院和省委省政府关于脱贫攻坚的决策部署,广泛宣传脱贫攻坚方针政策,积极协调组织实施扶贫项目,加强基层组织建设,带领贫困群众摆脱贫困,用实际行动关心、关注、关爱贫困群众。

第七条 评选表彰程序

(一)印发方案

每年由省扶贫开发工作领导小组办公室会同相关部门制定印发表彰方案,明确年度评选表彰的范围、数量、条件和评选程序。

(二)推选申报

推选单位(部门)按照评选条件,在民主推荐,充分征求相关部门意见的基础上,确定推荐对象,并在本单位公示7个工作日。公示无异议后,逐级上报。推荐单位负责对确定上报的推荐对象征求公安、社会信用等部门意见。其中,对机关事业单位及其工作人员按管理权限应当征求组织人事、纪检监察等部门意见,对企业及其负责人应当征求环境保护、工商、税务、安全生产监管等部门意见,并将征求意见情况一并公示。

(三)复审公示

由省扶贫开发工作领导小组办公室对推荐对象进行复审,确定获奖建议名单,并对获奖建议名单进行公示。公示期间,对获奖建议名单中的单位和个人若有异议,经核实后,做出相应处理,对有问题的单位和个人取消评选资格,空缺名额不再调剂。

(四)审批确定

评选公示结束后,根据公示情况将获奖建议名单报省扶贫开发工作领导小组审定批准,确定最终表彰对象。

(五)组织表彰

根据工作安排,以省委、省政府名义召开表彰大会,发布表彰决定,颁发奖章、奖牌、证书。

（六）备案

省扶贫开发工作领导小组办公室在评选表彰结束后 10 个工作日内，将表彰工作总结、表彰方案、表彰决定、表彰对象汇总表等报省表彰协调办备案。

第八条 表彰

对先进集体授予"脱贫攻坚先进集体"荣誉称号，颁发奖牌，并奖励扶贫项目资金。所需资金从财政专项扶贫资金中列支，采取以奖代补方式实施扶贫项目。

对先进单位授予"脱贫攻坚先进单位"荣誉称号，颁发奖牌。

对先进个人授予"脱贫攻坚先进个人"荣誉称号，颁发证书。对受到表彰的先进个人，同等条件下，在评优评先、提拔任用、职称评定等方面优先考虑。

第九条 本办法由省扶贫开发工作领导小组办公室负责解释。

第十条 本办法自发布之日起施行。

青海省扶贫开发工作领导小组办公室 2019 年 2 月 19 日

青海省扶贫开发工作领导小组文件

青海省扶贫开发工作领导小组
关于印发《关于做好全省光伏扶贫项目收益
管理使用工作的指导意见》的通知

青扶组〔2019〕13 号

各市（州）、县（市、区）扶贫开发工作领导小组：

　　现将《关于做好全省光伏扶贫项目收益管理使用工作的指导意见》印发给你们，请认真贯彻落实。

青海省扶贫开发工作领导小组

2019 年 11 月 6 日

关于做好全省光伏扶贫项目收益
管理使用工作的指导意见

　　为切实发挥光伏扶贫项目效益，根据国家能源局、国务院扶贫办《光伏扶贫电站管理办法》和国务院扶贫办《村级光伏扶贫电站收益分配管理办法》有关规定，结合我省实际，就做好全省光伏扶贫项目收益管理使用工作，提出如下指导意见。

一、充分认识光伏扶贫项目收益管理使用工作的重要性

光伏扶贫是党中央国务院和省委省政府给予贫困地区的一项特殊政策，是对贫困群众的特别关爱。目前，全省已实施72.16万千瓦光伏扶贫项目，其中村级光伏扶贫项目覆盖所有建档立卡贫困村，是一次性投入最大、覆盖面最广、收益率最高、持续时间最长的一项民生工程、民心工程，对巩固贫困群众脱贫成果，助力贫困村集体经济发展，助推乡村振兴战略具有十分重要的作用。做好光伏扶贫项目收益管理使用工作，事关党和政府的形象，事关贫困群众的切身利益，各地务必要引起高度重视，明确责任，健全机制，加强管理，强化监督，确保光伏扶贫项目收益管好用实、安全有效。

二、严格规范光伏扶贫项目收益管理

光伏扶贫项目收益管理包括资产管理和收益资金管理。各地要严格规范光伏扶贫项目的收益管理，明确光伏扶贫项目的适用范围、受益对象和资产主体。

（一）明确项目适用范围

我省光伏扶贫项目，包括15万千瓦试点项目（以下简称"试点项目"）、10万千瓦集中式项目（以下简称"集中式项目"）、47.16万千瓦村级项目（以下简称"村级项目"），以及后期开发建设的、具有扶贫性质的光伏项目等。

（二）明确项目受益对象

光伏扶贫项目受益对象为建档立卡贫困村和贫困户。2020年前，受益对象主要是建档立卡贫困村和纳入光伏扶贫信息系统的贫困户；2020年后，受益贫困村保持不变，受益贫困户可根据实际动态调整，"试点项目"原则上在项目县内调整，调整权限在县级。"集中式项目"在全省范围统筹调整，"村级项目"在项目村内调整，调整权限在村级。

（三）明确项目资产主体

坚持"谁投资、谁持有、谁管理"的原则，"试点项目"资产，由投资企业持有和管理，上缴收益由县级项目公司管理。"集中式项目"资产，由省扶贫开发投资有限责任公司与中国国新融智基金有限公司按股权比例共同持有和管理。"村级项目"资产，由各县（市、区）按照分配的指标容量确权给贫困村，项目资产和收益由县级项目公司管理。

三、严格规范光伏扶贫项目收益使用

（一）明确收益使用途径

"村级项目"净收益全部用于发展村集体经济和扶持贫困人口增收。"村级项目"净收益的 60% 作为村集体经济使用，主要用于贫困村基础设施及公共服务项目的维修维护、党员干部教育、劳动技能培训、贫困家庭学生资助及培育乡村振兴特色产业等方面。

"村级项目"净收益的 40% 部分和"试点项目""集中式项目"扶贫收益，主要用于贫困村和有建档立卡贫困户的非贫困村通过设置公益性岗位、以奖代补、以工代赈等形式，扶持贫困人口增加收入，实现劳动取酬。

（二）合理确定支出标准

建档立卡贫困户为光伏扶贫项目的受益主体。各地要根据受益贫困人口实际，对有劳动能力、半劳力和弱劳力贫困户设置相应的公益性岗位，综合考虑劳动强度及其家庭人口数量、生活状况给予差异化对待，不搞普惠制和一刀切。工薪标准原则上参照年度青海省最低工资标准的 50% 确定。

（三）严格分配使用程序

光伏扶贫项目收益中，用于扶持贫困人口增收部分，严格按照户申请、村级评议、乡镇审核、县级审批的工作程序进行分配和使用；用于发展村集体经济使用支出部分，严格落实"一事一议"和公示公告制度，资金使用结果即时在村内公示，县级要跟进指导，加强监督落实，纪检部门要将资金使用情况纳入巡视、巡察重要内容，确保光伏扶贫资金合理支出，从严管控。

（四）从严管控成本支出

光伏扶贫电站的运营成本和费用支出必须符合有关规定和要求，从严管控，合理支出。"村级项目"电站运营成本，主要包括站内设备维护、检修、耗材及组件保养、清洗等运维费用，以及电站设备场用电、技改工程、各项税收、消防、检测检验、大数据维护及土地租赁等相关费用，运营成本列入发电成本核算，从项目收益中支出。省级项目公司人员工资、办公经费等开支，按照 1% 的标准纳入"集中式项目和试点项目"管理成本。县级项目公司人员工资、办公经费等开支，按照 1% 的标准纳入"村级项目"管理成本，由省级项目公司统一提取后平均分配至 26 个县级项目公司。"村级项目"的运维，在 5 年质保期内，由建设企业负责运维，之后村级电站运维仍由省级层面统筹，

在全国范围内统一招标，优中选优，吸引优质企业参与村级电站运维。

四、切实加强光伏扶贫收益监管

（一）完善制度措施

各地要根据实际，完善工作制度，规范操作流程，有序推进工作落实。要健全完善民主评议、公示公告、报备审批、监督管理等制度措施，有效保障群众合法权益，切实发挥项目效益。

（二）落实部门责任

扶贫部门要切实履行好光伏扶贫收益管理使用工作的牵头责任，落实制度措施，强化工作指导。各级纪检监察、财政、发改、审计、市场监管等部门，根据部门职责，切实做好协调服务、跟踪审计、监管指导等方面的工作。

（三）加强项目监管

要切实加强对光伏扶贫项目资金的全过程监管，确保项目运行安全，收益用途清楚，资金使用高效。绝对禁止将项目收益用于宗教活动、村办公场所装修和村"两委"工作经费等。对违规操作、截留、挤占、挪用项目收益资金的，依法依规严肃处理。

五、工作要求

（一）各地依据本指导意见，结合地方实际，研究制定使用管理办法，细化分配方案，实化管理措施，落实相关制度。

（二）各地光伏扶贫项目收益资金使用管理办法，须经县级政府会议研究、州级扶贫部门审核后，报省光伏扶贫协调工作领导小组办公室备案。

该《指导意见》印发后，同时废止2018年10月26日印发的《青海省光伏扶贫电站收益分配管理指导意见》。

抄送：国务院扶贫办，省光伏扶贫工作协调领导小组各成员单位，省委组织部、省委政研室、省财政厅。

青海省扶贫开发工作领导小组办公室　2019年11月6日

青海省扶贫开发工作领导小组办公室文件

青海省扶贫开发工作领导小组办公室关于印发《专项整治贫困县脱贫摘帽后"不摘责任、不摘政策、不摘帮扶、不摘监管"政策落实不力、工作松紧懈怠问题的工作方案》的通知

青扶组办〔2019〕59号

省直有关单位：

现将《专项整治贫困县脱贫摘帽后"不摘责任、不摘政策、不摘帮扶、不摘监管"政策落实不力、工作松紧懈怠问题的工作方案》印发你们，请认真贯彻落实。

青海省扶贫开发工作领导小组办公室

2019 年 9 月 30 日

专项整治贫困县脱贫摘帽后"不摘责任、不摘政策、不摘帮扶、不摘监管"政策落实不力、工作松紧懈怠问题的工作方案

根据省委主题教育领导小组《关于在"不忘初心、牢记使命"主题教育中专项整治漠视侵害群众利益问题的实施方案》安排，现就专项整治贫困县脱贫摘帽后"不摘责任、不摘政策、不摘帮扶、不摘监管"政策落实不力、工作松紧懈怠问题制定如下方案。

一、总体目标

坚持以习近平新时代中国特色社会主义思想为指导，按照省委主题教育领导小组专项整治工作安排部署，全面贯彻落实"摘帽不摘责任、摘帽不摘政策、摘帽不摘帮扶、摘帽不摘监管"重大要求，以巩固提升脱贫成果为抓手，坚持统筹协调、立足职责、问题导向、上下联动、精准整治、标本兼治，扎实开展集中整治。促进已脱贫群众人均可支配收入稳步增长，农牧区医疗、教育、文化、社保等公共服务体系进一步健全，水、电、路、讯、网等基础设施进一步加强，返贫救助机制进一步完善，脱贫成果持续巩固、脱贫质量全面提升、脱贫群众稳定增收、脱贫乡村全面振兴，为我省实现绝对贫困"清零"目标，如期全面建成小康社会、实现"一优两高"奠定坚实基础。

二、整治任务及分工

（一）摘帽不摘责任方面

1.制定出台《关于巩固脱贫成果的实施意见》，细化摘帽不摘责任、不摘政策、不摘帮扶、不摘监管等4个方面具体举措。

责任单位：省扶贫局

2.加强对脱贫摘帽县脱贫攻坚工作目标考核。

责任单位：省委组织部、省扶贫局

3.督促各地严格落实市（州）和县级党委政府主要领导、扶贫干部、第一书记和驻村干部保持稳定政策，保证后续巩固提升工作的连续性。

责任单位：省委组织部、省扶贫局

（二）摘帽不摘政策方面

4.加强财政扶贫资金投入。2019年省级财政专项资金投入增长保持在20%以上，保持摘帽县投入力度不减，建立防止返贫扶持资金。

责任单位：省财政厅、省扶贫局

5.持续强化教育、医疗、住房、饮水安全保障。加大控辍保学力度，九年义务教育巩固率95%以上；完成2019年全省"雨露计划"短期技能培训贫困劳动力1万人（次）任务；扎实推进健康扶贫"三个一批"行动，已实现稳定脱贫的建档立卡贫困人口，继续享受大病保险降低起付线和提高报付比例政策，贫困地区城乡居民医疗保险参保率达到95%以上，未脱贫建档立卡贫困人口、农村低保对象、特困人员、孤儿等贫困人口住院医疗费用报付比例稳定在90%；"十三五"易地扶贫搬迁工程量、入住率100%，制定后续扶持工作方案，落实后续扶持政策；完成剩余1332户建档立卡贫困户危房改造任务，实现"清零"；完成全省剩余2.1万贫困人口安全饮水巩固提升任务。

责任单位：省教育厅、省卫生厅、省医保局、省扶贫局、省发展改革委、省住房和城乡建设厅、省水利厅

6.加强"精神脱贫"工作，对脱贫光荣户进行物质奖励，增强引领示范作用。

责任单位：省扶贫局

（三）摘帽不摘帮扶方面

7.继续坚持联点帮扶、结对帮扶政策。严格落实第一书记和驻村工作队各项管理办法，纠正纠治驻村工作队松紧懈怠、转移工作重心等问题。

责任单位：省委组织部、省扶贫局

8.保持东西部扶贫协作、对口援青和中央定点帮扶支持力度不减。

责任单位：省发展改革委、省扶贫局

（四）摘帽不摘监管方面

9.强化返贫动态监测，持续开展贫困人口动态调整，监测退出县剩余贫困人口减贫速度（比例），返贫人口及时纳入帮扶（人数），新发生贫困人口及时纳入帮扶（人数）。

责任单位：省扶贫局

10.及时核查处理12317监督举报电话、信访、来访等反映退出县落实"四

不摘"要求的问题。

责任单位：省扶贫局

11. 督促各地贯彻落实《关于进一步加强和规范产业扶贫项目资金管理的指导意见》《关于做好光伏扶贫项目收益管理使用工作的指导意见》，进一步加强扶贫项目资金、资产管理。

责任单位：省扶贫局

12. 充分发挥审计、扶贫等部门综合监督职能，通过审计、督查巡查、明察暗访、考核评估等方式，对各地各部门落实巩固责任情况进行检查监控，对摘帽县落实"四不摘"政策存在突出问题的及时开展约谈。

责任单位：省扶贫局、省审计厅

三、有关要求

（一）提高政治站位、切实落实责任

专项整治工作由省扶贫局牵头，省委组织部、省教育厅、省卫生健康委、省医疗保障局、省住房和城乡建设厅、省水利厅、省发展改革委、省财政厅、省审计厅配合，各市（州）、县具体组织实施。各地各部门要从践行初心使命，增强"四个意识"、坚定"四个自信"、做到"两个维护"，坚决打赢脱贫攻坚战的高度，进一步提高政治站位，扛起政治责任，强化政治担当，主动进位、积极配合、上下联动，抓实抓细抓好专项整治工作。

（二）加强组织领导、成立工作专班

省扶贫局组成工作专班，负责牵头的专项整治贫困县脱贫摘帽后"不摘责任、不摘政策、不摘帮扶、不摘监管"政策落实不力、工作松紧懈怠问题的统筹协调和推进落实等工作。

负责人：马丰胜

成员：靳生寿、沙德林、马正军、盛宗毅、付学利、段霄江、王大军、薛强

各市（州）、县党委政府和省直有关单位党组（党委）要按照省委主题教育领导小组要求，对专项整治负总责，组织成工作专班，党委（党组）书记担负第一责任人责任（省直单位已成立专项整治工作专班的，不再重复成立）。

（三）加强督促指导、按时上报情况

省直有关单位要发挥职能作用，加强对各地专项整治工作的指导，指定

专人及时了解工作进展，每月 5 日、15 日、25 日前（逢节假日适当提前），向省扶贫开发工作领导小组办公室上报专项整治工作进展，解决的突出问题、发现的典型案例等情况。

青海省扶贫开发工作领导小组办公室 2019 年 9 月 30 日

青海省扶贫开发工作领导小组文件

青海省扶贫开发工作领导小组
关于建立防止返贫监测和帮扶机制的
实施意见

青扶组〔2020〕6号

各市（州）、县（市、区）扶贫开发工作领导小组：

现将《关于建立防止返贫监测和帮扶机制的实施意见》印发给你们，请认真贯彻落实。

青海省扶贫开发工作领导小组

2020年5月12日

关于建立防止返贫监测和帮扶机制的
实施意见

为进一步做好巩固提升脱贫攻坚成果工作，根据国务院扶贫开发领导小组《关于建立防止返贫监测和帮扶机制的指导意见》和省委、省政府《关于补上"三农"短板确保如期实现全面小康的实施意见》精神，结合我省脱贫攻坚实际，现就建立防止返贫监测和帮扶机制提出如下实施意见。

一、总体要求

（一）指导思想

以习近平新时代中国特色社会主义思想为指导，认真贯彻落实习近平总书记关于扶贫工作的重要论述，按照省委、省政府的部署要求，坚持省负总责、市县抓落实的管理体制，把防止返贫作为当前及今后一个时期扶贫工作的重要任务，统筹政府、市场和社会资源，建立防止返贫监测和帮扶机制，巩固脱贫攻坚成果，确保高质量全面打赢脱贫攻坚战。

（二）目标任务

通过构建防止返贫监测和帮扶机制，及时消除建档立卡已脱贫但不稳定户（简称"脱贫监测户"）和收入略高于建档立卡贫困户的非贫困户（简称"边缘户"）存在的返贫致贫风险，有效防止脱贫人口返贫、边缘人口致贫。

（三）工作原则

坚持事前预防与及时帮扶相结合。提前发现并识别存在返贫致贫风险的监测对象，采取综合帮扶措施解决其实际困难，防止等重新陷入贫困后再予以帮助。

坚持开发式帮扶与保障性措施相结合。因人因户精准施策，对有劳动能力的监测对象，主要采取开发式帮扶措施。对无劳动能力的监测对象，进一步强化综合性社会保障措施。

坚持政府主导与社会参与相结合。充分发挥政府、市场和社会的作用，强化政府责任，引导市场、社会协同发力，鼓励先富帮后富、守望相助，形成防止返贫的工作合力。

坚持外部帮扶与群众主体相结合。处理好外部帮扶与自身努力的关系，强化勤劳致富导向，注重培养贫困群众和监测对象艰苦奋斗意识，提升自我发展能力。

二、建立防止返贫致贫监测机制

（一）监测对象范围

以家庭为单位，将因学、因病、因灾以及因突发事件影响而引发的刚性支出明显超过上年度收入和收入大幅缩减，具有潜在返贫致贫风险的脱贫监测户和边缘户纳入防止返贫致贫监测范围。

（二）对象认定条件

对标"两不愁三保障"主要指标，家庭年人均可支配收入低于国家扶贫标准1.5倍左右，且符合以下情况之一的可确定为监测对象：

1. 产业就业方面。因自然灾害、市场重大变化或其他不可抗拒因素造成产业受损较重，未能实现持续增收；或劳动力因特殊困难无法实现稳定就业，影响家庭收入，造成家庭生活困难的。

2. 教育方面。因家庭困难，义务教育阶段适龄儿童少年有失学辍学的；或家庭成员难以继续完成公立学校全日制学历教育的。

3. 医疗方面。已参加城乡居民基本医疗保险的家庭成员患大病、重病和慢性病，经基本医保、大病保险、医疗救助等报销以及相关责任赔付后，合规自付住院或门诊医疗费用较高，造成家庭生活困难的。

4. 住房方面。因自然灾害、房屋处于危险场地或其他不可抗力导致住房变成危房，无能力进行合理重建、修缮或加固的；或在合理范围内支付重建、修缮及加固费用较高，造成家庭生活困难的。

5. 其他方面。因自然灾害、意外变故等原因导致大额刚性支出，造成生活困难的；或因交通事故或其他意外事故导致家庭主要劳动力缺失或者变成弱劳动力，影响家庭收入，导致或可能导致家庭生活困难的。

（三）规范认定程序

以县为单位按下列程序组织开展监测对象认定工作。

1. "线上线下"同步排查。"线上"即由县级扶贫部门协调教育、卫健、医保、住建、民政、残联等部门，依托部门数据信息，根据监测对象认定条件，以村为单位开展信息比对，分析返贫致贫潜在风险因素，提出监测对象初步名单。"线下"即在农牧户申报的基础上，组织村"两委"干部和驻村工作队员，按照监测对象认定条件，开展实地走访排查，进行综合研判，提出拟纳入监测范围的对象名单报乡镇汇总。

2. 拟定监测对象名单。由县级扶贫部门将"线上"比对和"线下"排查出的汇总名单进行对比分析，情况一致的纳入监测对象建议名单；如不一致则反馈给乡镇进一步核实相关情况，确定是否列入监测对象建议名单。

3. 县级审核确定。由县级扶贫部门对经数据比对和排查拟定的监测对象建议名单进行审核，报县扶贫开发工作领导小组研究同意后，确定监测对象最终名单，并书面通知各乡镇。

4. 录入信息系统。在县级扶贫部门的指导下，由乡镇组织人员将审定后的脱贫监测户有关信息在全国扶贫开发信息系统中进行标注，将审定后的边缘户有关信息录入全国扶贫开发信息系统。

（四）监测对象规模

按照突出重点、体现精准、控制规模的要求，以县为单位确定监测对象规模。一般贫困县控制在建档立卡人口的 4% 以内，深度贫困县控制在 9% 以内。各地可根据经济社会发展情况适当掌握，既不无底线扩大规模，也不无原则缩小范围。

（五）开展动态管理

按照统一部署对脱贫监测户和边缘户两类监测对象实行动态管理。对今后录入信息系统的监测对象，按季度进行动态调整。对通过落实帮扶措施，返贫致贫风险已经消除的监测对象，在信息系统中标注后保留信息。在开展监测对象排查认定的同时，对已经录入信息系统的脱贫监测户和边缘户数据信息，于 5 月 20 日前完成集中整治，确保信息准确无误。

三、精准对接落实帮扶措施

认真贯彻落实"四摘四不摘"重大要求，深入推进脱贫攻坚"九大后续巩固提升"和"补针点睛"专项行动，为开展防止返贫监测工作创造良好条件。根据监测对象的家庭收入、生产生活条件、主要返贫致贫风险等因素，提前介入采取综合帮扶措施，及时化解返贫致贫风险。

（一）加大产业帮扶力度

对具备发展产业条件和有劳动力的监测对象，支持其发展"短平快"生产项目，支持其参加与生产相关的经营技能、劳动技能培训，对其中边缘户的培训，按照有关扶贫政策给予培训补助。加大扶贫小额信贷支持力度，对符合"三有一无"条件的监测对象做到应贷尽贷，并安排财政专项扶贫资金予以贴息。进一步培育壮大提升村级集体经济整体实力，增强带动监测对象增收致富能力。支持龙头企业、专业合作社、贫困村创业致富带头人带动监测对象发展生产，并落实带动建档立卡贫困户有关扶持政策。

（二）强化就业帮扶措施

对有就业意愿和劳动能力的监测对象，优先组织安排到本地龙头企业、扶贫车间、专业合作社务工,帮助其转移就业。对有外出务工意愿的监测对象,通过劳务经纪人和各类中介服务机构输出就业的,按照现有脱贫攻坚政策落实相关就业补助。统筹做好村级公益性岗位开发,利用村集体经济收益等资金,多渠道安置监测对象就近就业。鼓励监测对象参与农牧区项目建设,国家重大项目建设优先安排有劳动能力的监测对象,扩大以工代赈投资建设领域和实施范围,将劳务报酬比例由 10% 提高至 15%。

（三）落实综合保障举措

充分发挥最低生活保障、临时救助、特困供养等救助制度的兜底保障作用,对存在返贫致贫风险的监测对象及时提供帮助,切实解决其生活困难。对无劳动能力的监测对象,进一步强化低保、医疗、养老保险和特困人员救助供养等综合性保障措施,确保应保尽保。进一步加强社会救助各项制度与脱贫攻坚工作的有效衔接,落实好低保渐退、"救急难"等制度。

（四）创新开展社会帮扶

坚持"政府主导、市场运作"的原则,积极推进精准防贫保工作,按照精准防贫保工作方案要求,针对存在因病、因学、因灾等返贫致贫风险的监测对象,组织做好保险扶贫,把返贫和新致贫的风险降到最低。鼓励各地广泛动员社会力量参与扶贫助困,创新社会帮扶手段,多渠道筹措社会帮扶资金,及时化解监测对象生活生产风险。

（五）持续推进扶志扶智

引导监测对象通过生产和就业脱贫致富,对自强不息、稳定脱贫致富的监测对象,给予物质奖励和精神激励。深入开展精神脱贫和移风易俗,减轻监测对象精神、经济等方面的负担。深化乡风文明建设,发挥村规民约作用,倡导赡养老人、扶养残疾人,对有法定赡养人但单独分户生活的老人户,督促赡养人履行赡养义务。

四、工作要求

（一）切实提高认识

脱贫监测户和边缘户的监测与帮扶,事关全面打赢打好脱贫攻坚战,事关社会和谐稳定。各市州、县（市、区）扶贫开发工作领导小组,要站在讲政治的高度,深刻认识开展此项工作的重要性和必要性,进一步加强组织领导,下足绣花功夫,严肃认真地把监测对象找准帮实。

（二）明确责任落实

省级有关部门要强化工作衔接和信息对接，抓好组织实施和监督检查；市州和县级要落实主体责任，统筹做好巩固提升脱贫成果与防止返贫监测帮扶等工作；县级各相关部门要加强数据共享与比对分析，及时通报支出骤增或收入骤减家庭的预警信息，县级扶贫部门按照不同的返贫致贫风险，分门别类列出帮扶"菜单"交有关部门，督促落实差异化帮扶措施；乡村两级要组织做好农牧户申报，严格按认定程序开展监测对象排查工作，做到全覆盖不留死角、盲区；要坚持定期开展走访跟踪，抓好帮扶举措推动落实。

（三）强化资金保障

统筹安排涉农整合资金，加大对防止返贫致贫工作的投入力度。鼓励县（市、区）采取政府主导、社会参与的方式筹措帮扶资金，加强对帮扶项目资金的使用监管，确保资金规范精准安全高效使用。严禁将财政扶贫资金和涉农统筹整合资金用于防贫保险。

（四）加强监测评估

各级扶贫开发工作领导小组要切实抓好有关工作的组织实施，加强对监测对象帮扶措施落实情况的跟踪监测和效果评估，及时发现和解决工作中遇到的苗头性倾向性问题。要依托脱贫攻坚现有工作机制，发挥扶贫开发信息系统大数据平台和驻村工作队作用，不另起炉灶，减少不必要的填表报数，切实减轻基层负担。要将防止返贫致贫工作纳入常态化约谈事项，对因工作不认真、不扎实产生不良影响引发负面舆情的，要追究相关人员责任。

（五）鼓励探索创新

鼓励各地结合实际，加强防止返贫致贫工作实践创新，探索防止返贫致贫新模式，因地制宜开展防止返贫致贫工作。各地要注重总结宣传推广实践工作中形成的好经验好做法，在实践中不断完善机制，改进工作，提高成效。

青海省扶贫开发工作领导小组办公室 2020 年 5 月 12 日

青海省扶贫开发工作领导小组文件

青海省扶贫开发工作领导小组
关于印发《青海省消费扶贫三年行动方案
（2020—2022 年）》的通知

青扶组〔2020〕13 号

各市（州）、县（市区）扶贫开发工作领导小组，省扶贫开发工作领导小组各成员单位：

现将《青海省消费扶贫三年行动方案（2020—2022 年）》印发给你们，请结合实际，认真抓好贯彻落实。

青海省扶贫开发工作领导小组
2020 年 9 月 11 日

青海省消费扶贫三年行动方案
（2020—2022 年）

为深入贯彻落实国务院办公厅《关于深入开展消费扶贫助力打赢脱贫攻坚战的指导意见》、国务院扶贫办等 7 部委《关于开展消费扶贫行动的通知》精神，进一步加强消费扶贫工作，结合我省实际，特制定本方案。

一、充分认识消费扶贫工作的重要性

习近平总书记在决战决胜脱贫攻坚座谈会上指出"要切实解决扶贫农畜牧产品滞销问题，组织好产销对接，开展消费扶贫行动，利用互联网拓宽销售渠道，多渠道解决农产品卖难问题"。消费扶贫是社会各界通过消费来自贫困地区和贫困人口的产品与服务，帮助贫困人口增收脱贫的一种扶贫方式，是社会力量参与脱贫攻坚的重要途径。消费扶贫作为巩固脱贫攻坚成果后续中心工作，是提升产业扶贫成效的新引擎，是社会力量参与扶贫工作的新平台，是促进贫困群众稳定增收的新举措，也是推进我省"一优两高"战略的新动能，实现农村牧区产业兴旺、对接乡村振兴战略和贫困地区劳动力稳就业、保增收目标的需要。各级党委政府和有关部门要切实提高对消费扶贫工作重要性的认识，按照党中央、国务院和省委省政府的安排部署，推进我省消费扶贫工作深入开展。

二、总体要求

（一）指导思想

以习近平新时代中国特色社会主义思想为指导，深入贯彻习近平总书记关于脱贫攻坚系列重要讲话精神，全面落实中央及省委、省政府关于脱贫攻坚工作的安排部署，围绕促进贫困人口稳定脱贫和贫困地区长远发展，切实解决扶贫产业组织化程度低、产品附加值不高、产品知名度不广、群众增产不增收等突出问题，进一步拓宽我省特色农畜产品销售渠道，实现"优质优价"，努力将消费扶贫打造成为产业扶贫的升级版和巩固脱贫成果的重要抓手。

（二）基本原则

1. 政府引导，市场运作。政府强化政策支持，平台建设支持，渠道拓展支持，营造消费扶贫环境。发挥市场作用，鼓励各类市场主体参与消费扶贫，构建可持续产销关系。

2. 部门联动，合力推进。充分发挥党政军企各部门职能优势，整合各单位消费扶贫资源，合力推进消费扶贫各项工作有序开展。

3. 广泛宣传，社会参与。充分运用各种媒体资源，大力宣传推介受援地区扶贫产品资源，加快提升品牌效应和市场知名度，推动全社会参与消费扶贫。

4. 注重带贫，严格监督。完善参与消费扶贫各类企业与贫困人口的利益联结机制。各部门强化扶贫企业合法诚信经营、扶贫产品质量和价格、带贫成效等监督检查。

（三）目标任务

通过开展消费扶贫行动，使我省扶贫产品知名度进一步提升，销售渠道进一步拓展，产品质量进一步提高，贫困群众自我发展能力进一步增强，全社会参与扶贫工作的氛围更加浓厚。三年内力争实现扶贫产品销售额100亿元。其中，2020年实现销售额30亿元，2021年实现销售额35亿元，2022年实现销售额35亿元。

三、重点工作

（一）推进扶贫产品认定

扶贫产品是贫困地区生产的具有带贫、益贫效应的产品。扶贫产品认定必须坚持"公开、公平、公正和自愿申请"的原则，按照"市场主体申请、县级扶贫部门初审，市（州）、省逐级复审，国家审定公示"的流程进行认定，公示核准后纳入《全国扶贫产品目录》。各级扶贫部门要全面掌握本地区扶贫产品存量，按照规定的流程，积极推进扶贫产品认定工作，做到"应认尽认"。扶贫产品认定结果及过程接受社会监督。（责任单位：省扶贫开发局，各市州、县市区扶贫局）

（二）推进预算单位采购

充分运用政府采购这一财政调控手段支持打赢脱贫攻坚战，优先采购贫困地区农畜产品，引导全省预算单位通过"832"和"青品汇"扶贫产品销售平台积极采购扶贫产品。（责任单位：省财政厅、省扶贫开发局、省供销合作社联合社）

（三）推进对口援青、东西部协作和定点帮扶单位消费

积极对接对口援青、东西部扶贫协作省市和定点帮扶单位与受援地区建立长期稳定的消费扶贫协作关系，推进我省扶贫产品走向省外。同时，将消费扶贫纳入省内各级定点扶贫和结对帮扶工作内容，通过"以购代捐""以买代帮"等方式促进扶贫产品销售，引导鼓励各地企事业单位与贫困地区建立产品定向直供直销关系。（责任单位：省发展和改革委，省总工会，省直机关工委，省扶贫开发局，省供销合作社联合社，各级定点帮扶单位，省各市州、县市区人民政府）

（四）推进"三专一平台"建设

"三专"即消费扶贫专柜、专馆、专区，"一平台"是指全国社会扶贫网。在西宁市区和有条件的州县院校、医院、商业街、机场、车站、社区以及机关写字楼等人流密集、消费需求大的重点场所分 3 年布放消费扶贫专柜 1000 台。在北京、上海、天津、南京、广州等市和西宁市区及有条件的州县设立省级消费扶贫专馆，集中展示销售全省特色扶贫产品。充分利用全省各大超市、商场资源，设立易于辨识的扶贫产品专区，引导消费者购买扶贫产品。打通"三专"和"青品汇"与全国社会扶贫网的对接，为扶贫产品供应商、经销商等提供支付结算、后台连接等技术支持和产品推荐、拓宽渠道等服务，畅通扶贫产品供销环节。（责任单位：省委网信办，省教育厅，省卫生健康委员会，省商务厅，省市场监督管理局，省扶贫开发局，省供销合作社联合社，省扶贫开发工作领导小组有关成员单位，各市州、县市区人民政府）

（五）推进电商平台建设

充分利用好现有电商扶贫平台，重点打造"全国消费扶贫青海众创基地"建设，以"青品汇"促销平台和"享网购"线上促销活动为依托，与淘宝、天猫、京东、拼多多、苏宁易购等国内知名电商平台对接，建立"青海省消费扶贫"专区，大力推进线上扶贫产品销售。（责任单位：省委网信办，省商务厅，省扶贫开发局，省供销合作社联合社，各市州、县市区人民政府）

（六）推进生产企业自销

充分调动扶贫产品生产企业积极性、主动性和创造性，发挥企业自身优势，利用现有营销渠道，创新营销模式，提高销售业绩。同时，加大对生产经营者的业务培训力度，提升扶贫企业的营销能力。（责任单位：省商务厅，省工商业联合会，省供销合作社联合社，各市州、县市区人民政府）

（七）推动旅游带动促销

充分挖掘贫困地区文化旅游资源，鼓励开发特色文创产品，打造新民俗，延伸产业链，推进文化旅游产业发展。在省内著名旅游景区设立旅游消费扶贫专区，精心打造一批具有青海特色的农畜产品、民族手工艺品等旅游消费扶贫产品，努力扩大扶贫产品销售渠道。（责任单位：省文化和旅游厅，各市州、县市区人民政府）

（八）推动开展各类展销活动

按照国家统一部署,每年9月份开展消费扶贫月活动。充分借助"青洽会"、农畜产品推介会等平台,开设"消费扶贫产品专区",积极组织扶贫产品生产企业参加省内外各类农畜产品展销会。（责任单位：省工业和信息化厅,省商务厅,省农业农村厅,省扶贫开发局,省供销合作社联合社,省工商业联合会,各市州、县市区人民政府）

四、保障措施

（一）加强组织领导

在省扶贫开发工作领导小组统一领导下,省级层面成立消费扶贫工作领导小组,办公室设在省扶贫开发局,并成立消费扶贫专班,协调指导各部门各市州开展消费扶贫工作。各市（州）、县（市区）成立相应机构,明确责任人,配强工作力量,推动消费扶贫各项任务落到实处。（责任单位：省扶贫开发工作领导小组有关成员单位,省扶贫开发局,各市州、县市区人民政府）

（二）加大政策资金支持力度

根据国家要求和实际工作需要,每年从省级财政专项扶贫资金、东西部扶贫协作资金、对口援青资金中按一定比例安排专项经费,用于支持消费扶贫工作。（责任单位:省财政厅,省发展和改革委员会,省扶贫开发局,各市州、县市区人民政府）

（三）加快物流体系建设

依托国内著名物流企业在西宁建立消费扶贫物流配送中心。加大省内物流网点及配送建设,农区物流网点覆盖到县、乡、村,牧区物流网点覆盖到县。加强扶贫产品仓储建设,力争每县有1个扶贫产品仓储库。积极推进电子商务进农村的覆盖面和示范县建设。（责任单位:省商务厅,省供销合作社联合社,省扶贫开发工作领导小组有关成员单位,各市州、县市区人民政府）

（四）强化考核督查

建立消费扶贫工作考核制度,明确各地各部门工作职责,量化目标任务,将消费扶贫工作成效纳入年度脱贫攻坚工作考核体系。各地各相关单位完善参与消费扶贫各类企业与贫困人口的利益联结机制,监督扶贫企业合法诚信经营,强化扶贫产品质量价格和带贫成效等监督检查,坚决避免借消费扶贫之名"搭车销售"。对扶贫产品名录实行动态管理,对带贫效果不明显的企业及时清退出《消费扶贫产品名录》；对消费扶贫工作推进不力，造成不良社会影响的进行通报。（责任单位：省委组织部，省扶贫开发局，省扶贫开发工作领导小组有关成员单位，各市州、县市区人民政府）

（五）做好统计汇总

各地各相关单位要及时、全面、准确汇总扶贫产品销售（采购）情况，对消费扶贫情况开展工作自查，并做好阶段性工作总结。每月 25 日前向省消费扶贫工作领导小组办公室上报当月消费扶贫产品销售和工作进展情况，年终报年度工作总结，领导小组定期通报。（责任单位：省商务厅，省农业农村厅，省供销合作社联合社，省工商业联合会，省扶贫开发局，省扶贫开发工作领导小组有关成员单位，各市州、县市区人民政府）

（六）广泛宣传推介

充分运用各种媒体资源，大力宣传推介贫困地区扶贫产品，加快提升品牌效应和市场知名度，推动全社会参与消费扶贫，营造优先购买扶贫产品的良好氛围。省内各级主要媒体开设消费扶贫专栏。各地积极主动与中央媒体和对口帮扶省市开展扶贫产品推介活动，扩大我省扶贫产品的宣传效应。（责任单位：省委宣传部，省广播电视局，各市州、县市区人民政府）

青海省扶贫开发工作领导小组办公室 2020 年 9 月 11 日

大事记

2015 年

7 月

29 日，省委书记骆惠宁主持召开中共青海省委十二届九次全会第一次全体会议，对全省加快整体脱贫步伐的战略任务进行部署。

12 月

8 日，青海省委成立省委书记骆惠宁、省长郝鹏担任组长的省扶贫开发工作领导小组。

12 日，省委书记、省扶贫开发工作领导小组组长骆惠宁主持召开省扶贫开发工作领导小组第一次会议。

28 日，省委召开扶贫开发工作电视电话会议，省委、省政府与 8 个市州党委政府签订了脱贫攻坚目标责任书。

2016 年

1 月

2 日，汪洋同志在《青海省委关于贯彻中央扶贫开发工作会议精神情况的报告》上批示："青海扶贫点多、面广，精准到人难度大，希望能创造经验，走出路子"。

6 日，青海省扶贫开发工作领导小组印发《关于打赢脱贫攻坚战提前实现整体脱贫实施意见主要目标任务责任分工方案的通知》（青扶组〔2016〕1 号）。

18—19 日，国务院扶贫开发领导小组成员来青宣讲调研慰问。

2 月

2 日，省委书记骆惠宁赴黄南州尖扎县、同仁县调研扶贫开发工作，并慰问贫困户。

2 日，省长郝鹏赴互助县东河乡宋家庄调研扶贫开发工作，并慰问贫困户。

23 日，副省长严金海主持召开会议，专题研究"八个一批"专项行动计划和十个行业专项扶贫方案。

3 月

10 日上午，中共中央总书记、国家主席、中央军委主席习近平来到十二届全国人大四次会议青海代表团参加审议。

10 日上午，在京召开中央国家机关、企事业单位定点帮扶青海 15 个国家扶贫开发工作重点县座谈会。

11 日，省委副书记王建军赴海东市民和县调研精准扶贫大数据平台建设和精准扶贫工作。

15 日，省政府副省长严金海赴黄南州尖扎县调研春耕生产、精准扶贫工作。

16 日，省委组织部部长胡昌升赴玉树州称多县调研"第一书记"和驻村（扶贫）工作队开展工作情况。

23—24 日，省政府副省长陈丽华赴扶贫联系点循化县调研扶贫开发工作并慰问贫困户。

23—25 日，省政府副省长王立明赴扶贫联系点玉树州囊谦县调研扶贫开发工作并慰问贫困户。

4 月

7—9 日，省政府副省长韩建华赴果洛州久治县调研扶贫开发工作并慰问贫困户。

8 日，省扶贫开发工作领导小组副组长王建军在互助县林川乡昝扎村主持召开"十三五"期间易地扶贫搬迁启动会。

11 日，召开全省检察机关、扶贫部门集中整治和加强预防扶贫领域职务犯罪专项工作会议，省检察院检察长阚柏出席会议并讲话。

12 日，省政府召开全省教育脱贫攻坚动员大会，安排部署全省教育脱贫工作，副省长程丽华出席并讲话。

21 日，省长郝鹏赴互助县五十镇班彦村调研扶贫开发工作。

21—22 日，副省长程丽华赴黄南州督导调研"八个一批专项行动计划"和"10 个行业扶贫方案"的编制及落实情况。

22 日，省长郝鹏主持召开海东扶贫工作座谈会，听取海东市六县区精准扶贫工作汇报。

27—29 日，省长郝鹏赴黄南州尖扎县，海东市化隆县、民和县、乐都区、平安区调研精准扶贫工作。

5 月

9—11 日，省委副书记王建军赴果洛州甘德县、玛沁县调研扶贫开发工作。

9—11 日，副省长匡湧赴海南州调研扶贫开发工作。

10 日，青海保监局联合省扶贫办、省金融办、人行西宁中心支公司、西宁市扶贫办等部门及省内各保险公司召开"商业保险参与精准扶贫"座谈会。

16 日，国家政协常委、省政协副主席马志伟主持召开精准扶贫座谈会。

16—22 日，省扶贫开发工作领导小组办公室组织人员赴 8 市州，对 2016 年各地项目推进情况进行集中检查督导。

17 日，副省长严金海赴西宁市湟源县调研精准扶贫工作。

19—22 日，省委副书记王建军赴海西州德令哈市检查指导脱贫攻坚工作。

30 日，副省长严金海主持召开省扶贫开发工作领导小组第二次会议。

6 月

9—10 日，副省长严金海赴海东市民和县、乐都区调研精准扶贫工作。

21 日，由青海省人民政府、青海省扶贫开发局共同主办的以"政府主导群策群力，打赢青海脱贫攻坚战"扶贫论坛在胜利宾馆长江厅举办。

22—25 日，副省长匡湧赴玉树州调研精准扶贫工作。

22 日，黑龙江省政协党组成员、副主席张宪军一行到我省调研精准扶贫工作。

7 月

11 日，省委副书记王建军主持召开全省脱贫攻坚工作推进电视电话会议。

11 日，省委书记王国生赴海东市互助县班彦村调研扶贫开发工作。

12—14 日，省人大常委会副主任曹宏深入扶贫工作治多县调研指导脱贫攻坚工作。

18—21 日，省政府副省长严金海赴海南州兴海县、果洛州玛多县、玉树州治多县、杂多县、曲麻莱县等地调研精准扶贫工作。

18—28 日，国际农发基金扶贫项目检查团来我省检查国际农发扶贫项目。

20—21 日，陕、甘、青、宁四省政协六盘山盘区扶贫工作推进会在甘肃省兰州市召开。

27 日，光明日报社在西宁召开光明日报社定点帮扶囊谦扶贫工作座谈会。

8 月

12 日，省长郝鹏到省扶贫开发局调研指导工作。

15—22 日，省扶贫开发工作领导小组办公室抽调干部组成 8 个督查组，赴各地开展年内脱贫攻坚第三次督查。

22—24 日，中共中央总书记、国家主席、中央军委主席习近平亲临青海，先后深入海西州、海东市、西宁经济开发区视察指导工作，在企业、农村、牧区一线，与各级干部、企业员工、农牧民群众亲切交流、体察民情、共话发展。

23 日，国务院扶贫办刘永富主任赴省扶贫开发局看望慰问干部职工，调研指导全省脱贫攻坚工作。

24 日，省委书记王国生主持召开省委常委 (扩大) 会议，传达学习贯彻习近平总书记视察青海时重要讲话精神。

9 月

14 日，省委书记、省扶贫开发工作领导小组组长王国生主持召开省扶贫开发工作领导小组年度第三次会议。

27—28 日，省委书记王国生赴黄南州尖扎县、同仁县调研精准扶贫工作。

10 月

10 日，副省长严金海赴海西州都兰县调研脱贫攻坚工作。

12—16 日，省委书记王国生、省长郝鹏率青海省党政代表团赴上海、浙江、江苏对接对口支援事宜。

13—20 日，组织开展"扶贫日"系列活动。

20 日，省人大常委会副主任邓本太、人大农牧委员会主任委员陈世庆及精准扶贫专题调研组，听取全省脱贫攻坚工作情况汇报。

24—27 日，由国家卫健委副主任王培安为组长、中国残联副理事长程凯为副组长的国务院扶贫开发领导小组对我省脱贫攻坚工作进行督查巡查。

30 日至 11 月 5 日，省委书记王国生、省长郝鹏率青海省党政代表团赴北京、天津、山东对接对口支援事宜。

11 月

7—8 日，省委王建军副书记主持召开全省易地搬迁脱贫现场观摩会。

21 日，在省十二届人大常委会第 30 次会议上，马丰胜同志受省政府委托作《青海省扶贫开发工作报告》。

28 日，汪洋同志在《青海信息专报》第 204 期上批示：青海注意"今天怎么搬，明天怎么办"，对全国都有意义。

12 月

1 日，省长郝鹏赴海东市互助县五十镇班彦村调研精准扶贫开发工作。

16 日，全省 2016 年度市州党委政府落实脱贫攻坚目标责任及贫困退出省级抽验工作培训班在胜利宾馆召开，副省长严金海到会作动员讲话。

2017 年

1 月

8—21 日，海南省政府秘书长许云为组长的省际间交叉考核组一行 22 人来青，对我省 2016 年度扶贫成效开展省际间交叉考核。

10—20 日，国家"精准脱贫国家第三方评估"工作组赴互助县、湟中县、共和县、贵德县入户调查我省脱贫攻坚成果成效。

13—14 日，省扶贫开发工作领导小组召开全省扶贫开发工作会议，副省长严金海出席会议并讲话。

21 日，全国六盘山片区扶贫攻坚部省协调会在我省海东市乐都区召开。省长王建军，副省长严金海、韩建华参加会议。

2 月

22—24 日，国务院第三次大督查核查工作组对我省金融扶贫贷款贴息资金结存情况进行督查核查。

27 日，省委书记王国生主持召开全省扶贫开发工作领导小组第四次会议。

3 月

20—31 日，省扶贫开发工作领导小组抽调干部组成督查组，对除海西州之外的 7 个市州开展扶贫重点项目专项督查。

22—24 日，中国再保险集团董事长袁临江一行来青调研定点帮扶循化县工作。

4 月

1 日，省长王建军赴海东市化隆县、平安区调研脱贫攻坚工作开展情况。

13 日上午，省委书记王国生主持召开省扶贫开发工作领导小组第五次会议。

20 日，省委书记王国生主持召开全省脱贫攻坚问题整改动员部署视频会议。

25—26 日，副省长严金海赴海南州调研督导脱贫攻坚工作。

5 月

3 日，省长王建军到互助县开展扶贫调研督导。

10—11 日，国务院易地扶贫搬迁工作成效试考核抽查检查组赴湟中县、兴海县检查我省易地扶贫搬迁项目，并在省会议中心西厅召开意见交办汇报会。

11 日，省委召开重点工作部署会，副省长严金海对全省扶贫督察工作进行安排部署。

12 日，在胜利宾馆长江厅召开了全省支援帮扶工作座谈会，会上中央和国家机关牵头协调部门对对口援青、东西扶贫协作工作进行了总体部署。

15—21 日，以全国政协常委黄康生为组长的专题调研组来我省开展扶贫监督性调研。

15—24 日，省扶贫开发工作领导小组组织开展了 2017 年第一次脱贫攻坚督查工作。

28 日，汪洋同志在省委省政府《关于学习贯彻中央脱贫攻坚重大部署要求情况的报告》上批示："认识深刻、行动迅速，措施有力、成效可期"。

6 月

7—9 日，省长王建军赴玉树州调研脱贫攻坚工作。

9 日，省委书记王国生到省扶贫开发局调研指导工作。

12 日下午，青海省扶贫开发局、中国人寿保险股份有限公司青海分公司、中国人保财险股份有限公司青海分公司在西宁举行青海保险扶贫合作协议签约仪式。

16 日，副省长严金海专题听取全省脱贫攻坚第一次督查工作汇报。

21 日，省工商联组织召开"东西部工商联扶贫协作第一次联席会议"。

26 日，省委书记王国生主持召开省委常委扩大会议，传达学习习近平总书记在深度贫困地区脱贫攻坚座谈会上的重要讲话精神，研究我省贯彻落实意见。

27—28 日，国务院扶贫办主任刘永富来青调研指导脱贫攻坚工作，听取了全省脱贫攻坚工作汇报，并深入海东市平安区巴藏沟乡堂寺尔村、化隆县扎巴镇本康沟村和化隆县群科拉面扶贫产业园实地调研。

7 月

4—5 日，省委书记王国生赴果洛州玛多县调研脱贫攻坚工作开展情况。

14—18 日，国务院扶贫开发工作领导小组巡查组余欣荣、阎晓峰一行来青，对我省脱贫攻坚问题整改情况进行巡查。

16—25 日，国家发展改革委稽查组赴海东市化隆县、黄南州泽库县对全省易地扶贫搬迁项目问题整改及自查自纠情况进行复（核）查。

8 月

2—3 日，天津市委书记李鸿忠率天津市党政代表团赴青考察，与省委书记王国生、省长王建军共同召开两省市召开合作交流和对口支援黄南州工作座谈会。

7—8 日，省扶贫开发工作领导小组组织召开全省脱贫攻坚工作观摩推进会，副省长严金海出席会议并讲话。

8 日，省委书记王国生、省长王建军与对口支援青海高校的清华大学党委书记陈旭，天津大学校长钟登华，西北农林科技大学党委书记李兴旺，中国地质大学（北京）党委书记王鸿冰，华东理工大学党委书记杜慧芳，中国医学科学院、北京协和医学院副院校长张勤等一行举行座谈，共商对口支援工作。

10 日，浙江—青海对口支援工作座谈会在青海西宁市举行，浙江省委书记车俊，青海省委书记王国生出席座谈会并分别讲话。

15—17 日，全国政协、陕甘青宁四省政协联合举办的六盘山片区政协精准扶贫交流会第三次会议在西安召开。

24—25 日，三江源地区脱贫攻坚工作观摩推进会在玉树州召开，省政府副省长严金海同志出席会议并作了讲话。

9 月

8 日，省政府副省长严金海主持召开省扶贫开发工作领导小组第六次会议，专题研究 2016 年度全省脱贫攻坚表彰奖励名单和加快深度贫困地区脱贫攻坚工作的有关事项。

20 日，省长王建军主持召开青海省 2016 年度脱贫攻坚表彰大会，省委书记王国生出席会议并讲话。

21—22 日，省委书记王国生赴黄南州调研脱贫攻坚工作。

28 日，省长王建军主持召开全省"深度贫困脱贫攻坚工作电视电话会议"，省委书记王国生作安排部署讲话。

10 月

14—20 日,省扶贫开发工作领导小组组织第四个"国家扶贫日"系列活动。

30 日,省政府发布公告,批准都兰县、同德县、河南县从全省贫困县序列中退出。

11 月

15 日,副省长严金海赴国务院向副总理汪洋汇报青海省推进深度贫困地区脱贫攻坚情况。

15 日,省委省政府向国务院扶贫开发领导小组汇报深度贫困地区脱贫攻坚工作。

20 日,省委副书记、省长王建军赴黄南州泽库县调研深度贫困地区脱贫攻坚工作。

29 日,省委书记王国生主持召开省扶贫开发工作领导小组第七次会议。

30 日下午,省扶贫开发工作领导小组办公室组织召开 2017 年度年度市(州)党委政府脱贫攻坚目标责任考核、省级核查抽验和第二次大督查培训会议。

12 月

1 日,省扶贫开发工作小组听取深度贫困地区脱贫攻坚推进工作汇报,副省长严金海对进一步推进工作进行了安排部署。

1—13 日,省扶贫开发工作领导小组抽调 454 名干部,组成八个考核验收组赴全省 8 个市州开展 2017 年度市(州)党委政府脱贫攻坚目标责任考核省级核查抽验和第二次大督查。

8 日,副省长严金海带队赴国务院扶贫办就全省深度贫困地区脱贫攻坚三年行动方案编制情况进行专题汇报。

15 日,副省长严金海主持召开省扶贫开发工作领导小组第八次会议。

2018 年

1 月

3—10 日，国家发改委稽察组来青，对我省 2016—2017 年易地扶贫搬迁工作进行了调研稽察。

4—17 日，由湖南省扶贫办党组成员、副主任黎仁寅为组长的脱贫攻坚成效省际间交叉考核组和以湖南省发改委副巡视员龚新平为组长的东西扶贫协作考核组进驻我省，对我省 2017 年脱贫攻坚工作进行考核。

8—12 日，中国扶贫志愿促进会副会长王家华及特邀专家、企业家等一行 7 人来青，对我省牦牛、青稞和光伏扶贫产业发展情况进行调研。

9 日，由长安大学、南京师范大学、西北师范大学师生组成的 2017 年扶贫成效第三方评估组，由长安大学副教授员学锋带队来青，对我省脱贫攻坚政策落实情况进行实地评估。

11—27 日，国务院扶贫办和财政部联合对我省开展 2017 年财政专项扶贫资金绩效评价第三方抽查评价工作。

16—22 日，以中央办公厅督查局督查专员孙建刚为组长的督促检查组来青，对我省困难群众越冬过节基本生活保障、基层党组织战斗堡垒作用发挥、各方帮扶机制在脱贫攻坚中的作用发挥、扶贫资金使用管理情况进行了专项检查。

24 日，汪洋同志在我省《2017 年脱贫攻坚工作情况的报告》上批示："青海省认真贯彻落实党中央决策部署，开展脱贫攻坚大宣讲、大讨论、大调研、大排查，突出关键领域，夯实工作基础，狠抓问题整改，不断提高帮扶质量和成效，脱贫攻坚取得积极进展。望再接再厉"。

2 月

5 日下午，副省长严金海主持召开全省扶贫开发工作会议，对 2018 年工作进行了全面部署。

12 日，习近平总书记在四川成都市主持召开打好精准脱贫攻坚战座谈会，省委书记王国生参加会议并提交书面报告，河南县县委书记韩华做了会议发言。

15 日，省委书记王国生主持召开省委常委会（扩大）会议，传达学习习近平总书记在打好精准脱贫攻坚战座谈会上的重要讲话精神，研究我省贯彻落实意见。

22 日上午，省委书记王国生主持召开驻村第一书记和扶贫工作队员座谈会。

3 月

28 日，省委书记王建军赴互助县五十镇班彦村调研脱贫巩固工作，马丰胜同志陪同。

4 月

18 日，省委书记、省长王建军主持召开省扶贫开发工作领导小组第九次会议，传达学习习近平总书记最新讲话精神，安排部署下一步工作。

19 日，省委常委、省纪委书记腾佳材调研我局工作。

24 日，省委书记、省长王建军主持召开省委常委会会议，传达学习习近平总书记在中央政治局常委会会议审议 2017 年省级党委和政府扶贫开发工作成效考核情况汇报时的重要讲话精神，研究全省贯彻意见。

26 日，省扶贫开发工作领导小组召开全省脱贫攻坚问题整改动员部署会议，副省长严金海出席会议并讲话。

5 月

5—7 日，山东省委书记、省人大常委会主任刘家义率领的山东省党政代表团来青考察，签署两省政府战略合作协议。

7 日，副省长严金海赴国务院扶贫办汇报工作。

11 日，省扶贫领域作风问题专项治理领导小组召开第一次会议，传达了省委书记、省长王建军对全省扶贫领域作风问题专项治理工作的批示，副省长严金海对扶贫领域作风问题专项治理工作进行了专题安排。

14—19 日，全国政协副主席、民革中央常务副主席郑建邦率队来青专题调研全省扶贫开发工作。

22—23 日，北京市委副书记、市长陈吉宁率北京市党政代表团来青考察调研对口支援工作。

6 月

7—15 日，省扶贫开发工作领导小组办公室抽调干部，组成 8 个督查组赴各地开展 2018 年脱贫攻坚问题整改专项督查。

11 日，打赢脱贫攻坚战三年行动电视电话会议在京举行，常务副省长王予波作"以'不破楼兰终不还'的坚定决心，奋力攻克深度贫困'堡垒'"为题的发言。

15 日，省委书记王建军主持召开省委常委会议，学习贯彻习近平总书记关于脱贫攻坚的重要指示及打赢脱贫攻坚战三年行动电视电话会议精神。

21 日，副省长严金海赴贵南县督导调研脱贫攻坚工作。

21—22 日，浙江省委副书记、省长袁家军率浙江省代表团来青海考察。

27 日，省委常委、省委副书记刘宁主持召开全省 2017 年度脱贫攻坚表彰大会，省委书记、省长王建军出席会议并讲话。

7 月

4 日，全国东西部扶贫协作工作推进会在京召开，会上，青海省与江苏省签署 2018 年东西部扶贫协作协议。

8—10 日，国扶办欧青平副主任赴海南州共和县、贵德县调研脱贫攻坚工作。

10—12 日，六盘山片区政协精准扶贫交流推进会第四次会议在青海省西宁市召开。全国政协副主席、交通运输部党组书记杨传堂出席会议并讲话。

11—12 日，国务院扶贫办党组书记、主任刘永富赴青参加青海省深度贫困地区脱贫攻坚现场推进会，并调研全省产业扶贫工作。

11—13 日，青海省深度贫困地区脱贫攻坚现场推进会在玉树藏族自治州玉树市召开，国务院扶贫办党组书记、主任刘永富，青海省委书记、省长王建军出席会议并讲话。

20—21 日，上海市委副书记、市长应勇率领上海市党政代表团来青考察调研对口援青工作。

26—27 日，江苏省委副书记、省长吴政隆率江苏省党政代表团来青考察，并与青海省委书记、省长王建军共同出席江苏—青海扶贫协作和对口支援座谈会。

8 月

8 日，汪洋同志在第 122 期《青海信息》"青海省深入贯彻党中央关于深度贫困地区脱贫攻坚工作的重大部署坚决打赢这场'硬仗中的硬仗'"上批示："打硬仗就是要下这样的硬功夫"。

9 日，青海省健康扶贫三年攻坚工作会议在西宁召开，省委常委、副省长王予波出席会议并讲话。

9—20 日，省扶贫开发工作领导小组办公室抽调干部组成七个督查暗访组，赴除 2017 年度 7 个计划摘帽县以外的 32 个贫困县，对脱贫攻坚政策落实情况进行全面督查督导。

14—16 日，普天信息产业集团有限公司党委副书记副总经理陶雄强一行

5 人来青调研定点帮扶达日县工作。

15—17 日，中国投资有限责任公司党委副书记、总经理屠光绍一行 10 人来青调研定点帮扶工作。期间，刘宁代省长会见了屠光绍总经理，并召开了定点帮扶工作座谈会。

17—18 日，省委书记王建军、代省长刘宁率青海省党政代表团赴天津考察。期间，召开天津青海召开对口支援工作座谈会，并签署两省市人民政府战略合作协议。

19 日，中共中央政治局委员、北京市委书记蔡奇主持召开北京青海对口支援工作座谈会并讲话，青海省委书记王建军讲话。会上，签署两省市人民政府战略合作协议，

20—24 日，中共十九届中央委员，全国人大常委会委员、全国人大民族委员会副主任委员洛桑江村率调研组来我省专题调研脱贫攻坚工作。副省长严金海专题汇报我省脱贫攻坚工作，省人大常委会党组书记、副主任张光荣主持汇报会并陪同调研。

30 日，青海省政府召开省内东部地区对口支援青南教育工作动员会，部署新一轮青南支教工作，省委书记王建军，省委副书记、代省长刘宁提出工作要求。

31 日，副省长严金海主持召开省扶贫开发工作领导小组召开第十次会议，传达学习了中纪委关于深化专项治理扶贫领域腐败和作风问题工作推进会精神，通报了全省 2018 年扶贫领域腐败和作风问题专项治理工作情况和脱贫攻坚工作存在的主要问题。

9 月

3—8 日，以文化和旅游部党组成员李世宏为组长，中国残联党组成员、副理事长陈凯为副组长的国家脱贫攻坚督查组来青对我省脱贫攻坚工作推进情况进行督查。

12—13 日，省委书记王建军、代省长刘宁赴玉树市调研脱贫攻坚工作。

20—21 日，全国特色手工业扶贫车间现场会在我省召开。

27 日，省政府组织召开全省教育脱贫攻坚推进暨控辍保学工作经验交流

现场会，进一步认真学习贯彻习近平总书记重要讲话精神和全国教育大会精神，深入落实王建军书记和刘宁省长的工作要求，省政府时任常务副省长王予波对全省教育脱贫攻坚和控辍保学工作进行了再动员、再部署。

29 日，省政府发布公告，批准平安区、循化撒拉族自治县、刚察县、格尔木市、德林哈市、乌兰县、天峻县 7 县（市、区）从全省贫困县序列中退出。

10 月

8 日，省委书记王建军主持召开省扶贫开发工作领导小组第十一次会议，研究《关于打赢脱贫攻坚战三年行动的实施意见》等相关工作，对下一步工作进行安排部署。

13 日，省委书记王建军主持召开十三届省委第 53 次常委会（扩大）会议，传达十九届中央第二轮巡视工作动员部署会精神和脱贫攻坚专项巡视工作方案要求，研究部署配合中央脱贫攻坚专项巡视有关工作。

13 日，省扶贫开发工作领导小组办公室就脱贫攻坚问题约谈玉树市、杂多县、玛沁县 3 县所属州政府分管副州长、州扶贫局长。

18 日至 11 月 30 日，中央脱贫攻坚专项巡视第一巡视组进驻我省开展专项巡视工作。

29 日下午，2018 年全国脱贫攻坚先进典型事迹巡回报告会在青海会议中心举行。省委书记王建军，省委副书记、省长刘宁等会见了以中国残联副主席、副理事长程凯为团长的报告团成员并出席报告会。

11 月

20 日下午，省扶贫开发工作领导小组组织召开苏青东西部扶贫协作工作座谈会，副省长严金海出席会议并作讲话。

23 日，副省长严金海主持召开省扶贫开发工作领导小组第十二次会议，传达学习习近平总书记关于脱贫攻坚重要论述和批示精神，贯彻落实省委书记王建军、省长刘宁的工作要求，安排部署下一步工作。

12 月

12 日，青海省政府召开全省扶贫产业发展暨贫困劳动力转移就业推进会，省委常委、副省长严金海出席会议并讲话。

12—16 日，以山西省扶贫办移民处副处长王鲲为组长的国家发改委易地扶贫搬迁审计发现问题整改核查组一行赴青，对我省易地扶贫搬迁项目审计发现问题整改工作进行核查。

17 日，省扶贫开发工作领导小组办公室组织召开 2018 年度脱贫攻坚督查考核抽验动员部署暨考核培训会。

18—27 日，省扶贫开发工作领导小组办公室抽调干部组成 8 个考核组，赴各地对各地区党委政府脱贫攻坚责任落实、贫困退出情况进行考核和核查抽验。

26 日，省委书记王建军主持召开省扶贫开发工作领导小组第十三次会议。会议听取了省扶贫开发工作领导小组办公室关于 2018 年全省脱贫攻坚工作推进情况和省纪委监委关于开展扶贫领域腐败和作风问题专项治理工作情况的汇报，就 2019 年如何抓好全省脱贫攻坚以及扶贫领域腐败和作风问题专项治理工作进行了安排部署。省长刘宁出席会议并讲话，滕佳材、严金海、于丛乐出席会议。

2019 年

1 月

4—21 日，以湖北省扶贫办党组成员、副主任项克强为组长的国务院扶贫开发领导小组 2018 年省级党委和政府脱贫攻坚成效省际间交叉考核组，来青对我省 2018 年度脱贫攻坚工作进行考核。

17 日，省委副书记、省长刘宁主持召开中央第一巡视组对青海省开展脱贫攻坚专项巡视情况反馈会。中央第一巡视组组长黄先耀反馈中央脱贫攻坚专项巡视意见，中央巡视工作领导小组成员、办公室主任王鸿津讲话，省委书记王建军表态讲话。

17 日，省委书记王建军主持召开十三届省委第 64 次常委会议。会上，传达了学习了习近平总书记在中央政治局常委会会议听取 2018 年中央巡视工作领导小组重点工作情况和中央脱贫攻坚专项巡视情况汇报时的重要讲话精神，研究了中央脱贫攻坚专项巡视反馈问题整改措施。

19 日，省委召开中央脱贫攻坚专项巡视反馈问题整改动员部署会。省委常委、副省长严金海通报中央脱贫攻坚专项巡视反馈问题，省委常委、省纪委书记、省监委主任滕佳材就全省纪检监察机关和组织部门抓好巡视整改工作提出要求，省委书记王建军作了动员讲话，会议由省委副书记、省长刘宁主持。

31 日下午，省委书记、省扶贫开发工作领导小组组长、省脱贫攻坚中央专项巡视反馈问题整改工作领导小组组长王建军主持召开省扶贫开发工作领导小组 2019 年度第一次会议。

2 月

11 日上午，省委书记、省人大常委会主任王建军到省扶贫开发局看望慰问干部，并与省、州、县扶贫部门负责同志、驻村第一书记代表座谈交流。

14 日，省委副书记、省长刘宁主持召开省政府第 18 次常务会议，研究安排脱贫攻坚等民生工作。

21 日下午，省委召开脱贫攻坚工作会议，副省长严金海通报了全省脱贫攻坚工作情况，海东市委等 5 地区和省住建厅、水利厅主要负责同志作了表态发言，省委书记、省人大常委会主任王建军出席会议并讲话，会议由省委副书记、省长刘宁主持。

22 日上午，省扶贫开发工作领导小组办公室组织召开 2019 年度全省扶贫开发工作会议。

3 月

9 日上午，十三届全国人大二次会议青海代表团举行全体会议，传达学习习近平总书记参加内蒙古、甘肃、河南代表团审议时的重要讲话精神，对总书记关于脱贫攻坚的重要指示进行深入讨论。

12—14 日，副省长张黎赴海南州开展"大走访、大排查、大调研"活动，期间，实地调研督导脱贫攻坚工作。

20 日，省委副书记、省长刘宁主持召开省政府第 20 次常务会议。会上，审议通过了《青海省医疗保障扶贫三年行动实施方案 (2018—2020 年)》。

22 日，省委书记王建军主持召开第十三届省委第 69 次常委会议。会上，研究了中央脱贫攻坚专项巡视整改专题民主生活会有关材料。

24 日，在胜利宾馆 10 号楼长江厅召开省委中心组学习会。国务院扶贫办副主任欧青平专程赴我省就习近平总书记关于扶贫工作重要论述和党中央脱贫攻坚决策部署作专题辅导讲座。

23 日，省委副书记、省长刘宁赴黄南藏族自治州调研脱贫攻坚工作。

24—25 日，按照中央脱贫攻坚专项巡视反馈意见和省委整改工作安排，省委常委班子召开中央脱贫攻坚专项巡视整改专题民主生活会。省委书记王建军主持会议并作总结讲话。中央组织部有关同志到会指导。

25 日，省委书记、省扶贫开发工作领导小组组长、省脱贫攻坚中央专项巡视反馈问题整改工作领导小组组长王建军在胜利宾馆 10 号楼黄河厅主持召开中央脱贫攻坚专项巡视整改专题民主生活会。

4 月

9 日，普天集团党委副书记、总经理陶友强一行赴果洛州达日县，调研定点扶贫工作。

15 日，省委书记王建军主持召开十三届省委第 71 次常委会议。会上，审议了《关于脱贫攻坚中央专项专项巡视反馈问题整改进展情况的报告 (审议稿)》。

16 日，省委副书记、省长刘宁主持召开省政府第 21 次常务会议。会上，通报了脱贫攻坚中央专项巡视反馈问题整改进展情况。

18日，省委书记王建军主持召开省扶贫开发工作领导小组2019年度第二次会议。

21—22日，省委书记王建军、省长刘宁率党政代表团赴新疆维吾尔自治区学习考察，将脱贫攻坚列为一项重点考察内容，进行了深入考察学习。

5月

8日，省委副书记、省长刘宁主持召开省政府第22次常务会议。会上，研究《青海省精神脱贫工作方案（送审稿）》。

15日，省政府发布公告，大通县、湟中县、湟源县、互助县、门源县、祁连县、海晏县、兴海县、贵南县、玉树市、称多县、玛多县退出全省贫困县序列。

16日，省扶贫开发工作领导小组组织召开全省解决"两不愁三保障"突出问题和考核整改工作视频会议，省委常委、副省长严金海出席会议并讲话，会议由省委常委、组织部部长王宇燕主持。

18—19日，省委副书记、省长刘宁拜会国务院国资委、水利部水利水电规划设计总院、国家电网公司、中化集团等国家部委和央企。

21日，省委书记、省扶贫开发工作领导小组组长王建军主持召开省扶贫开发工作领导小组2019年度第三次会议。

27—28日，教育部在我省召开全国控辍保学暨农村学校建设工作现场推进会，向全国推广青海控辍保学工作经验，教育部党组书记、部长陈宝生出席会议并讲话。

省政府联合国务院扶贫办在黄南州泽库县召开全省深度贫困地区脱贫攻坚现场推进会。

31日，省委常委、副省长严金海代表省扶贫开发工作领导小组，对2018年全省脱贫攻坚成效考核综合评价排名靠后且有些方面存在突出问题的治多县、玛沁县进行了约谈，玉树州、果洛州政府分管负责同志、两县党政主要负责同志及分管负责同志接受了约谈。对杂多县、乐都区党政主要负责同志和分管负责同志进行了谈话。

6 月

10 日，省委副书记、省长刘宁主持召开行业扶贫专题会议，听取了省教育厅、省民政厅等 8 个行业部门工作汇报，对下一步工作开展进行安排部署。

14 日，全省精神脱贫工作现场推进会在贵南县召开。省委常委、统战部部长公保扎西出席并讲话，副省长杨逢春主持会议，省政协副主席、海南州委书记张文魁致辞。

17—18 日，中共中央政治局委员、天津市委书记李鸿忠，天津市委副书记、市长张国清率领天津市党政代表团赴黄南藏族自治州考察调研对口帮扶工作。

25 日，省委书记、省扶贫开发工作领导小组组长王建军主持召开省扶贫开发工作领导小组 2019 年度第四次会议。

28 日，省委书记王建军主持召开十三届省委第 76 次常委会议。会上，听取了中央脱贫攻坚专项巡视整改工作进展情况的汇报。

7 月

2 日，组织召开全省脱贫攻坚绝对贫困"清零"行动动员部署视频会议，严金海副省长出席会议并对"清零"提出具体要求。

9—12 日，副省长严金海赴玉树市、囊谦县调研脱贫攻坚工作。

16—17 日，中共中央政治局常委、全国政协主席汪洋赴玉树、西宁等地开展调研。

18 日，全国人口较少民族脱贫攻坚奔小康现场推进会在海东市平安区召开，全国政协副主席、中央统战部副部长、国家民委主任巴特尔出席会议并讲话，省委副书记、省长刘宁致辞，国家民委副主任陈改户主持会议。

8 月

1 日，省委副书记、省长刘宁主持召开省政府专题会议，就脱贫攻坚、饮水安全、光伏扶贫等工作进行了安排部署。

5—8 日，副省长严金海赴海西州调研脱贫攻坚推进情况，青海省扶贫开发局副局长盛宗毅陪同。

13—17 日，全国人大农业和农村委员会副主任李春生率调研组来青开展重点建议督办，并对我省深度贫困地区脱贫攻坚工作开展情况进行专项调研。

17—20 日，中共中央政治局委员、国务院扶贫开发领导小组组长、国务院副总理胡春华在我省调研脱贫攻坚工作。

23 日，2019 中国民营企业 500 强峰会在西宁举办东西部扶贫协作专场。全国工商联党组副书记、副主席、中国民间商会副会长樊友山，青海省人民政府副省长杨逢春出席会议并致辞。

23 日，省委书记王建军主持召开十三届省委第 80 次常委会议。会上，传达学习了胡春华同志在青海调研深度贫困地区脱贫攻坚工作时的重要要求，研究了贯彻落实意见。

29 日，省委书记、省扶贫开发工作领导小组组长王建军主持召开省扶贫开发工作领导小组 2019 年度第五次会议。

9 月

6—12 日，工业和信息化部副部长王志军、全国妇联书记处书记章冬梅率国家脱贫攻坚督查组进驻我省，对我省就国家脱贫攻坚成效考核指出问题整改情况进行了实地督查。

9—10 日，全省易地扶贫搬迁现场会在果洛藏族自治州召开，省委常委、副省长严金海出席会议并讲话。

11 日，省委书记王建军主持召开十三届省委第 81 次常委会会议。会上，听取了中央和国家脱贫攻坚反馈问题整改情况汇报。

12 日，在胜利宾馆黄河厅召开国家脱贫攻坚督查意见反馈会。督查组组长、工业和信息化部副部长王志军反馈督查情况，省委书记、省人大常委会主任王建军作表态讲话，省委常委、副省长严金海汇报全省脱贫攻坚工作进展及国家考核问题整改情况。

17 日，我省"百企帮百村、百企联百户"精准扶贫成果现场会在海东市互助土族自治县召开。副省长、省工商联主席匡涌出席会议并讲话。

26 日，省委书记、省人大常委会主任王建军主持召开青海省 2018 年度脱贫攻坚表彰大会，省委副书记、省长刘宁出席并讲话。

10 月

8 日，副省长严金海主持召开扶贫重点行业部门工作调度会，副省长严金海对住建厅、水利厅、卫健委主要负责同志开展集体谈话，提出具体工作要求，三家部门主要负责同志先后作表态发言。

14 日，教育部主办的 2019 教育扶贫论坛今天在京举行。教育部副部长孙尧出席论坛并讲话，青海省人民政府副省长刘涛作"打好'组合拳'下足'绣花功'坚决打赢青海教育脱贫攻坚战"主旨发言。

15—21 日，西藏自治区副主席江白同志率队来青，考察学习畜牧产业发展和生态移民搬迁方面的工作及做法，并与省政府副省长匡湧共同出席青海—西藏脱贫攻坚工作座谈会。

19 日，省委书记王建军主持召开十三届省委第 83 次常委会会议。会上，传达学习了习近平总书记和李克强总理对脱贫攻坚工作的重要指示批示精神，提出了贯彻落实要求。

23 日下午，全国脱贫攻坚先进事迹巡回报告会在省会议中心大会堂举行。会前，省委书记、省人大常委会主任王建军，省委副书记、省长刘宁会见了由中央统战部副部长邹晓东率领的报告团一行。

11 月

6 日，省委常委、省政府副省长、省扶贫开发工作领导小组副组长严金海主持召开省扶贫开发工作领导小组 2019 年度第六次会议。

7 日，省委副书记、省长刘宁主持召开省政府第 35 次常务会议。会上要求扎实推进冬春季农田水利基本建设大会战，提高对脱贫攻坚的支撑能力。

11—13 日，省委书记王建军率青海省党政代表团赴江苏省学习考察，贯彻落实习近平总书记关于推进对口支援和扶贫协作重要指示要求，与江苏省党政负责同志共商对口支援、扶贫协作和加强合作等事宜。

12 日，省扶贫开发工作领导小组办公室在青海宾馆组织召开青海省 2019 年脱贫攻坚考核督查工作动员部署培训会。

14—30 日，省扶贫开发工作领导小组抽调 216 名干部，组成 8 个督查组 39 个督查小组，赴各地开展 2019 年脱贫攻坚成效考核、计划退出贫困县贫困村贫困户省级核查验收、脱贫攻坚"回头看"、绝对贫困"清零"大排查和建档立卡信息核实工作。

28 日，省委副书记、省长刘宁主持召开省政府第 36 次常务会议。会上听取了关于贯彻落实全国医疗保障脱贫攻坚电视电话会议精神，进一步做好医保扶贫工作情况的汇报。

12 月

10 日，省委常委、副省长严金海在省政府北二楼会议室主持召开农口及人社工作汇报会，听取 2019 年度全省脱贫攻坚工作推进情况。

18 日上午，省委书记、省扶贫开发工作领导小组组长王建军主持召开省扶贫开发工作领导小组 2019 年度第七次会议。

18 日下午，省扶贫开发工作领导小组办公室在兴旺大厦兴旺厅组织召开 2019 年度脱贫攻坚成效省际间交叉考核迎检部署会议。

23 日至 2020 年 1 月 12 日，中央第一巡视组、省际间交叉考核组来青开展脱贫攻坚专项巡视"回头看"和 2019 年度脱贫攻坚成效考核工作。

24 日，召开中央第一巡视组对青海省开展脱贫攻坚专项巡视"回头看"见面沟通会。

30 日，省委书记王建军主持召开十三届省委第 91 次常委会议。会上，传达学习了中央农村工作会议和全国扶贫开发工作会议精神，研究了我省贯彻意见。

31 日，省政府党组书记、省长刘宁主持召开第 35 次省政府党组会议，传达学习了中央农村工作会议、全国扶贫开发工作会议等会议精神。

2020 年

1 月

2—3 日，省委书记王建军赴海西州格尔木市调研指导。期间，赴郭勒木德镇红柳村实地了解脱贫攻坚推进情况，调研仁达合作社发展情况。

9 日，全省扶贫开发工作会议在青海会议中心昆仑厅召开。会上，传达学习了省委书记王建军、省长刘宁对全省脱贫攻坚工作的批示要求；黄南州、果洛州、大通县、乐都区和共和县政府负责同志作了会议交流发言；副省长严金海总结 2019 年脱贫攻坚工作，部署 2020 年工作。会议由省委秘书长于丛乐主持。

13 日，领导小组办公室组织召开 2019 年全省扶贫开发工作第二次会议，书面传达学习了全国扶贫开发工作会议和深度贫困地区脱贫攻坚座谈会精神；对 2019 年扶贫系统先进工作者进行了表彰；省扶贫开发局局长马丰胜对 2019 年脱贫攻坚工作进行了全面总结，对当前脱贫攻坚形势困难进行了深入分析，对 2020 年工作进行了具体安排部署。

2 月

7 日，省委书记、省扶贫开发工作领导小组组长王建军主持召开省扶贫开发工作领导小组 2020 年第一次会议，传达学习习近平总书记、李克强总理近期对脱贫攻坚工作的重要指示精神和深度贫困地区脱贫攻坚座谈会精神，听取各市州脱贫攻坚工作开展情况汇报，审议《青海省扶贫开发工作领导小组 2020 年工作要点》，安排部署今年全省脱贫攻坚工作。省领导刘宁、滕佳材、严金海、王宇燕、于丛乐、鸟成云、尼玛卓玛、张文魁出席，会议以视频会议形式进行。

27 日，国务院扶贫开发工作领导小组召开积极应对新冠肺炎、决战脱贫攻坚电视电话会议，省委常委、副省长、省扶贫开发工作领导小组副组长严金海，及省扶贫开发工作领导小组部分成员单位负责同志在我省分会场参加会议。

3 月

2 日，省扶贫开发局局长马丰胜主持召开局机关 2019 年度目标考核安排部署会议，对目标考核准备工作作出安排部署，提出具体要求。

9 日，省政府党组书记、省长刘宁主持召开省政府党组会议，传达学习习近平总书记在中央决战决胜脱贫攻坚座谈会上的重要讲话、中央应对新冠肺炎疫情工作领导小组会议精神、中央关于依法行政和法治政府建设新要求，研究部署贯彻落实工作。

9 日，以果洛州政府副州长张洪为组长的省直部门年度目标责任（绩效）考核工作第六考核组对我局 2019 年度目标责任落实情况进行考核。

13 日上午，省委书记、省扶贫开发工作领导小组组长王建军主持召开省委常委会暨省扶贫开发工作领导小组 2020 年第二次会议，传达学习了习近平总书记重要讲话指示和中央有关会议精神，研究了全省决战决胜脱贫攻坚工作，审议了《青海省脱贫攻坚"补针点睛"专项行动方案》《青海省脱贫攻坚巩固提升督战工作方案》《关于贯彻落实国家发改委、国务院扶贫办等 13 部委〈关于印发 2020 年易地扶贫搬迁后续扶持若干措施的通知〉的工作任务方案》《青海省 2020 年东西部扶贫协作工作要点》《2020 年脱贫攻坚干部培训方案》《2020 年脱贫攻坚宣传报道方案》等文件。

13 日下午，省委省政府召开全省决战决胜脱贫攻坚电视电话会议，全面贯彻习近平总书记在中央决战决胜脱贫攻坚座谈会上的重要讲话精神，对全省脱贫攻坚工作再动员、再部署。省委书记、省扶贫开发工作领导小组组长王建军讲话。省长、省扶贫开发工作领导小组组长刘宁主持会议并领学习近平总书记重要讲话精神，提出贯彻落实要求。省扶贫开发工作领导小组各成员单位主要负责同志在主会场参加会议。各市州、县（市、区）设分会场。

17—31 日，根据省扶贫开发工作领导小组统一安排，由青海大学、青海农牧业工程咨询有限公司负责，对 2019 年度申请退出的 17 个贫困县开展贫困退出评估检查工作。

26日，省委常委、副省长、省脱贫攻坚普查领导小组组长严金海主持召开脱贫攻坚普查领导小组第一次会议。会议传达学习了中央领导和省委主要领导对脱贫攻坚普查工作有关指示及国家脱贫攻坚普查工作部署视频会议精神，听取了全省脱贫攻坚普查前期工作汇报，审议通过了《青海省脱贫攻坚普查工作方案》，并对下一步普查工作进行了安排部署。

4 月

3日，省委省政府组织召开全省脱贫攻坚中央专项巡视"回头看"和成效考核反馈问题整改工作动员部署会议，副省长严金海通报中央脱贫攻坚专项巡视"回头看"和国务院扶贫开发领导小组2019年脱贫攻坚成效考核反馈问题；省委书记王建军对问题整改工作作出安排部署，并提出具体要求；刘宁省长主持会议。会议以电视电话会议形式召开，主会场设在省委三楼视频会议室，各市（州）、县（市、区）设分会场。

10日，省扶贫开发工作领导小组办公室召开全省脱贫攻坚宣传工作会，通报全省脱贫攻坚及宣传工作情况，安排部署2020年重点任务，并对先进集体、先进个人和优秀记者进行了表彰奖励。

13日，省政府发布公告，经专项评估检查，2019年拟摘帽的民和县、乐都区、化隆县、共和县、贵德县、泽库县、同仁县、尖扎县、杂多县、治多县、囊谦县、曲麻莱县、玛沁县、班玛县、甘德县、达日县、久治县达到脱贫退出标准，全部退出贫困县序列。

20—21日，省委书记、省人大常委会主任王建军赴海北藏族自治州祁连县，调研祁连县山水林田湖草生态保护修复试点项目，督导中央脱贫攻坚专项巡视"回头看"和国务院扶贫开发领导小组2019年脱贫攻坚成效考核反馈问题整改工作。

20日至5月25日，局机关抽调15名机关干部分八个工作组赴八个市（州）39个贫困县开展脱贫攻坚调研指导。主要任务是：对39个县（市、区）开展财政专项扶贫资金及项目资产盘点；指导各地做好脱贫攻坚项目库建设，规范资金录入、项目库调整，落实2016年以来各类扶贫项目公示公告、系统录入工作；指导各地开展贫困学生补助、短期技能培训、致富带头人培育等工作，了解掌握资金使用及系统内数据录入和受益户关联情况；核查建档立卡贫困户数据准确性和真实情；摸清深度贫困地区仍然存在的短板；指导各地按照整改方案要求完成各类问题整改落实。

5月

7日，省委常委、副省长严金海主持召开省扶贫开发工作领导小组第三次会议，通报省委常委班子中央脱贫攻坚专项巡视"回头看"整改专题民主生活会有关情况。

15日上午，省委书记、省扶贫开发工作领导小组组长王建军主持召开领导小组2020年度第四次会议，传达学习习近平、汪洋、胡春华同志近期关于脱贫攻坚工作的重要指示批示精神，听取了脱贫攻坚中央专项巡视"回头看"和成效考核反馈问题整改进展情况、全省"补针点睛"专项行动进展情况、脱贫攻坚普查综合试点工作开展情况的汇报，审议通过了《关于2019年度市州县级党委政府脱贫攻坚成效考核情况的通报》。省扶贫开发工作领导小组组长刘宁，副组长滕佳材、王宇燕、于丛乐参加会议，省领导公保扎西、李杰翔、马吉孝、阎柏、王秀峰出席会议，多杰热旦、张光荣列席会议。

21—30日，省脱贫攻坚普查领导小组办公室从省扶贫局、省调查总队抽调28名干部，组成7个督导小组，每组由一名厅级干部带队，分赴海东市、海南州、海西州、海北州、黄南州、玉树州、果洛州，对各地普查方案制定、人员抽调、经费保障、场地落实等前期准备情况进行专项督导。

6月

5日，省委常委、省脱贫攻坚中央专项巡视反馈问题整改工作领导小组副组长严金海主持召开省扶贫开发工作领导小组2020年度第五次会议暨省脱贫攻坚中央专项巡视反馈问题整改工作领导小组第四次会议。会议听取了中央脱贫攻坚专项巡视"回头看"和2019年脱贫攻坚成效考核反馈问题整改推进情况汇报，省生态环境厅、省教育厅、省卫健委、省医保局、省水利厅、省财政厅汇报了本部门负责牵头的问题整改进展情况，研究部署了下一步工作。

8日，青海省2020年深度贫困地区脱贫攻坚现场推进会在海南藏族自治州共和县召开。省委常委、副省长、省扶贫开发工作领导小组副组长严金海通报了青海省深度贫困地区脱贫攻坚推进情况，省委书记、省扶贫开发工作领导小组组长王建军主持并讲话。省长、省扶贫开发工作领导小组组长刘宁，国务院扶贫办副主任欧青平出席会议并讲话。省领导鸟成云、吴海昆、张文魁，省军区副司令员朗杰出席会议。上海市、江苏省驻青工作队和国家能源局、国家电网、中国铁建负责同志作大会发言。国务院扶贫办、财政部、人力资源和社会保障部、农业农村部、国家医疗保障局、国家能源局、国家电网有限公司、中国铁建股份有限公司有关同志，对口援青省市驻青工作队负责同志，省扶贫开发工作领导小组各成员单位，各市（州）、县（市、区）党委政府和扶贫部门主要负责同志参加会议。

11日，省扶贫开发工作领导小组组织召开全省就业扶贫工作电视电话会议，马丰胜、王定邦部署工作，海东市、玉树州、果洛州作会议交流发言，副省长严金海讲话。

12日上午，省委书记、省扶贫开发工作领导小组组长、省脱贫攻坚中央专项巡视反馈问题整改工作领导小组组长王建军主持召开省扶贫开发工作领导小组2020年度第六次暨省脱贫攻坚中央专项巡视反馈问题整改工作领导小组第五次会议，听取全省中央脱贫攻坚专项巡视"回头看"反馈问题整改情况和全省脱贫攻坚"补针点睛"专项行动进展情况的汇报，对下一步工作进行安排部署。省领导刘宁、王晓、公保扎西、滕佳材、李杰翔、严金海、王宇燕、于丛乐、马吉孝、阎柏参加，多杰热旦、高华列席。

12日下午，省脱贫攻坚普查工作领导小组组织召开全省脱贫攻坚普查动员部署会，省脱贫攻坚普查领导小组副组长、省调查总队总队长孙新占解读全省脱贫攻坚普查方案，省委常委、副省长、省脱贫攻坚普查领导小组组长严金海讲话

16日，省长刘宁率副省长严金海，省政府秘书长张黄元、副秘书长马锐以及省扶贫开发局主要负责同志拜会了国务院扶贫办刘永富主任，欧青平副主任以及国扶办相关司负责同志参加了会谈。

21—27日，省脱贫攻坚普查小组办公室抽调54名干部分为27个督导小组分赴湟源、互助、天峻、刚察、共和、同仁、玉树、班玛等27个县（市）

开展脱贫攻坚普查清查摸底阶段现场督导，现场了解掌握进村入户普查开展情况，确保普查数据质量。

29日至7月7日，省扶贫开发工作领导小组办公室抽调11名干部，分别由一名副局长带队，先后赴海北州四县、海西州除格尔木四县、海东六县（区）、西宁三县（区）开展"十三五"易地扶贫搬迁省级评估验收。

30日，国务院召开脱贫攻坚普查电视电话会议，对普查工作进行全面动员部署，我省设置省、市、县三级分会场，组织各级脱贫攻坚普查领导小组组长、副组长、各成员及普查机构干部参加会议。会后，扶贫开发工作领导小组办公室主任马丰胜对各地开展脱贫攻坚普查、迎接国家督查、抓好国家贫困退出抽查发现问题整改、加强扶贫资产管理和加快项目实施、推进就业扶贫等工作进行了安排部署。

7 月

5日，组织召开局系统"七一"主题活动，传达学习省直机关庆祝中国共产党成立99周年暨"省直模范机关"命名表彰大会精神，对2019年度先进集体、优秀公务员和先进工作者进行表彰，党组书记、局长马丰胜讲党课。会后，召开党组中心组理论第六次集体学习，班子成员围绕"贯彻'两会'精神、克服疫情影响，夺取脱贫攻坚全面胜利"主题进行专题研讨。

10日，省脱贫攻坚普查领导小组办公室在蓝宝石酒店召开全省脱贫攻坚普查工作推进会议，省调查总队总队长孙新占传达学习国家脱贫攻坚普查工作推进视频会议精神，8市（州）汇报脱贫攻坚普查工作开展情况，省扶贫开发局局长马丰胜讲话。

8—17日，省扶贫开发工作领导小组办公室抽调18名干部，组成四个督查小组，分赴玉树州、海南州、果洛州、黄南州各县，开展第二批次的"十三五"易地扶贫搬迁省级评估验收。

20日，以省委督查室督查专员赵会凡为组长的省委督查工作协调小组第二小组来我局就贯彻落实习近平总书记重要指示批示精神，贯彻落实党中央重大决策部署、中央巡视反馈问题整改落实、中央党内法规执行、中央八项规定精神及其实施细则和省委省政府若干措施执行、解决形式主义突出问题为基层减负、统筹推进疫情防控和经济社会发展情况进行专项督查，局在家领导及副处级以上干部参加督查汇报会。

20—22 日，省脱贫攻坚普查领导小组办公室在建银宾馆三楼多功能厅组织举办青海省脱贫攻坚普查现场登记督导业务培训会议，传达国家普查办有关工作要求和精神、安排布置现场督导工作、培训相关业务知识，省普查办抽调的 46 名干部、各市（州）普查办抽调的 18 名干部参加培训。

24—29 日，以国家林业和草原局党组成员、副局长李春良为组长，国家开发银行住宅金融事业部、扶贫金融事业部副总裁阎晓辉为副组长的国家脱贫攻坚督查组赴我省开展 2020 年脱贫攻坚督查工作，主要采取了解基本情况、实地督查、暗访抽查等形式，重点围绕问题整改、克服疫情影响、防止返贫监测和帮扶、"三保障"实现情况、克服形式主义官僚主义以及脱贫攻坚普查前期准备等 6 方面开展督查，期间赴共和县、泽库县两县开展实地督查。

28 日，省委省政府组织召开国家脱贫攻坚督查意见反馈会，副省长李杰翔代表省委省政府汇报全省脱贫攻坚工作开展情况，国家脱贫攻坚督查组李春良同志反馈督查意见，省委书记王建军作表态发言。省扶贫开发工作领导小组副组长滕佳材、王宇燕、于丛乐出席会议，领导小组成员单位负责同志参加会议。

31 日，省政府组织召开省属国有企业脱贫攻坚推进工作会议。西部矿业、盐湖集团、三江集团、路桥集团代表进行会议发言，副省长王黎明讲话。

8 月

1 日，代省长信长星赴西宁调研指导工作。期间，赴大通县桦林乡关巴村入户调研了解脱贫攻坚普查工作开展情况。

3 日，省委书记、省人大常委会主任王建军赴海东市，调研督导脱贫攻坚普查工作。调研期间，省委书记王建军赴沙沟乡石沟沿村实地了解脱贫攻坚普查工作开展情况，赴平安区脱贫攻坚普查数据审核验收办公室调研普查数据审核工作。

6—7 日，江苏省党政代表团在青海考察。6 日下午，江苏青海对口帮扶支援工作座谈会在西宁举行。省委书记、省人大常委会主任王建军主持会议并讲话。江苏省委副书记、省长吴政隆,青海省委副书记、代省长信长星讲话。

10日,省扶贫开发局局长马丰胜赴广州市参加全国消费扶贫现场推进会。

26—27日,在海东市循化县召开全省精神脱贫工作现场推进会,省委宣传部、省民政厅、果洛州政府、黄南州政府、循化县政府作会议发言,省政府副省长匡湧讲话。

9 月

3日,省委书记、省扶贫开发工作领导小组组长王建军主持召开省扶贫开发工作领导小组2020年度第七次会议,传达学习习近平、李克强、汪洋、胡春华等中央领导同志近期对脱贫攻坚的重要指示批示精神和中央有关会议精神,通报国家2020年脱贫攻坚督查情况反馈意见,听取全省脱贫攻坚普查开展情况、全省脱贫攻坚奖表彰对象评选情况的汇报,审议《国家脱贫攻坚督查反馈问题整改方案》《青海省消费扶贫三年行动方案(2020—2022)》,研究部署下一步工作。省委副书记信长星,省委常委王晓、公保扎西、滕佳材、李杰翔、王宇燕、于丛乐、马吉孝、阎柏、陈瑞峰出席。省政协主席多杰热旦、省人大常委会副主任张光荣列席。

7日,青海省消费扶贫月活动正式启动,省政府党组成员、秘书长张黄元出席活动并宣布启动。今年消费扶贫月活动的主题是"消费扶贫·与我同行"。省扶贫开发领导小组成员单位的负责人以及各市(州)、县(市、区)扶贫局负责人、扶贫企业代表等参加启动仪式。

9日,信长星省长率省政府秘书长张黄元、副秘书长马锐,省扶贫开发局局长马丰胜拜会国务院扶贫办刘永富主任,并开展座谈。国务院扶贫办相关司负责同志参加会谈。

14—15日,中共中央政治局常委、全国政协主席汪洋来青海调研。期间,赴玛沁县大武镇久美家园易地扶贫搬迁安置点牧民家中了解易地扶贫搬迁安置和后扶工作,赴果洛州民族高级中学调研教育扶贫。

17日,由王敬斋为组长、闫瑜为副组长的省委第一巡视组进驻我局对局党组工作开展常规巡视。17日上午,省委第一巡视组召开巡视省扶贫开发局党组工作动员会议,省委第一巡视组组长王敬斋作动员讲话,扶贫开发局党组书记、扶贫开发局局长马丰胜作表态发言。

22 日，扶贫开发局局长马丰胜赴山西大同参加由国务院扶贫办、国家能源局组织召开的全国光伏扶贫工作现场会，并作会议交流发言。

24 日上午，省委省政府召开青海省 2019 年度脱贫攻坚奖表彰大会。会上，省委常委、省委秘书长于丛乐宣读了《中共青海省委青海省人民政府关于表彰 2019 年度脱贫攻坚工作先进集体、先进单位和先进个人的决定》，对大通县等 11 个先进脱贫攻坚先进集体、省教育厅等 64 个脱贫攻坚先进单位、王明科等 103 名脱贫攻坚先进个人进行了表彰，5 名受表彰先进代表作了交流发言。省委书记、省人大常委会主任王建军主持并讲话，省委副书记、省长信长星讲话。省领导王晓、滕佳材、王宇燕、阎柏、王秀峰、尼玛卓玛、鸟成云、吴海昆、杜德志出席。省政府秘书长，省委、省政府有关副秘书长，省扶贫开发工作领导小组成员，各市州、县（市、区、行委）党委政府主要负责同志及扶贫部门主要负责同志，中央定点扶贫单位代表，省级定点扶贫单位、社会扶贫先进单位主要负责同志、脱贫攻坚先进个人参加会议。

28 日，在兴旺大厦兴旺厅，省扶贫开发工作领导小组办公室主任马丰胜主持召开全省扶贫局长会议，传达深入学习习近平总书记等中央领导同志近期关于脱贫攻坚的重要指示批示，对年底前抓紧剩余时间推进脱贫攻坚各项工作，坚决高质量打赢脱贫攻坚战做出安排部署。各市州、县级党委或政府分管负责同志、扶贫部门主要负责同志，省扶贫局班子成员、巡视员、各处室负责同志参加会议。

同日，全省扶贫局长会议后，省扶贫开发工作领导小组办公室主任马丰胜主持召开市州扶贫局长座谈会，听取各地围绕"十四五"脱贫成果巩固工作思路、项目需求和意见建议的汇报。八市州扶贫局长和省扶贫局相关处室负责同志参加会议。

同日，全省扶贫局长会议后，青海省扶贫开发局副局长马正军主持召开全省深度贫困地区脱贫攻坚国家评估迎检部署会，对迎检工作进行具体部署。有深度贫困攻坚任务的 23 个贫困县党委或政府分管负责同志、扶贫部门主要负责同志参加会议。

10 月

9—18 日，根据国务院扶贫开发领导小组统一安排，由中国农业科学院信息室主任张学彪为组长，由中国农业科学院牵头组织甘肃农业大学、青海民族大学专家组成国家检查评估组赴青，对我省深度贫困地区脱贫攻坚三年行动方案实施情况开展实地评估。10 日，召开评估工作对接会，听取全省深度攻坚工作汇报。11 日，评估组分 3 个小组分赴 15 个深度贫困县开展检查评估。17 日，召开检查评估反馈会议，会上，张学彪组长反馈了检查评估情况，省扶贫开发局局长马丰胜作了表态发言。

9—14 日，省扶贫开发局在江苏南京举办东西部消费扶贫工作培训班，组织西宁市、海东市、海南州市州两级及省扶贫局、省发改委参与消费扶贫相关干部共 40 人参加培训。

10—12 日，苏陕优质农产品消费扶贫展销会暨东西协作农产品展销中心启动仪式在江苏南京举行（青海馆占地 400 余平方米），我省组织 300 余家扶贫企业共近千种扶贫产品参展。10 日上午举行展销会启动仪式，省扶贫开发局局长马丰胜参加仪式并致辞。

22 日上午，在青海会议中心一楼大会堂，召开 2020 年全国脱贫攻坚奖先进事迹巡回报告会。国家巡回报告团领队、国扶贫副主任夏更生同志传达习近平总书记和李克强总理重要指示批示并讲话，报告团 7 名成员作了报告，省委常委、省总工会主席马吉孝主持会议，并对下一步脱贫攻坚工作提出要求。

28 日，省扶贫开发工作领导小组召开全省脱贫攻坚专题会议（省扶贫开发工作领导小组年度第八次会议），传达学习习近平总书记、李克强总理关于脱贫攻坚重要指示批示和胡春华副总理讲话精神，通报全省脱贫攻坚目标任务完成情况，安排部署脱贫攻坚"苦干六十天，圆满收好官"行动和下一步重点工作。省委常委、秘书长、省扶贫开发工作领导小组副组长于丛乐出席会议并讲话，省政府党组成员、秘书长张黄元主持会议。

11 月

4—5 日，省委书记王建军、省长信长星率我省党政代表团赴江苏考察访问。5 日上午，省委书记王建军、省长信长星与江苏省委书记娄勤俭、省长吴政隆共同为青海消费扶贫展销馆（江苏馆）开馆，并考察了 2020 年东西协作·消费扶贫青海优质农特产品展销会暨青海消费扶贫展销馆。苏青两省签订了一批扶贫产品采购协议。5 日下午，两省在南京举行座谈会，交流经济社会发展情况，面向"十四五"发展共商协作合作大计。江苏省委书记娄勤俭，青海省委书记王建军讲话。江苏省省长吴政隆，青海省长信长星介绍两省经济社会发展和帮扶支援情况。

9 日，省扶贫开发工作领导小组办公室组织召开 2020 年度脱贫攻坚成效考核和督查动员部署会议。省扶贫开发局副局长段霄江对年度考核督查作出安排，省政府副秘书长马锐对人员分组进行了安排，省政府党组成员、秘书长张黄元对考核工作提出具体要求。省扶贫开发局党组书记、局长马丰胜主持会议。

10—20 日，省扶贫开发工作领导小组办公室抽调 208 名干部，组成 8 个考核大组、23 个考核小组，分赴 8 市州及 39 个脱贫摘帽县进行 2020 年脱贫攻坚成效考核和督查。考核督查包括各地区党委和政府脱贫工作成效、财政专项扶贫资金使用管理绩效、脱贫攻坚主体责任落实、"四个不摘"政策落实、克服疫情影响、"补针点睛"专项行动和问题整改落实情况。

27 日，省委书记、省扶贫开发工作领导小组组长王建军主持召开省扶贫开发工作领导小组 2020 年第九次会议，听取了全省脱贫攻坚工作汇报、2020年脱贫攻坚成效考核情况的汇报，研究部署了下一步工作。省领导信长星、王晓、公保扎西、滕佳材、王宇燕、于丛乐、阎柏出席，多杰热旦、张光荣列席，中央巡视组正局级巡视专员董年初莅会。

30 日，省扶贫开发工作领导小组办公室组织召开全省脱贫攻坚工作视频会议，传达学习十三届省委第 125 次党委会会议精神，对配合做好脱贫攻坚国家考核各项工作进行安排部署。

12 月

4—20 日，由广西壮族自治区扶贫办副主任朱有奎为组长，济南市政协专职常委张端武、广西壮族自治区水利厅副长蒋晓军、全国工商联扶贫与社会服务部扶贫工作处副处长张勇为副组长的省级党委和政府脱贫攻坚成效考核组来青，对我省 2020 年度脱贫攻坚成效进行考核。5 日，在省会议中心昆仑厅召开 2020 年脱贫攻坚成效情况交流会，省长信长星汇报了全省脱贫攻坚推进情况，广西壮族自治区扶贫办副主任朱有奎讲话，省委书记王建军主持会议。

10 日，以国家审计署驻太原特派办特派员杨卫东为组长，以王景东副特派员、张晓霞一级巡视员为副组长的审计组进驻我省，对全省 2020 年财政收支情况、乡村振兴相关政策及资金情况、信息化建设专项资金情况等进行审计。